cocina
latinoamericana

elisabeth luard

cocina
latinoamericana

100 ingredientes esenciales • más de 200 recetas

elisabeth luard   **BLUME**

Para mi nieta del Nuevo Mundo
Sophie Francesca Patricia

Título original:
The Latin American Kitchen

Traducción y revisión de la edición en lengua española:
Ana María Pérez Martínez
Especialista en temas culinarios

Coordinación de la edición en lengua española:
Cristina Rodríguez Fischer

Primera edición en lengua española 2005

© 2005 Naturart, S.A. Editado por Blume
Av. Mare de Déu de Lorda, 20
08034 Barcelona
Tel. 93 205 40 00 Fax 93 205 14 41
E-mail: info@blume.net
© 2002 Kyle Cathie Limited, Londres
© 2002 Elisabeth Luard
© 2002 de las fotografías Francine Lawrence

I.S.B.N.: 84-8076-589-5

Impreso en Singapur

CONSULTE EL CATÁLOGO DE PUBLICACIONES *ON-LINE*
INTERNET: HTTP://WWW.BLUME.NET

Portadilla: Niña maya, San Lorenzo, Chiapas, México
Portada: «Frutas de Brasil», carnaval de Río
Esta página: Festival de Año Nuevo, México, en el que se revive la historia
de María y José

contenido

introducción

Mis primeros recuerdos infantiles son los de una casa fría bajo la sombra de unas mimosas al lado del Río de la Plata, el amplio río que recoge sus aguas del Paraná, y que transcurre desde el Mato Grosso hacia el sur pasando por las tierras tropicales de Brasil.

Tenía siete años cuando mi familia se embarcó en el *HMS Andes* para un trayecto de un mes con destino al extremo sur de Sudamérica. Navegamos por el Atlántico a todo lujo hasta las islas Canarias, cruzando el Ecuador para llegar a Río, hasta que llegamos a Montevideo, el primer destino diplomático sudamericano de mi padrastro. Como capital de Uruguay, vecina de Argentina, y país ganadero donde se habían asentado tanto escoceses como españoles, Montevideo era un destino apetecible para los diplomáticos y sus familias.

Mi hermano, mi madre, mi padrastro y yo esperábamos en el muelle a que descargaran nuestras montañas de equipaje. Mi madre, heredera de una considerable fortuna, no veía la necesidad de economizar en las pequeñas comodidades de la vida. Entre nuestras posesiones familiares se incluía un coche Jaguar plateado recién estrenado que fue descargado precariamente sobre las aguas del puerto. Los oficiales de aduanas aparecieron enseguida. Se llegó a un acuerdo. Se intercambió dinero. Una vez libres, nos dirigimos a nuestra nueva residencia.

Mi hermano y yo (mataron a nuestro padre durante la guerra y mi madre se casó de nuevo siendo una joven viuda) descubrimos rápidamente que la vida entre los sudamericanos era mucho más colorida que la que habíamos dejado en el Londres de la posguerra. Los transeúntes admiraban nuestro cabello dorado y rizado, y nos ofrecían azúcar de caña para chupar. Aprendimos español casi de un día para otro. Mi hermano se compró una caña de pescar y pronto tuvo una panda de amigos. Gran parte de mi tiempo libre cuando no estaba en la escuela lo pasaba en la cocina, pues mi madre empleó a una cocinera y a varias doncellas para atender un pequeño hotel. Afortunadamente para nuestra libertad, nuestra madre fundó una nueva familia relajando aún más su control.

Cada noche después de la escuela me sentaba en el porche trasero de la casa para beber mate de una calabaza con ayuda de una paja, aceptaba dulces de desconocidos y aspiraba el delicioso aroma de galletas aromatizadas con vainilla, pollos asados o ajo caramelizado, todos exquisitos por igual. Si Esperanza, la cocinera, debía preparar una fiesta, me abría la puerta. Se me necesitaba en la cocina. Realmente se me necesitaba.

De hecho, era quizás la primera vez en mi vida que alguien me necesitaba. Algunas tareas eran de mi incumbencia, como modelar albóndigas moteadas con perejil hasta darles una forma perfectamente esférica y no más grande que el tamaño de una canica. También pelaba las gambas y las colocaba en barquitas de aguacate. En los días normales retiraba las pequeñas piedras de las lentejas o los insectos del arroz. También podía utilizar un cuchillo pequeño para sacar los corazones cremosos de los zapallitos, unos calabacines redondos perfectos para rellenar. Durante los fines de semana, cuando mi madre estaba ocupada con sus propios temas, mi presencia no era muy requerida en casa. Felizmente, mi hermano y yo sacamos partido de lo que a vistas de los extraños era un caso de abandono. Mi hermano pasaba la noche con sus amigos pescadores, mientras que yo iba con Esperanza a su casa del barrio, una hilera de casas llenas de gente, pollos y gatos acosados por moscas donde, tras una cena de mate endulzado con leche condensada y realzado con brandy, me acurrucaba en un viejo colchón puesto directamente sobre el suelo, en compañía de bebés y felinos en busca de ratones. Dormía como un tronco.

Fueron buenos tiempos. Los menos buenos llegaron cuando me enviaron a «casa», a un internado en Inglaterra, un lugar frío y espantoso situado cerca de la frontera con el país de Gales, donde mis extrañas costumbres extranjeras, mi habilidad para las lenguas y los diferentes destinos vacacionales, ya que mi familia continuaba viviendo en el circuito latinoamericano, me convirtieron en una extraña. Más tarde, como joven adulta y casi prometida, conseguí un empleo en la embajada de Ciudad de México, un destino difícil para mis padres, pero no para mí, puesto que gracias a la posición de mi padrastro me uní a las expediciones organizadas por la Sociedad Indigenista de México. Viajábamos en autocar por carreteras llenas de baches hasta Chiapas, donde los nativos no hablaban español y todos llevaban armas. En el río Uxumazintla aprendí a desplumar y asar un loro, en las llanuras de Guerrero me enseñaron a fermentar el zumo del maguey pasándolo por la boca con una cañita.

¿Parece exótico? Lo era realmente. Allí tomé la decisión de que mis propios hijos debían beneficiarse de la vida latina, aunque la tierra que elegí fue Andalucía. Quizás la escogí porque allí me sentía en casa; ciertamente no existía otra buena razón, sólo que tenía la sensación de que los cuatro niños (era una joven madre con niños menores de seis años) serían felices donde yo lo fuera.

No lo sabía entonces, pero había una razón por la cual me sentía en casa. Las costumbres culinarias, así como los giros lingüísticos de mi infancia en Uruguay, eran inequívocos. Era de las empobrecidas poblaciones rurales de Andalucía de donde salieron los primeros colonizadores del Nuevo Mundo.

La brillante ciudad de Sevilla, a un día de distancia en burro desde nuestro valle, albergaba el gran Archivo de Indias, y fue aquí, en los escritos de Bernal Díaz y los compañeros del mismo Colón, donde encontré las crónicas escritas de lo que ya conocía por instinto.

El hábito culinario latinoamericano es el resultado de la fusión de dos culturas y alacenas completamente diferentes. Se remonta a 1492, cuando Cristóbal Colón llegó a las Indias. Su viaje, que tuvo lugar inmediatamente después de la caída de Granada, la batalla final de la guerra para recuperar las tierras del sur de la península ocupada por los moros durante siete siglos, no fue debido a un accidente. La victoria de los Reyes Católicos, Isabel de Castilla y Fernando de Aragón, cerró la ruta hacia Oriente, fuente de placeres para los cocineros, quienes aprendieron su oficio de los moros. El hambre podía saciarse gracias a los trigales del Guadalquivir, pero el hombre no sólo vive de pan. Con la población reclamando especias, Isabel empeñó sus joyas para financiar los locos sueños de Cristóbal Colón, quien le prometió encontrar una nueva ruta hacia Oriente.

Desde el momento en que las frágiles carabelas del Viejo Mundo llegaron al Nuevo, empezó un intenso tráfico en ambas direcciones. Este comercio también era de hombres y mujeres, de ideas y filosofías, de oro y plata, de especias y objetos curiosos, pero principalmente de alimentos, la materia prima de la vida. El proceso de integración fue sorprendentemente rápido, lo que llevó a intercambiar hábitos culinarios que, mediante el uso de ingredientes desconocidos y empleados de forma familiar, y de ingredientes familiares utilizados de formas distintas, convierte a la gastronomía latinoamericana en una lección histórico-gastronómica. En 1492, fecha de la conquista de Granada por los Reyes Católicos, los cocineros de España y Portugal utilizaban las especias con generosidad, poseían remarcables habilidades reposteras y dominaban sofisticadas técnicas culinarias, como el empleo de frutos secos majados para espesar salsas, el arte de la cocción del arroz y la utilización de aromatizantes delicados, como el azafrán o el cilantro. Además de emplear sabores de origen árabe, estaban interesados en probar nuevos alimentos.

Los primeros colonizadores fueron españoles y portugueses procedentes del sur de la península, presumiblemente más pobres que los árabes, y que importaron al Nuevo Mundo animales del Viejo Continente. Introdujeron cerdos y gallinas en todo el territorio, ganado vacuno en las pampas argentinas y ovejas en la Patagonia. Sometieron a las poblaciones indígenas, a los aztecas y a las civilizaciones mayas centroamericanas, al Imperio inca del Perú, así como a otros grupos tribales menos organizados. Algunos, como los caribes,

Arquitectura colonial en el centro histórico de Salvador, Brasil

Arando cerca de Pucón, Chile

defendieron su territorio fieramente, otros trataron a los recién llegados con más cautela, recibiéndolos como dioses.

A medida que la población indígena declinaba, o estaba menos dispuesta a afrontar las consecuencias del desafío, empezaría a refugirse en el interior, menos hospitalario. Así, los colonizadores empezaron a importar mano de obra de África, añadiendo otro estrato a la mezcla social y culinaria. Más recientemente ha tenido lugar otra colonización gastronómica por razones económicas: el café crece bien en Brasil, los plátanos abundan en las zonas tropicales y subtropicales, así como otras riquezas botánicas, como las piñas, los mangos y toda clase de cítricos, y las vides en Chile y Argentina.

Aunque los ingredientes, tanto la flora como la fauna, pueden definirse claramente en términos naturalistas como nativos o de origen extranjero, los hábitos culinarios son mucho más difíciles de distinguir. No puede afirmarse con precisión si los ceviches de México están más emparentados con los escabeches españoles y portugueses que con los platos de pescado marinados de los mayas, que comparten su gusto por el pescado crudo con los habitantes de las islas del Pacífico, incluido Japón. Sólo un etnólogo atrevido podría trazar el origen de los platos basados en gambas secas de Bahía relacionándolo con la tradición portuguesa del bacalao salado, sin tener en cuenta el empleo del aceite de *dendé* como parte del proceso de conservación, un ingrediente y un método culinario de origen puramente africano. Tampoco nadie puede atribuirse la paternidad del horno de tierra o la barbacoa enterrada, un método de cocción también común en todo el sudeste asiático, así como entre los pueblos costeros de Australasia.

Para generalizar (siempre un ejercicio peligroso), el hábito culinario básico de los pueblos nativos del sur del continente era y es todavía vegetariano, teniendo mucho en cuenta el equilibrio nutricional y la digestibilidad. La ingesta de carne se destinaba principalmente a las reuniones tribales, e incluso hoy en día la carne se considera un alimento festivo. Existen excepciones, naturalmente. Los habitantes de Chile y Brasil dependían del pescado y de las algas, mientras que los de la jungla del Amazonas y de las tierras altas de Centroamérica dependían del pescado de río, bayas y raíces.

En la época en que aparecieron los españoles, los indígenas que se habían establecido como granjeros en vez de continuar como cazadores y recolectores nómadas ya habían desarrollado y perfeccionado las plantas de las que dependían, intercambiándolas entre sí. Los tomates, por ejemplo, se encuentran en forma silvestre e incomestible en Perú, pero ya fueron cultivados de forma moderna por los aztecas de México. Este país también es el lugar de origen del aguacate, un árbol que se mantiene estéril a no ser que se le injerte una rama con frutos, lo que indica una intervención humana. Al mismo tiempo se desarrollaba un sistema de cultivo intensivo apropiado para el clima y la naturaleza fértil de la tierra. Algunas cosechas se realizaban simultáneamente: las hileras de maíz proporcionaban postes trepadores para las judías mantequeras, pintas, negras o rojas, y actuando como supresoras de semillas entre las hileras se

Cerdo decorado en el festival de la Taconga, Ecuador

plantaban calabazas y calabacines. Estas tres hortalizas se cocían a veces juntas, lo que proporcionaba una comida equilibrada en un solo plato.

La población indígena pronto aceptó a los animales domésticos europeos: la vaca como productora de leche, las gallinas como productoras de huevos, el cerdo como principal fuente de carne, y las ovejas y las cabras para pastar en las tierras marginales, constituyendo todos ellos útiles incorporaciones a la fauna del Nuevo Mundo. Los europeos, por otra parte, tenían mucho que aprender de los colonizados, como sus sofisticadas técnicas para la preparación de los ingredientes, algunos de los cuales en su estado natural oscilaban de lo indigestible e incomible a lo directamente tóxico. Ingredientes tan variados como la mandioca, el maíz, el chocolate y la vainilla entraban dentro de la categoría de componentes que precisaban una preparación especial para alcanzar todo su potencial. Por añadidura, existía todo un abanico de tubérculos, raíces, frutas y hortalizas, entre las que se contaban tomates, patatas, pimientos, calabazas, calabacines, legumbres, piñas y aguacates, cuyo sabor y virtudes culinarias eran completamente desconocidos más allá de su territorio nativo.

Aunque todos estos nuevos ingredientes se introdujeron lentamente en el Viejo Mundo, fueron aceptados muy pronto por los colonizadores del Nuevo, quienes raramente llegaban acompañados de sus esposas. Las crónicas de aquella época escritas por los sacerdotes evangelizadores que acompañaban a los conquistadores describen lo sabrosos que resultaban los platos preparados por las poblaciones locales. Con la llegada de las esposas de los colonizadores, el énfasis en la cocina indígena decayó. Las mujeres, las cuales cuidaban de la cocina, eran muy conservadoras y solicitaron la introducción de plantas y animales domésticos del Viejo Mundo en vez de sustituirlos

por los del Nuevo. Se plantó trigo para poder preparar panes fermentados (el maíz fue relegado en muchas zonas como forraje para el ganado), el cual se servía, y todavía se hace, en compañía de los panes planos de maíz de los indígenas.

En las estancias construidas siguiendo la arquitectura española se plantaron plantas aromáticas mediterráneas, cebollas, zanahorias, coles y hortalizas de hoja, como lechugas y espinacas. También se cultivaron cítricos y se introdujo la sal, el vinagre y el azúcar como métodos de conservación. Se establecieron plantaciones de plátanos, azúcar de caña y café allí donde las condiciones climáticas y de suelo eran apropiadas. Durante esta época, los misioneros ya habían plantado viñedos, sustituyendo los alucinógenos paganos por el más fiable vino cristiano. Mientras, los esclavos africanos de las plantaciones del Caribe y Brasil aprovecharon el poco interés de los blancos por los despojos creando un sofisticado repertorio de los mismos.

Los pioneros, ya fueran intrépidos exploradores o duros soldados, debían vivir de la tierra o morir, una necesidad que puede convertirse en una ventaja cuando brilla el sol y la tierra es fértil. Un hábito culinario nacido en tiempos duros con la nostalgia del sabor del hogar, y que no sólo debía satisfacer el hambre sino convertir los ingredientes exóticos en placenteros, se convierte en doblemente valioso. Cuando ello se une al deseo, una vez liberado el yugo colonial, el hecho de reconciliar dos culturas opuestas transforma las costumbres culinarias en una declaración de identidad nacional, una expresión de algo que no puede manifestarse de otro modo. El exilio no sólo implica la nostalgia de los sabores del hogar, sabe perfectamente lo que añora, incluso los condimentos.

El Viejo Mundo se funde con el Nuevo: una mujer ofrece tejidos frente a la fachada profusamente decorada de la iglesia de La Merced, en Antigua, Guatemala

El territorio es vasto, y el clima y la geografía sorprendentemente diversos. Todos estos factores contribuyeron al desarrollo de una cocina regional sofisticada mucho antes de la imposición del poder colonial.

Oficialmente existen 26 naciones soberanas en Latinoamérica, más si se incluyen las islas del Caribe, algunas de habla inglesa, francesa u holandesa, que culinariamente hablando pertenecen a la tradición latina. La lista oficial de países latinoamericanos del organismo estadounidense que regula el empadronamiento, utilizada para identificar a los ciudadanos inmigrantes, sigue un orden geográfico aproximado empezando por el norte y es la siguiente: México, El Salvador, Nicaragua, Costa Rica, Guatemala, Belice, Honduras, Panamá, Venezuela, Colombia, Ecuador, Perú, Bolivia, Chile, Argentina, Uruguay, Paraguay, Brasil, las tres Guayanas (Surinam, la Guayana francesa y Guayana), Cuba, Puerto Rico, la República Dominicana, Jamaica y Haití.

Aunque todas estas naciones comparten la despensa del Nuevo Mundo, existen diferencias climáticas y geográficas que hacen que un determinado cultivo prospere en un lugar y no en otro. Entre los ingredientes básicos, el maíz se cultiva en todo Centroamérica, incluido México, y en las naciones andinas de Colombia, Chile, Perú y Ecuador. En el Caribe y en el Amazonas, se cultiva la mandioca, un tubérculo cuya característica más importante es su alto contenido en fécula. La patata se cultiva en todas partes, aunque adquiere el rango de alimento básico en el altiplano de Perú, donde su cultivo aseguró la supervivencia del Imperio inca en una región carente de cultivos alternativos.

Además, es posible dividir las costumbres culinarias del territorio en grupos que reflejan la forma de servir y preparar los alimentos.

Mercado maya en Guatemala

Las naciones de la costa del Pacífico prefieren platos de cuchara, que puedan degustarse directamente de un cuenco: los países amantes de las tortillas, como México y todos los de Centroamérica, utilizan las cucharas para rebañar salsas, purés de legumbres, carnes y hortalizas troceados, que llevan así a la boca sin emplear cubiertos. Las naciones gauchas, Argentina, el sur de Chile, Uruguay, Paraguay y los territorios del sur de Brasil, son carnívoras y aprecian la carne asada, y no se preocupan de si va acompañada de pan u hortalizas. Además, la consumen en grandes cantidades.

Los brasileños y caribeños de origen africano desarrollaron un gusto por los despojos, no sólo porque era la carne más barata del mercado, sino porque partes como entrañas, pies y tripas eran difíciles de vender o no se destinaban como vituallas para los barcos que realizaban la travesía del Atlántico. Estas partes pueden someterse a una cocción lenta y prolongada en un recipiente tapado, un método con el que también se ablanda la caza silvestre de edad indefinida. El *pepperpot,* el famoso guiso completo caribeño, es una colaboración entre los cazadores del Nuevo Mundo, que para ablandar la caza utilizaban casarepa, un extracto de la mandioca amarga, y los cocineros de las plantaciones de azúcar, que buscaban una nueva forma de alimentar a sus familias, y que encontraron en dicho método y en los condimentos utilizados un poco del sabor de su tierra.

De las naciones latinas que pueden presumir de una identidad culinaria distintiva, México es, quizás, la más conocida, aunque no necesariamente por razones obvias. Mucho de lo que en la actualidad se cree mexicano es en realidad cocina de la frontera; los platos *tex-mex*, el chile con carne y los tacos son en realidad una simplificación de una tradición culinaria muy sofisticada que se remonta a los mayas, la civilización que precedió a los aztecas. Sus alimentos básicos son las legumbres y la harina de maíz tratada en un medio álcali, que junto con los aguacates y tomates proporcionan un equilibrio nutricional. El chile es, por su parte, el aromatizante más importante, mientras que el chocolate y la vainilla, preparados siguiendo un complicado proceso de fermentación y secado al sol, constituyen los ingredientes lujosos. La presentación pone todo su énfasis en los diferentes ingredientes; chiles y salsas se presentan por separado, y los comensales toman sus propias decisiones sobre cómo combinar los diferentes elementos, sazonándolos con más o menos picante o azúcar.

En Brasil se mezclan tres tradiciones diferentes: indígena, portuguesa y africana. Los indígenas tenían, y continúan manteniendo, un profundo conocimiento de lo que puede y no puede hacerse con los alimentos de la selva, así como una preferencia por los hornos de tierra y las barbacoas. Los africanos aportaron ingredientes de su tierra, como las judías de careta, el aceite de *dendé*, los quingombós y el coco, que añadieron a lo que ofrecía la naturaleza, aunque fuera desconocido o poco apetitoso. Los portugueses introdujeron el gusto por los guisos y el pescado salado, al igual que una gran afición por la carne, manifestada en los churrascos de Bahía y Río. Sus mujeres eran duchas en el manejo de la sartén y el gusto por los dulces de huevo y azúcar, legado de los árabes. Añadiendo a todo ello sus habilidades en la preparación de quesos, la salazón del jamón y el arte de especiar salchichas, se obtuvo como resultado una tradición gastronómica tan inventiva como exuberante.

En toda el área puede realizarse una distinción entre la comida de las ciudades y la del campo. Mientras que las casas rurales realizan poca diferenciación entre dueña y criada, pues ambas consumen los mismos alimentos cocinados de la misma forma, simplemente, come más la ama que la sirvienta, la comida de los pobres urbanos consiste en la que han dejado de lado los ricos, como los despojos y los cortes de carne más económicos, que deben ablandarse o picarse. Por esta razón, y porque las gentes rurales son más resistentes al cambio, todavía pueden encontrarse vivas las viejas tradiciones culinarias entre las cazuelas y sartenes de las antiguas haciendas. Entre las especialidades

Pareja bailando el tango en la plaza Borrego, Buenos Aires

de estas cocinas se encuentran guisos consistentes enriquecidos con salchichas, asados realzados con chile picante, flanes preparados con zumo de piña, helados perfumados con vainilla y chocolate, y postres realizados con recetas del Viejo Mundo pero con ingredientes del Nuevo, como papaya, fresas, guayaba o granadilla. En vez de galletas y pasteles de harina de trigo los elaboran con harina

Guacamayos, las aves más coloridas de Sudamérica, fotografiados en la región del Amazonas, Brasil

de mandioca o de maíz finamente molida. Tan pronto como las amas de casa hispanas tuvieron acceso a vacas y cabras empezaron a elaborar quesos caseros, cuajadas para los niños y gachas para los ancianos. Además, llenaron su despensa con vinos, confituras y gelatinas, y todas las cosas buenas de las que cualquier ama de casa rural podía disponer a lo largo de las estaciones.

La tradición es práctica y las reglas, flexibles; los hombres de la frontera deben adaptarse o morir. Hay poco espacio para lo que podría describirse como alta cocina. Las presentaciones elaboradas se dejan para los reposteros; el caramelo y las fantasías de crema, para las confiterías, degustándose a menudo en el mismo mostrador y constituyendo el punto culminante de las compras matutinas. La cocina diaria latina y sus salsas requieren ingenio, pero pocos trucos culinarios. No hay misterio alguno, a no ser en la habilidad del cocinero sobre cómo se preparan las tortillas en los mercados mexicanos o en la destreza con que un pescador chileno abre una ostra o corta un erizo para exponer las huevas.

La cocina latinoamericana no tiene trucos ni artificios; no se encontrarán en ella productos bajos en grasas o preparados para adelgazar. Comer sin apetito, o consumir buenos alimentos sin el ánimo de satisfacerse y nutrirse, es insultar al cocinero o, peor aún, burlarse de los dioses. En la tradición hispana, tanto en el Viejo como en el Nuevo Mundo, la comida es importante por sí misma: por sus sabores, olores, texturas, colores y el placer de la abundacia. Esto no quiere decir que se trate de una cocina insulsa, sino todo lo contrario. El temperamento latino es fogoso y terrenal, romántico y casero, conservador e inventivo. Las tradiciones domésticas, que evolucionaron más de la necesidad que de la elección, el exilio, la cautividad y el aislamiento son un producto de esta mezcla.

La palabra Latinoamérica es exactamente esto, una mezcla del Viejo y el Nuevo Mundo.

La comprensión del espíritu de una receta es más importante que la elección de los ingredientes correctos, algunos de los cuales pueden ser difíciles de encontrar o quizás no se encuentren en las mejores condiciones. Esto sirve también para cualquier tradición culinaria cuyo espíritu esté basado en limitaciones tanto estacionales como geográficas, en una fuente común de conocimientos heredados. Pocos de nosotros tenemos estos días una vaca en casa o la posibilidad de bajar a la calle y comprar pescado fresco directamente del pescador, o incluso pescarlo nosotros mismos, recolectar hortalizas de nuestro huerto o recoger frutas de un árbol. Más raro aún sería sacrificar y salar un cerdo para nuestra provisión invernal.

Los latinos establecidos fuera de su patria (Estados Unidos cuenta con una extensa población de inmigrantes latinos) no se dejan vencer por el desaliento si no pueden encontrar el ingrediente preciso. Cuando lo que necesitan es caro o no tiene la calidad suficiente, buscan otro ingrediente. Esto es fácil si sabe lo que se debe sustituir, pero no tanto si nunca se ha probado el original. Con esto en mente, realizo diferentes sugerencias a lo largo del libro para proponer alternativas. Le ayudará saber que los pequeños pepinos carnosos mediterráneos constituyen un sustituto aceptable del chayote, que el apio rallado tiene el aspecto y la textura de la jícama, que los copos de chile más un puñado de pasas dan lugar a algo muy parecido al sabor dulce y almibarado del chile pasilla. Además, la información botánica le facilitará la elección de frutas y hortalizas que, aunque sólo se cultiven autóctonamente, tienen parientes cercanos en cualquier parte.

Nuestro estilo de vida dicta lo que cocinamos, y es el tiempo el factor más importante en nuestras

Cabezas de ajo a la venta en un típico envoltorio brasileño

ocupadas vidas modernas. Las recetas de uso cotidiano de la región se preparan por lo general con rapidez, incluso los platos de legumbres necesitan poca preparación preliminar y no precisan de acabados elaborados.

Platos festivos como la *feijoada* brasileña, con judías negras y cerdo, son lentos de preparar, pero puesto que se realizan durante las reuniones familiares su misma preparación forma parte del placer. Pocos de nosotros podemos confiar en la familia para compartir la labor de majar y moler los chiles y especias que entran en la composición del mole negro mexicano, uno de los grandes platos del mundo, pero esta tarea puede realizarse exitosamente en breves minutos con los utensilios modernos. El robot de cocina ha revolucionado la cocina doméstica, y recetas como las salsas crudas, que dependían de un cuchillo y paciencia, pueden realizarse fácil y rápidamente.

Flores y cerveza en la misma parada brasileña

Aunque no se precisa material especial, algunas de las técnicas y métodos de cocción pueden parecer poco familiares, como el uso de álcalis, como proceso de preparación, el comal de barro utilizado como piedra para hornear y el cuidado empleado en la mezcla de chiles secos. Aunque las costumbres culinarias varían de una cultura a otra, e incluso de una cocina a otra, el hecho de aterrizar en un marco cultural distinto, aprender a extender una arepa con la mano en vez de emplear un rodillo, o a colorear un aceite o manteca con un aromatizante, le aportará confianza.

Algunos procesos pueden parecer demasiado exóticos como para tenerlos en cuenta. ¿Qué sentido hay en recomendar a alguien, que, por ejemplo, únicamente dispone de un quemador de gas, la exquisita fragancia de la carne de un pavo silvestre envuelto en hojas de plátano y enterrado en un horno de tierra? La respuesta es: ¿por qué no? El horno de tierra es simplemente una respuesta a la falta de otros medios: una sola fuente de calor, ingredientes limitados y el deseo de cocinar alimentos de forma económica sin perder sus bondades. Un pollo asado lentamente en una cazuela tapada dispuesta sobre un quemador, realzado con hierbas aromaticas de la tienda de la esquina, proporcionará el mismo placer a los sentidos, por más que no resulte tan auténtico como si se cocinara en la selva brasileña. Y si la alternativa a un ave asada a la cazuela es un pastel de carne indefinida y ahumada químicamente, es mucho más delicioso regalarse una cacerola de alubias blancas cocidas a fuego lento y realzadas con calabaza, maíz y quizás albahaca.

La cocina latinoamericana es más intuitiva que doctrinaria y da más énfasis a lo que le va al plato que al respeto a la autenticidad. Es el espíritu lo que cuenta; además, ninguna receta por muy detallada que sea es infalible. Dos cocineros provistos de los mismos ingredientes y la misma receta detallada no elaborarán el mismo plato, ni siquiera en una cocina profesional. La forma en que los alimentos reaccionan al calor depende de más variables que el número de loros de la jungla guatemalteca; entre éstas podemos mencionar la fuente de calor, la forma y el material del utensilio culinario, ya sea de hierro, barro o acero recubierto de teflón; la materia prima, su frescor, punto de madurez, acidez, jugosidad, contenido acuoso;

el temperamento del cocinero, e incluso el tiempo. Cuando llueve, la harina de maíz requiere menos líquido a la hora de preparar una masa de tortilla. Cuando el sol brilla, no se necesita más que poner los tomates maduros cerca de una ventana para que se perfumen; un ceviche de pescado crudo se prepara en minutos en vez de horas.

Si la cocina no puede ser nunca una ciencia exacta, las costumbres culinarias de esta área tan dispar son muy diversas. No tiene más secretos que una buena mano y un corazón abierto. Aparte de todo esto, no necesitará nada especial. Recurra a su sartén favorita, la cazuela de su elección y el cuchillo más afilado. Descubrirá una tradición culinaria a la vez simple y sofisticada, robusta y sutil, que refleja la belleza de sus tierras, la naturaleza alegre de la gente y la prodigalidad de una tierra fértil. Tal como los incas explicaron, es un tesoro más valioso que el oro, un regalo de los dioses, la comida del sol.

Máscaras festivas a la venta en Chichicastenango, Guatemala

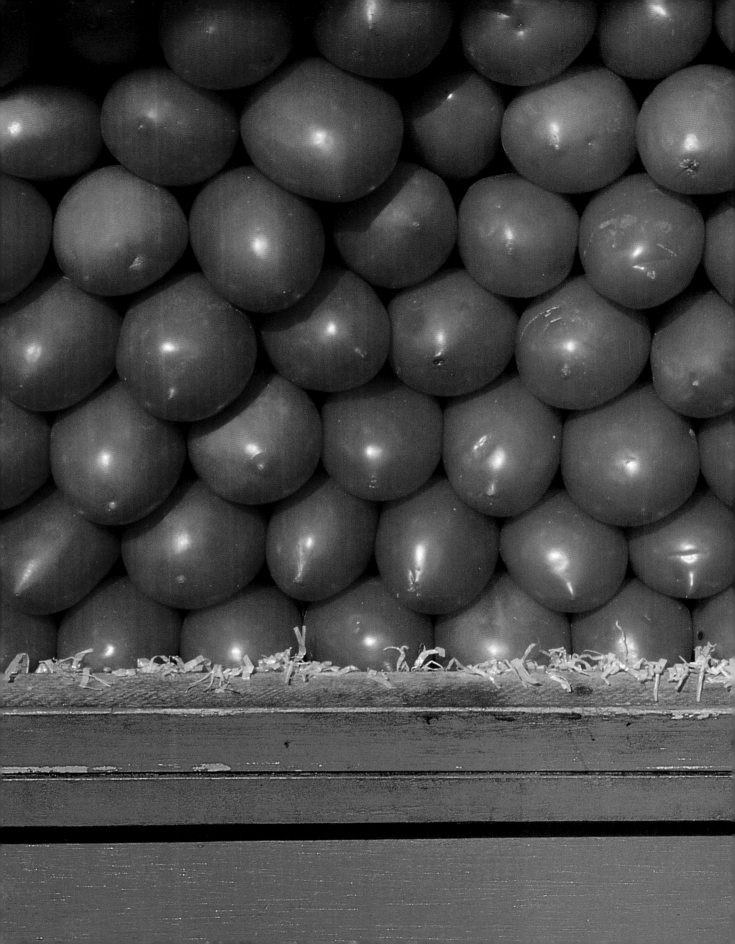

hortalizas

La geografía de este vasto continente, una gran extensión de tierra que va desde el Ártico hasta la Antártida, junto con la relativamente tardía aparición del hombre, tiene como resultado una sorprendente variedad de hábitats. Esta diversidad, que comprende las mesetas rocosas más inhóspitas, las llanuras tropicales más exuberantes, una línea costera de miles de kilómetros e innumerables islas, se traduce en una riqueza del mundo vegetal sin par. Sin embargo, no todos sus secretos han salido a la luz: la flora de los bosques ecuatoriales del Amazonas no se ha estudiado en su totalidad, así como la de algunas partes de los Andes y Centroamérica. No obstante, mucho antes de la llegada de químicos y botánicos, los indígenas de América ya cultivaban plantas comestibles desconocidas en el resto del mundo y se desarrollaban formas de procesar algunos alimentos que en su estado natural no sólo eran incomibles, sino que en el peor de los casos podían ser mortales.

Si los alimentos más útiles y fáciles de preparar, como el maíz, las judías y las patatas, enseguida entraron a formar parte de la despensa mundial, otros, como los chiles (modificados para obtener variedades dulces como el pimiento), los tomates, los aguacates y la gran familia de las calabazas, gozaron muy pronto de popularidad por su sabor, la facilidad de su cultivo y porque llenaban un hueco en la gastronomía. Muchas de las hortalizas de esta zona siguen siendo todavía unas grandes desconocidas por más que sean muy apreciadas en sus regiones de origen, a veces porque crecen en un hábitat específico que no puede reproducirse en otros lugares, pero sobre todo porque su preparación y utilidad son poco conocidas.

tomate

jitomate (México, del náhuatl *xitomatl*)
(*Lycopersicon esculentum*)

Esta planta herbácea es originaria de América y pertenece
a la familia de las solanáceas. Aunque tardó en ser aceptada
en el Viejo Mundo, donde fue clasificada inicialmente como
fruta, encontró en el Mediterráneo lo que podríamos considerar
su patria espiritual, en la que, combinada con ajo y aceite
de oliva, aparece en innumerables recetas.

Cultivo

El tomate, descrito por un naturalista que viajaba
con Pizarro en Perú como una pequeña planta
vigorosa y de poco interés, se encuentra en estado
silvestre en las tierras altas de los Andes, donde
sus frutos son pequeños y duros. Los aztecas
de México pensaban de otra forma, pues cultivaban
el tomate en los huertos irrigados de sus ciudades
y ofrecían a los dioses en los templos sus frutos
de zumo rojo como la sangre con la que debían
satisfacer a las sedientas deidades de sangre.

Aspecto y sabor

Los híbridos modernos del tomate tienen
diferentes formas y tamaños, desde el fragante
tomate cereza al jugoso tomate grande del
Mediterráneo. Mientras que la mayoría de las
variedades adquieren un tono rojo al madurar,
algunas producen frutos cremosos amarillos,
anaranjados y casi violáceos.

Compra y conservación

Elija frutos firmes y jugosos de piel lisa y que
desprendan fragancia (el mejor indicador de
sabor). El color no es necesariamente una guía
para conocer su dulzor y grado de madurez;
algunas variedades son deliciosamente dulces
aunque su piel esté entreverada de verde. Los
tomates que se han dejado madurar en la mata
son siempre mejores. Aunque se cultivan bien
en invernadero, de ahí su popularidad como
componente de ensaladas durante todo el año,
las variedades de invernadero, a no ser que se
dejen madurar en la mata, son generalmente
aguadas y carentes de sabor, particularmente si
se cultivan más en función de su aspecto que
de su sabor. Si desea conservarlos, cuézalos para
concentrarlos y embotéllelos cubiertos de aceite.
En las salsas cocinadas de origen mediterráneo,
es preferible emplear tomates enlatados que
frescos y de fuera de temporada.

Empleo y usos medicinales

Los tomates constituyen una buena fuente
de vitamina C, presente sobre todo alrededor de
las semillas gelatinosas. Los tomates madurados
en rama tienen casi el doble de vitaminas que
los recolectados verdes. Son un antiséptico natural
y son útiles en el tratamiento de la cirrosis hepática,
la hepatitis y otros trastornos de los órganos
digestivos. Útil y valioso, sin duda, como
neutralizador si una mofeta se orina encima.

Usos culinarios

Los tomates pera son más carnosos y menos
jugosos que las variedades redondas; son buenos
para preparar salsas y para secar en el horno. Para
prepararlos, córtelos por la mitad en sentido
vertical, espolvoréelos con sal y déjelos secar en el
horno a temperatura mínima (la de un día de verano
caluroso). Los tomates cereza tienen un dulzor
concentrado perfecto para salsas crudas; los
tomates grandes mediterráneos son buenos para
rellenar y hornear. Pueden servirse crudos cortados
a rodajas, picados o rallados para preparar salsas
y ensaladas. Para separar la carne del resto, corte
la parte superior o sombrero y retire las semillas
con una cucharilla. Sosteniendo firmemente el
tomate con la mano, frote la superficie cortada
contra los agujeros grandes de un rallador, pelando
la piel al mismo tiempo hasta que sólo le quede
ésta en la mano.

Tomates rellenos de maíz

Para 4 personas

La versión original de este plato ecuatoriano lleva un delicado relleno de granos de maíz fresco, daditos de calabacín y zanahoria amarilla de los Andes, que puede sustituirse por chirivía o apio nabo.

4-8 tomates (dependiendo de su tamaño), maduros pero firmes
1 taza de granos de maíz frescos raspados de la mazorca
1 chirivía o apio nabo pequeño a dados pequeños
1-2 calabacines a dados pequeños
4 cucharadas de aceite de oliva
el zumo de $1/2$ limón
1 diente de ajo picado
1 cucharadita de sal
una pizca de azúcar
1 cucharada de perejil picado
1-2 chiles frescos, sin semillas y a rodajas finas

Escalde y pele los tomates. Vacíe su interior con una cucharilla, guarde la pulpa y deseche las semillas. Corte la pulpa a dados. Cueza los granos de maíz, la chirivía y el calabacín en un cazo tapado con un poco de agua (sin sal) unos 10 minutos o hasta que estén tiernos. Escúrralos.

Mientras, bata con un tenedor el aceite con el zumo de limón, el ajo, la sal y un poco de azúcar. Mezcle las hortalizas con este aliño. Deje enfriar un poco, agregue la pulpa de tomate reservada y el perejil, y enfríe el conjunto. Rellene los tomates con la preparación anterior y adorne con un poco de cáscara de limón.

Mermelada de tomate

1,3 kg

Una preparación cubana para un fruto que se considera tanto una hortaliza como una fruta digna de figurar en el carro de los postres. Aquí, se encuentra a medio camino entre una confitura y un encurtido. En La Habana se sirve a modo de pasta de frutas acompañada de queso.

900 g de tomates maduros pero firmes, finamente picados

Tomates rellenos de maíz y aliñados con chile y cilantro

6 bayas de pimienta de Jamaica
un trozo pequeño de canela en rama
3-4 clavos
1 limón (cáscara y zumo)
900 g de azúcar blanquilla

Ponga los tomates en un cazo con las especias y la cáscara de limón, añada medio vaso de agua, lleve a ebullición, baje el fuego, tape y cueza a fuego lento 20-30 minutos removiendo hasta que se reduzca a pulpa.

Tamice, pésela y devuélvala a la cacerola. Mézclela con su mismo peso de azúcar, agregue el zumo de limón y lleve lentamente a ebullición, removiendo hasta que el azúcar se disuelva. Deje hervir sin dejar de remover hasta alcanzar el punto de cuajado. La mermelada está lista cuando al verter una gota en un plato frío se arruga al empujarla con el dedo. Colóquela en frascos calientes esterilizados y séllelos una vez fríos.

tomatillo

tomate verde, miltomate, tomate de capote (México), tomate verde (*Physalis ixocarpa*)

El tomatillo, nativo de México y Guatemala, tiene el aspecto de un tomate pequeño del tamaño de un huevo de gallina y pertenece a la misma familia que la uva espina del Cabo o *Physalis* (*véase* pág. 216 para los otros miembros). Se empleaba en la cocina de los aztecas y es muy valorado en la cocina mexicana como ingrediente para salsas, en especial para las verdes, a las que confiere una textura densa y un sabor alimonado. También se emplea en Guatemala, aunque en menor medida.

Compra y conservación

Elija frutos firmes, duros y secos que no muestren signos de moho ni manchas negras. Deben tener un aroma dulce y limpio similar al de las uvas espinas. Pueden conservarse varios meses y sin pelar en un lugar frío formando una sola capa.

Empleo y usos medicinales

El tomatillo es rico en fibra y vitamina C. En su país de origen se cree que la infusión de sus cálices cura la diabetes.

Usos culinarios

Para prepararlos retire el cáliz que los recubre, lávelos (no se preocupe si no frota la sustancia pegajosa que se encuentra alrededor del tallo) y píquelos. Normalmente se consumen cocidos, aunque en el centro de México se usan a veces en una salsa cruda a modo de mojo para carnes asadas a la barbacoa. La piel es muy fina, por lo que no es necesario pelarla.

Mercado, México

Cultivo

Es una planta perenne de hojas parecidas a las del tomate y se cultiva como una anual. El fruto, que tiene la apariencia de un farolillo, tiene un extremo puntiagudo y está recubierto por un cáliz verde ligeramente tóxico, común a todas las especies de *Physalis*. A medida que el fruto crece, la cascarilla se vuelve quebradiza, hasta que se rompe.

Aspecto y sabor

El fruto es verde incluso cuando está maduro, aunque también puede volverse amarillo o púrpura. La carne (crujiente y jugosa cruda, y blanda y glutinosa una vez cocida) es compacta y está llena de semillas blandas. El sabor es parecido al de la uva espina y la salsa de manzana con un toque de cáscara de limón.

Salsa de tomatillo, el mojo favorito de México

Salsa verde de tomatillo
Para 4 personas

Una deliciosa salsa fragante con textura, de consistencia algo pegajosa. Uno de los sabores más reconocibles de la cocina mexicana.

8 tomatillos, sin el cáliz y lavados
2 chiles verdes (jalapeños o serranos), sin semillas y picados
1 diente de ajo finamente picado
1 cucharadita de azúcar
sal
1 cucharada de cilantro picado

Trocee los tomatillos y póngalos en un cazo pequeño con el agua salada justa para cubrirlos. Lleve a ebullición y cuézalos a fuego lento unos 10 minutos, hasta que estén perfectamente blandos. Mézclelos con el chile picado y el ajo, aplástelos y sazónelos con sal y azúcar, y déjelos enfriar antes de añadir el cilantro. Sirva la salsa caliente o fría como si se tratara de una salsa de tomate. Es deliciosa sobre huevos fritos y excelente con pollo frío.

Tomatillos gratinados
Para 4 personas

Se trata de una deliciosa especialidad mexicana. Se sirven con bolillos recién horneados, panecillos pequeños que se han dejado fermentar lentamente para conferirles una miga densa y con textura, y horneados en un fuego de leña para que adquieran una corteza dorada.

900 g de tomatillos maduros
300 ml de crema de leche
2 cucharadas de aceite de oliva
1 diente de ajo pelado y finamente picado
3 cucharadas de pan fresco rallado
1 cucharada de perejil picado
1 cucharadita de orégano desmenuzado
1 cucharada de queso fresco rallado
sal y pimienta

Precaliente el horno a 220 °C. Corte los tomatillos a rodajas gruesas y superpóngalas formando una capa en una fuente refractaria. Vierta la crema por encima y salpimente. Hornee unos 15 minutos hasta que la crema hierva.

Mientras, caliente el aceite en una sartén pequeña, añada el ajo y fríalo lentamente hasta que se ablande. Esparza por encima las migas y fríalas hasta que estén bien crujientes. Mézclelas con las hierbas y distribuya esta preparación sobre los tomatillos. Finalmente, reparta por encima el queso fresco.

aguacate

palta (Chile, Argentina), *abacate* (Brasil) (*Persea americana*)

Aunque técnicamente es una fruta, se la considera como una hortaliza. Tiene desde una forma de pera a otra perfectamente esférica, y su tamaño puede ser tan pequeño como un huevo de gallina y tan grande como un melón cantalupo.

Seleccionando aguacates recién recolectados junto al lago Atitlán, Guatemala

Cultivo

El aguacate es el fruto de un árbol semitropical de hojas brillantes originario de México, que es infértil a no ser que se le injerte una rama con frutos. Éstos no maduran hasta que caen del árbol o se recolectan de la rama.

Aspecto y sabor

Se cultivan cientos de variedades. El color de la piel varía desde el verde sapo hasta el bronce púrpura y su textura desde la tierna, lisa y fina, a la granulada, dura y leñosa. La carne, cuando está madura, es blanda y mantecosa, y su color oscila del verde pálido al crema tostado. Cuando ya ha sobrepasado el punto de madurez, la carne se vuelve oscura y fibrosa. En México sólo se consideran aptos para comer como fruta los ejemplares grandes y redondos de piel gruesa y carne cremosa, que se cortan a rodajas o se comen directamente de la cáscara; con las variedades de menor tamaño y piel fina se prepara el guacamole, palabra azteca que significa «pulpa».

Compra y conservación

Cuanto más grande sea un aguacate, mayor será su proporción de carne con relación al hueso. Elija frutas cuyo exterior no presente mácula alguna. Si compra aguacates duros, no sabrá si están dañados hasta que maduren. Una vez maduros guárdelos en la nevera, pues como son muy ricos en aceite tienden a enranciarse.

Empleo y usos medicinales

El aguacate se acerca a lo que puede considerarse el alimento perfecto: es rico en proteínas, fibra e hidratos de carbono, vitaminas y minerales y también es fácil de digerir. Es bueno para los bebés, los ancianos y todos los estadios de la vida. Su alto nivel en cobre y hierro fácilmente asimilable lo hacen ideal para el tratamiento de la anemia, y mejora la calidad del pelo y la piel. No está recomendado para personas con problemas hepáticos, pues su alto contenido en grasas (principalmente monoinsaturadas) hace que sea difícil de digerir. En Brasil se utiliza una infusión de sus hojas a modo de diurético.

Usos culinarios

No lo prepare con antelación. Una vez cortado, la carne se oxida rápidamente, un proceso que también afecta al sabor. Si debe prepararlo con antelación, deje el hueso; o, si aplasta la carne, introduzca el hueso en el centro del puré y cúbralo con una película de plástico (no existe explicación lógica, pero la presencia del hueso retrasa la oxidación). Un aguacate maduro puede madurar con rapidez si se deja de 2 a 3 días en una bolsa de papel a temperatura ambiente, menos si incluye un plátano maduro. El aceite de aguacate, sin sabor ni olor, se utiliza en la industria cosmética.

Crema de palta

Para 4 personas

Sofisticada sopa verde en la que la carne del aguacate proporciona consistencia y sabor. Si va a presentarla caliente, bátala con caldo hirviendo y sírvala enseguida, pues se vuelve marrón. Los aguacates verdes de piel fina son los más adecuados para esta preparación: su carne resulta cremosa y más fina que los de la variedad Hass, de piel rugosa.

2 aguacates maduros, pelados, deshuesados
  y a dados
600 ml de caldo de pollo frío
2 cucharadas de zumo de lima o limón
unas hojas de cilantro

Bata juntos todos los ingredientes hasta obtener un puré liso. Dilúyalo con agua si estuviera demasiado espeso. Pruébelo y sálelo ligeramente. Viértalo en platos soperos o cuencos, y adórnelo con tiras o rodajas finas de chile y hojas de cilantro.

Guacamole

Para 4 personas como entrante

Especie de ensalada picada cuya preparación se remonta a los aztecas. Si desea servirlo como ensalada de frutas, mezcle los dados de aguacate con granos de granada, y aliñe con miel y zumo de limón.

2 aguacates grandes a dados
3 cucharadas de cebolla dulce picada
3 cucharadas de tomate picado
2 cucharadas de pimiento verde picado
1 chile verde pequeño, sin semillas y finamente
  picado
2 cucharadas de cilantro fresco picado
el zumo de 1-2 limas
sal

Mezcle todos los ingredientes con una cuchara y añada zumo de lima y sal al gusto. Si no va a servirlo enseguida, ponga un hueso enterrado en el centro de la preparación para que no se oxide. Sirva con hojas de lechuga y chips de tortilla para remojar (fríalas usted mismo pues las comerciales son demasiado saladas).

Dolce de abacate

(Crema de aguacate con ron)
Para 6 personas

En Brasil el aguacate se considera una fruta de postre, y se sirve con azúcar y crema. Aquí se le añaden semillas de granada, ácidas y crujientes. Todos los ingredientes deben estar fríos en el momento de la preparación.

2 aguacates pequeños, maduros
  (preferentemente Haas)
2 cucharadas de zumo de lima
4-6 cucharadas de azúcar blanquilla
1 cucharada de ron
300 ml de crema de leche ligera

Para adornar:
los granos de 1 granada madura

Pele y deshuese los aguacates, póngalos en el recipiente de la batidora con el resto de los ingredientes y bata hasta obtener un puré; agregue la crema gradualmente hasta que la mezcla adquiera la consistencia de un yogur espeso. Puede guardarla en la nevera de 1 a 2 días, aunque también puede congelarla y servirla a modo de helado. Vierta la crema en vasos y adorne con las semillas de la granada.

En el sentido de las agujas del reloj, desde arriba: crema de aguacate, ensalada de aguacate y granada y guacamole

jícama

judía ñame
(*Pachyrhizus erosus, P. tuberosus*)

Este tubérculo perteneciente a la familia de los guisantes es originario de Centroamérica y la región amazónica. La voz *xicama* procede del nahuatl y significa «tubérculo que se puede conservar».

Cultivo

La jícama es una planta de jardín que se cultiva por la belleza de sus flores en forma de trompeta, que se convierten en vainas comestibles. La parte comestible es el tubérculo subterráneo, que tiene el aspecto de un nabo grande de color marrón.

Aspecto y sabor

Cuando es joven y fresca, la piel es fina y casi transparente, y su carne, de un color blanco nieve, es ligeramente dulzona, crujiente y delicada, parecida a la castaña de agua. Los especímenes más viejos desarrollan un sabor a patata cruda, por lo que es preferible cocerlos cuando se vuelven feculentos, aunque todavía resultan crujientes.

Compra y conservación

Elija tubérculos de tamaño medio, firmes y sin mácula, de piel morena, fina y lisa; los tubérculos viejos tienen una piel rugosa y seca, así como una carne fibrosa y feculenta sólo apta para cocinar. Puede guardarlos en una bolsa de plástico en la nevera hasta 3 semanas. Para prepararlos, pele la piel y la capa fibrosa situada bajo ésta y corte en rodajas o dados. Una vez pelada, póngala en agua fría con un chorrito de zumo de limón.

Empleo y usos medicinales

Es pobre en grasa y rica en fibra, perfecta para adelgazar.

Usos culinarios

Puede comerse cruda joven, cortada en forma de chips o rodajas y aliñada con zumo de cítrico, tal como se vende en los mercados mexicanos a modo de tentempié rápido.
En las ensaladas de frutas puede tomarse en lugar de manzana. Los tubérculos maduros pueden entrar en la composición de guisos especiados, o cocinarse con otros.

Pico de gallo

Para 4 personas como entrante o ensalada para acompañar

Esta ensalada toma su nombre del aliño, en el que el sabor ácido de los cítricos equilibra el tono suave del tubérculo crudo, mientras que la fruta complementa el sabor crujiente del tubérculo.

1 jícama, de unos 450 g, pelada y cortada en tiritas

Para el aliño:
el zumo y la cáscara finamente rallada de 2-3 naranjas agrias, limones o limas
sal

Para acabar:
2 naranjas dulces cortadas a gajos
1 cucharada de piñones tostados, copos de chile o chile fresco finamente picado

Mezcle la jícama preparada con la sal y el zumo de naranja y déjela reposar de 1 a 2 horas en un lugar frío. Mézclela con los gajos de naranja y esparza por encima los piñones y el chile.

Frutas y hortalizas a la venta en Buenos Aires

Pico de gallo, una refrescante ensalada veraniega enriquecida con piñones

Manchamanteles con jícama

Para 4-6 personas

Cuidado con mancharse: utílice un babero y cómala con los dedos.

900 g de jícamas peladas y a dados
4 cucharadas de aceite
2-3 dientes de ajo a rodajas
1 cebolla grande mediana cortada a rodajas
  finas y luego cortadas por la mitad
4 cuartos de pollo o 450 g de dados de cerdo
4 chiles poblanos o 2 pimientos verdes
  sin semillas y a tiras
4-5 tomates maduros picados
un puñado de orejones de albaricoque picados
un puñado de ciruelas pasas deshuesadas

1 cucharada de pasas
2-3 chiles pasillas remojados y troceados
2-3 chiles secos sin semillas
1 trozo pequeño de canela en rama
1 cucharadita de comino molido
1 cucharada de orégano seco
sal y pimienta

Para acabar:
1 cucharada de azúcar mezclado con canela
  molida

Remojar la jícama en agua ligeramente salada. Caliente el aceite en una cacerola amplia y fría el ajo y la cebolla. Apártelos a un lado cuando empiecen a ablandarse, añada el pollo o el cerdo, y el poblano o las tiras de pimiento

verde. Fríala hasta que se dore un poco. Añada la pulpa de tomate, las frutas, los chiles, las especias, el orégano, la sal y la pimienta. Vierta agua hasta cubrir los ingredientes, lleve a ebullición, tape el recipiente y cueza a fuego lento 1 hora, añadiendo la jícama a media cocción, hasta que la carne esté tierna y los fondos de cocción se hayan reducido. Verifique la cocción y agregue más agua si fuese necesario.

Retire la tapa, suba el fuego y deje hervir unos minutos para que se concentre y espese. Vierta la preparación en una fuente grande y espolvoree con el azúcar mezclado con la canela. Sirva con plátano frito y papaya verde aliñada con zumo de lima.

calabaza de invierno

abóbara (Brasil)
(*Cucurbita* spp.)

Las calabazas comestibles que pueden conservarse tienen diferentes tamaños, formas y colores y se encuentran entre las hortalizas más antiguas del continente. Los etnobotánicos sugieren que son las primeras de la llamada tríada americana, formada por judías, calabazas y maíz, plantas que se cultivan en asociación y se preparan a menudo en recetas donde aparecen juntas.

Cultivo

Se trata de una planta trepadora cuyo fruto puede guardarse una vez recolectado. Va creciendo lentamente a lo largo de la estación, acumulando dulzor a medida que la planta se seca.

Aspecto y sabor

Presenta diferentes formas esféricas, ovaladas o en forma de pera, con centros vacíos que contienen una gran cantidad de pequeñas pepitas comestibles. Muchas desarrollan una corteza externa dura e incomestible, aunque las de San Roque y algunas variedades de piel verde constituyen la excepción.

La textura es dura pero se vuelve muy blanda una vez cocida. La carne va del dorado pálido a un naranja oscuro y es muy dulce, aunque algunas calabazas lo son más que otras.

Compra y conservación

Elija calabazas sanas, sin signos de haber recibido golpes. Cómprelas enteras para guardar o córtelas en porciones para su consumo inmediato, en cuyo caso deben envolverse en una película de plástico y conservarse en la nevera 3-4 días como máximo. Las calabazas enteras pueden guardarse todo el invierno en un desván o sobre una alacena aunque estén en una cocina con calefacción. Las variedades más populares incluyen la calabaza de San Roque, con forma de botella, piel fina y tierna, casi translúcida, y carne anaranjada muy dulce, casi especiada. La gran calabaza confitera, de piel dura y carne algo aguada (pero que compensa en cantidad lo que adolece de calidad), es muy apreciada en el Caribe, donde puede ser de forma esférica o aplastada; la piel oscila desde el marfil pálido al naranja vivo, o al marfil veteado de verde oscuro. La calabaza brasileña es más fibrosa y de carne más densa que la caribeña.

Empleo y usos medicinales

La calabaza de invierno es muy digestiva y está repleta de azúcar e hidratos de carbono fácilmente asimilables; además, es baja en calorías y rica en vitamina A y potasio. Sus zumos son muy alcalinos, útiles en el tratamiento de la acidosis del hígado y la sangre y recomendados como antiinflamatorios. Las pepitas crudas son útiles para el tratamiento de la solitaria.

Usos culinarios

Las calabazas de carne densa como la de San Roque y otras cuyo tamaño oscilan del pequeño al mediano son deliciosas en postres o cortadas en porciones y asadas u horneadas con crema. Las más grandes y de carne aguada son excelentes para preparar sopas y guisos; como relleno de empanadas deben cocerse para evaporar el exceso de humedad. Las flores también son comestibles, particularmente las masculinas, que pueden recolectarse sin dañar los frutos. También se emplean las pepitas de calabaza tostadas y el aceite de calabaza, delicado y cuyo sabor recuerda al de los frutos secos, pero que se enrancia enseguida a no ser que se conserve en la nevera.

Sopa de calabaza

(Sopa dominicana de calabaza y naranja)
Para 4-6 personas

Especiada con jengibre y realzada con naranja, es una de las sopas de calabaza más deliciosas del Caribe. Es preferible prepararla con calabazas de carne densa, como la de San Roque o la calabaza plátano. Si emplea una variedad grande de carne aguada, necesitará agregarle un poco de azúcar y zumo de limón.

1 calabaza pequeña o 1 porción de 900 g
1 nuez de mantequilla
1 cebolla blanca o amarilla finamente picada
1/2 cucharadita de jengibre molido
1/2 cucharadita de nuez moscada
850 ml de caldo de pollo
300 ml de zumo de naranja recién exprimido
sal y pimienta

Para acabar:
semillas de calabaza ligeramente tostadas

Precaliente el horno a 200 °C. Si emplea una calabaza entera, córtela por la mitad, retire las semillas y colóquela cara abajo sobre una placa de hornear forrada con papel de aluminio. Si utiliza una porción, retire las semillas, córtela en trozos y póngalos sobre el papel. Hornee unos 40 minutos, hasta que la carne esté perfectamente blanda y un poco caramelizada. Retire la piel. Mientras, derrita la mantequilla en una cacerola amplia y fría lentamente la cebolla picada hasta que se ablande y empiece a colorearse, pero no la deje quemar. Esparza el jengibre por encima y la nuez moscada y añada la calabaza, el caldo de pollo y el zumo de naranja. Lleve a ebullición, baje el fuego y cueza 20 minutos para amalgamar los sabores. Reduzca la sopa a puré en la batidora hasta que esté perfectamente lisa. Recaliéntela cuando vaya a servirla. Esparza por encima unas semillas de calabaza tostadas.

Sopa de calabaza, dulce y especiada

Dulce de calabacín

Las conservas como ésta, dulces y pegajosas, se ofrecen tradicionalmente a las visitas como signo de bienvenida. Pueden ofrecerse en platitos pequeños con un vaso de agua, pero quedan mejor servidas en una cucharilla pequeña dispuesta sobre un vaso de agua de coco bien fría o zumo de naranja.

1,3 kg de calabaza pelada, sin semillas y cortada a tiras grandes a lo largo
225 g de azúcar
6 cucharadas de agua (menos si la calabaza es aguada)

Ponga la calabaza y el azúcar en una cacerola de fondo grueso. Añada el agua. Ponga el recipiente a fuego lento, tape herméticamente y cueza a fuego lento unos 50 minutos, hasta que la calabaza esté tierna y el almíbar espeso y brillante. Quizás necesite más agua o tenga que hervir el almíbar con el recipiente destapado. Deje enfriar la calabaza en la cacerola con su almíbar y póngala en un frasco asegurándose de que queda recubierta por el almíbar.

calabacín

zapallito (*Cucurbita* spp.)

Miembro de la familia de las calabazas, se cultiva para recolectarse durante las estaciones de primavera y verano, y se recolecta verde.

Calabaza lista para recolectar

Compra y conservación

Los frutos jóvenes e inmaduros deben ser firmes al tacto y no deben presentar zonas blandas o flexibles. Guárdelos en el cajón de verduras de la nevera y consúmalos lo antes posible. Los calabacines maduros tampoco deben tener máculas. Se conservan bien y pueden guardarse a temperatura ambiente.

Empleo y usos medicinales

De fácil digestión, aunque su contenido en agua (90 %) limita su valor nutricional.

Usos culinarios

Si es joven y tierno, séquelo con un paño húmedo y córtelo a rodajas; los ejemplares más viejos deben pelarse y retirárseles el centro con las semillas. Se cuecen rápidamente, ya sean jóvenes o viejos, pero quedan mejor cocidos al vapor o en una cacerola con el mínimo líquido posible. Los calabacines jóvenes son más firmes y más delicados que los viejos, los cuales deben pelarse y retirárseles las semillas antes de cocerlos. Las flores son comestibles y pueden entrar a formar parte de un relleno para una empanada, o rellenarse, pasarse por una masa y freírse.

Cultivo

El calabacín es el fruto de una planta anual de crecimiento rápido, y tiene unos tallos peludos y hojas grandes. Se cultiva a menudo en asociación con el maíz y las judías. Sus hojas amplias, que crecen en sentido anárquico, evitan la proliferación de semillas y conservan la humedad. Muchas recetas tradicionales reflejan esta asociación.

Aspecto y sabor

EL calabacín, cuando es joven, tiene la forma de un pepino pequeño y una carne de color amarillo cremoso. Cuando crece y aumenta de tamaño, su piel blanda se oscurece y endurece y su carne se convierte en más aguada y fibrosa. Existe una variedad redonda de color verde pálido o veteada de color verde marfil llamada zapallito, que se cultiva especialmente para rellenar. Tiene el tamaño ideal para poder comerlo directamente con las manos.

Budín de zapallitos
Para 4 personas como plato principal

Este plato me recuerda a mi infancia en Uruguay; es muy cremoso y se aromatiza con abundante queso.

3-4 calabacines grandes rallados
2 cucharadas de mantequilla o aceite
1 cebolla grande suave finamente picada
2 huevos grandes
300 ml de leche entera
2 cucharadas de parmesano rallado
4-6 rebanadas de pan blanco, sin la corteza

4 cucharadas de queso duro recién rallado (gruyere, cheddar o parmesano)

Precaliente el horno a 190 °C. Sale los calabacines rallados y déjelos escurrir en un colador durante media hora. Enjuáguelos y séquelos.

Caliente la mantequilla o el aceite en una sartén y fría la cebolla hasta que se ablande. Añada los calabacines, tape herméticamente y cueza hasta que la carne esté transparente, agitando el recipiente de vez en cuando.

Mezcle los huevos con la leche y a continuación con el queso, y salpimente. Extienda la mitad del pan en el fondo de una fuente refractaria engrasada, cubra con las hortalizas y luego con el resto del pan. Vierta la mezcla de huevos y leche, y esparza sobre la superficie el resto del queso rallado. Hornee de 20-25 minutos, hasta que el budín esté dorado y burbujeante.

Tortillitas de calabacín
Para 4 personas como entrante

La consistencia crujiente se obtiene con el presalado, necesario para eliminar el exceso de humedad, así como con el empleo de harinas texturadas (la molida a la piedra es la mejor).

6-8 calabacines cortados por la mitad a lo largo
1 cucharada de sal fina

Masa
3 cucharadas de harina de fuerza molida gruesa
1 cucharada de harina de maíz molida gruesa
1 cucharada de sal gruesa
1 cucharada de aceite de oliva
300 ml de agua
1 huevo grande (la clara separada de la yema)

Para cocinar:
aceite para freír

Sale las rodajas de calabacín y déjelas escurrir en un colador media hora. Bata los ingredientes de la masa y reserve la clara.

Caliente el aceite en una sartén.

Enjuague los calabacines y séquelos. Bata la clara hasta que esté a punto de nieve y mézclela con la masa. Pase las rodajas de calabacín, una a una, por la masa y déjelas caer en el aceite, pero sólo las que quepan cómodamente en la sartén. Dore los calabacines y déles la vuelta; necesitará 3-4 minutos. Retírelos con una espumadera.

Degústelos recién cocidos acompañados con un chorrito de limón

chayote

(Sechium edule)

Es un pepino que tiene el aspecto de una pera verde grande con profundas incisiones irregulares. Es originario de Centroamérica y fue cultivado por primera vez en México por los aztecas, quienes le dieron su nombre. Su color oscila del verde pálido al oscuro, y su carne, de color verde pálido, tiene más o menos la textura y el sabor del pepino, con un toque a colirrábano.

Cultivo

Es una planta trepadora perenne con unos grandes tubérculos subterráneos. Es muy prolífica pues una simple semilla plantada en un tiesto con sol y un riego abundante puede producir suficientes hojas y frutas para dar sombra a toda una terraza.

Aspecto y sabor

Cuando es joven, la piel es blanda y de un verde pálido (los especímenes más viejos deben pelarse), y la carne es firme y crujiente. Los frutos femeninos tienen pieles lisas, mientras que los masculinos son rugosos; además, los femeninos son más carnosos. Todas las partes de la planta son comestibles: hojas, brotes, tubérculos, así como la pepita que se desarrolla con el fruto.

Compra y conservación

Es preferible degustarlo joven, cuando no es más grande que un huevo de gallina, pues su sabor es más concentrado y la carne es jugosa en vez de aguada. Elija chayotes de piel limpia y firmes al tacto. Guárdelos en la nevera y empléelos todavía frescos; se enmohecen al cabo de una semana.

Empleo y usos medicinales

Tiene una carne de sabor poco pronunciado, delicada y digestible. Está indicado para ancianos y bebés, particularmente cuando se cuece con caldo o se combina con lácteos.

Chayotes a la venta, México

Usos culinarios

El fruto es soso y casi sin sabor (recuerda a una mezcla de pepino, colirrábano y calabacín), por lo que es perfecto para combinar con otros sabores. Puede rallarse y degustarse crudo en ensaladas, saltearse, cocerse al vapor o rellenarse y hornearse (no es preciso pelarlo). Para hervirlo, lávelo y retire la semilla interna. Ésta es comestible y tiene un sabor delicado que recuerda a la almendra. La raíz tiene el aspecto y el sabor del ñame. Los brotes jóvenes se recolectan en primavera y se degustan a modo de espárragos o en sopas.

Chayote a la mantequilla
Para 4 personas como acompañamiento

En Jamaica, esta delicada variante del pepino se prepara con mantequilla y cebolla dulce, realzándose con un toque de chile.

900 g de chayote cortado a dados pequeños
1 cebolla amarilla dulce a rodajas finas
1 nuez generosa de mantequilla
sal

Chayote a la mantequilla: clásico, sencillo y delicioso

Sale ligeramente los dados de chayote y déjelos escurrir en un colador. Enjuáguelos y transfiéralos a una cacerola con la cebolla a rodajas. Añada un poco de agua, pues el chayote ya tiene mucha, tape herméticamente y deje cocer al vapor en su propio jugo a fuego medio unos 10 minutos, hasta que el chayote esté perfectamente tierno pero no deshecho. Póngalo en un cuenco y coloque encima la mantequilla.

Chancletas

Esta especialidad portorriqueña lleva el nombre de chancletas por su peculiar forma. Puede sustituir los chayotes por calabazas boneteras.

3 chayotes de unos 350 g cada uno
1 nuez pequeña de mantequilla
150 ml de crema de leche ligera
225 g de queso semirallado, como cheddar
* o gruyere*
3 cucharas de pasas o sultanas
1 cucharadita de extracto de vainilla
* o las semillas de una vaina de vainilla*
1 cucharada de azúcar
sal

Para acabar:
6 cucharadas de pan rallado
2 cucharadas de queso rallado (cheddar
* o parmesano)*

Cueza los chayotes en agua hirviendo ligeramente salada durante 45-50 minutos, hasta que estén perfectamente tiernos. Escúrralos y déjelos enfriar un poco; luego, córtelos por la mitad a lo largo. Retire el interior leñoso y las semillas. Extraiga gran parte de la carne, píquela y resérvela. Coloque los chayotes vaciados en una fuente refractaria engrasada con mantequilla.

Precaliente el horno a 190 °C. Ponga la carne extraída en el recipiente de la batidora y redúzcala a puré junto con la crema. Transfiera la preparación a un cuenco y mézclela con el queso, las pasas, la vainilla y el azúcar. Reparta la preparación en los chayotes y esparza por encima el pan rallado mezclado con el queso. Hornee unos 20 minutos hasta que la superficie esté crujiente y dorada.

quingombó

Gombo, *quiabo* (Brasil)
(*Hibiscus esculentus*)

El quingombó, emparentado con la familia de los hibiscos, es una vaina que ya era conocida por los antiguos egipcios. Fue importada de África a América como parte de la cultura de los esclavos, estableciéndose en el Caribe y Brasil en el transcurso del siglo XVII.

Es un pequeño arbolito anual con bonitas flores amarillas en forma de trompeta que pertenece a la misma familia que el algodón y la *roselle*, con la que se prepara una bebida navideña muy popular en el Caribe.

Cultivo

La parte de la planta que interesa en la cocina son las vainas inmaduras con un extremo puntiagudo y el otro en forma de gorro de la longitud de un dedo. Se cultivan dos variedades, una más larga que la otra. Si se secciona en sentido horizontal tiene el aspecto de una rueda en miniatura con pequeñas semillas adheridas a los radios. Su agradable sabor recuerda al de los guisantes, mientras que su zumo tiene una consistencia mucilaginosa (se utiliza sobre todo como espesante de sopas).

Compra y conservación

Cuando son frescas, las vainas brillan. Elíjalas de un color verde brillante, sin signos de golpes o manchas marrones. En el interior, las semillas deben ofrecer un color pálido rosado, pues si son oscuras y duras el quingombó resulta filamentoso. Para conservarlo, trátelo como si se tratara de judías verdes: guárdelo en la nevera dentro de una bolsa de papel y utilícelo lo más pronto posible.

Manikos de quingombó en el mercado de Castries, St. Lucia

Empleo y usos medicinales

Aunque es rico en proteínas y vitamina C, el quingombó es apreciado por sus propiedades mucilaginosas, y es un excelente lubrificante para las membranas irritadas del intestino.

Usos culinarios

Cuézalo como si se tratara de judías verdes o en cualquier receta de calabacín. Para que no se pierda la sustancia mucilaginosa, recorte el troncho superior, pero sin cortar la vaina, y deje la cola intacta. Para disimular la consistencia mucilaginosa, cueza el quingombó con zumo de limón o vinagre; algunos cocineros no añaden sal durante la cocción. Para reducir aún más esta peculiaridad, espolvoree los quingombós con sal y déjelos en un sitio caliente una hora para que se deshidraten. La harina de las vainas secas puede utilizarse como espesante en sopas y guisos.

Ensalada de quingombós y patatas con mango verde

Esta ensalada de las Antillas combina los tiernos quingombós con el sabor ácido de los mangos verdes. En las Antillas los mangos verdes se comen por la calle como si se tratara de manzanas.

450 g de quingombó
450 g de patatas nuevas, pequeñas y raspadas
4 cucharadas de aceite de oliva o girasol
2 dientes de ajo finamente picados
1 cebolla pequeña finamente picada
1 chile verde pequeño, sin semillas y picado
el zumo de 1 limón
2 cucharadas de cilantro fresco picado
sal y pimienta negra recién molida
1 mango verde sin madurar y picado
  (con la piel pero sin el hueso)

Recorte los quingombós, retirando los extremos duros puntiagudos y los sombreros, lávelos y escúrralos. Hierva las patatas en agua salada hasta que estén tiernas y escúrralas.

Caliente el aceite en una sartén o *wok* y sofría el ajo picado y la cebolla durante 3-4 minutos o hasta que se ablanden. No los deje colorear. Suba el fuego, agregue el chile y los quingombós, y cueza a fuego lento unos 5 minutos removiendo de vez en cuando, hasta que los quingombós se hayan ablandado un poco, pero todavía estén frescos y verdes.

Baje el fuego y mezcle con las patatas y el zumo de limón. Agregue el cilantro, sazone con un poco de sal y abundante pimienta, tape y cueza a fuego lento unos 5 minutos para amalgamar los sabores. Deje enfriar antes de mezclar con el mango. Sirva a temperatura ambiente con *chips* de plátano.

Quingombó con tomate

Para 4 personas como entrante o guarnición

Una preparación brasileña adecuada para vainas maduras que requieren una cocción lenta y suave.

700 g de quingombós frescos
2 cucharadas de aceite
1 cebolla picada
2 dientes de ajo picados
3 tomates grandes picados
1 chile sin semillas y picado
1 cucharadita de azúcar
sal

Prepare los quingombós recortando los tallos cerca de las vainas. Si no le gusta su sabor mucilaginoso (aunque a muchos les encanta) recorte sólo los tallos, sale las vainas, rocíelas con un poco de vinagre y déjelas escurrir en un colador de 1 a 2 horas para que expulsen dicha sustancia; lávelos bien y escúrralos.

Caliente el aceite en una sartén o cacerola de fondo grueso y sofría suavemente el ajo y la cebolla, pero no los deje dorar. Añada el tomate, el chile y el azúcar y lleve a ebullición aplastando la mezcla con una cuchara de madera. Incorpore los quingombós, añada un vaso de agua y deje hervir. Baje el fuego, tape ligeramente y deje cocer a fuego lento de 30-40 minutos, hasta que las vainas estén tiernas y la salsa densa y pegajosa. También puede hornear la preparación a 160 °C. Sirva a temperatura ambiente con gajos de lima y una salsa de chile. Para preparar un plato más sustancioso, agregue lonchas de cerdo o buey fritas en el aceite caliente junto con el ajo y la cebolla, o añada al finalizar la preparación un puñado de gambas o langostinos frescos.

Quingombós cocidos en una salsa de tomate

palmito

pupunha (Euterpe edulis)

El palmito se obtiene del corazón de una palmera joven que crece con notable rapidez en los claros de los bosques amazónicos. Un palmito de siete años produce un corazón de unos 5 cm de diámetro. Los palmitos de 8-10 cm de diámetro son el producto de un árbol de doce o más años.

Cultivo

Para retirar el corazón del palmito se tiene que sacrificar el árbol, una forma de recolección aceptable cuando la jungla se renueva constantemente, pero mucho menos cuando no se sigue el ciclo natural. En la actualidad, las nuevas plantaciones abastecen palmitos a la industria conservera ante la creciente demanda de los mismos.

Aspecto y sabor

Cuando se venden frescos en los mercados, tienen el aspecto de un paquete de hojas enrolladas del grosor y longitud de un brazo. Al enlatarse, el corazón de la palma es tierno y tiene un tono marfileño, como el brote de bambú, con capas que recubren el corazón blando. Es delicioso en conserva, al igual que ocurre con las alcachofas y los espárragos.

Compra y conservación

Es difícil encontrar palmitos frescos, pero si estuvieran disponibles, elíjalos de color pálido y jugosos, sin manchas marrones ni signos de deshidratación. Puede adquirirlos enlatados o en frascos de cristal. Elija la marca que más le agrade.

Empleo y usos medicinales

El palmito fresco posee todas las virtudes de las hortalizas jóvenes. Tiene propiedades laxantes y es rico en vitamina C. Si está enlatado, posee poco valor nutritivo o medicinal.

Usos culinarios

Los palmitos pueden comerse crudos si son frescos, también son deliciosos asados en forma de sopa cremosa. Si están enlatados, es preferible que entren a formar parte de ensaladas de marisco, a las que aportan textura y sabor. Entre los productos relacionados con la palmera se encuentra el aceite de *dendé*, un aceite para freir de origen africano que se extrae de una palmera emparentada con la palmera cocotera. Es muy apreciado en Brasil, es muy rico en betacaroteno y posee casi un 100 por ciento de grasas saturadas. El azúcar de palma, conocido en México como piloncillo, es la savia cocida obtenida de las palmeras cocoteras o datileras.

Palmito asado
Para 4 personas

Estos palmitos asados recubiertos de mantequilla y endulzados con miel se sirven a modo de aperitivo en las fincas de São Paulo sobre una hoja de plátano

2 corazones de palma grandes (unos 700 g)
225 g de mantequilla clarificada
sal y pimienta recién molida
miel para la salsa

Recaliente el horno a 160 °C. Pase un cuchillo afilado a lo largo del corazón del palmito y retire la capa externa; deje en su sitio la siguiente, aunque sea un poco dura. Coloque los corazones sobre papel de aluminio, báñelos en mantequilla, espolvoréelos con sal y pimienta, cierre herméticamente y colóquelos sobre la placa del horno. Hornee una hora y media, o hasta que estén perfectamente tiernos, blancos y mantecosos. Desenvuélvalos y sírvalos en su propio jugo con miel líquida.

Palmeras jóvenes en Perú, cultivadas por sus corazones deliciosos

Ensalada de palmito y cangrejo
Para 4 personas

Alrededor de las palmeras que bordean las bellas playas brasileñas de arena blanca corretean cangrejos de mar, cuya carne dulce proporciona el contrapunto perfecto al delicado sabor de los palmitos. Para preparar palmitos enlatados, ideales para este plato, corte las partes duras y utilice un pelapatatas para obtener una especie de tallarines. Esta técnica también resulta apropiada para preparar palmitos frescos.

1 lata de palmitos, cortados en tiras finas

Para el aliño:
6 cucharadas de aceite de oliva
2 cucharadas de zumo de lima
unas gotas de salsa malagueta (véase pág. 51)
 o Tabasco
1 cucharadita de sal gruesa

Para acabar:
1 lechuga romana cortada a tiras
unos 350 g de carne de cangrejo
 (guarde el caparazón para servir)
coco fresco rallado

Mezcle los palmitos con los ingredientes del aliño, deje marinar 1 o 2 horas, mezcle con la lechuga y la carne de cangrejo y termine con el coco rallado.

Ensalada de palmito y cangrejo

batata

boniato
(*Ipomoea batatas*)

La batata, un tubérculo miembro de la familia de las convolvuláceas, es originaria del Nuevo Mundo, donde la cultivaron tanto los mayas en México como los incas en Perú. Fue introducida en Europa por Colón, y fue uno de los primeros tubérculos del Nuevo Mundo en realizar la travesía por el Atlántico hacia Europa. En la actualidad, se cultiva en las zonas tropicales de todo el mundo donde no prospera el cultivo de la patata.

Aspecto y sabor

Se cultivan literalmente cientos de diferentes variedades, desde las largas y finas a las cortas y globulares. Las pieles pueden oscilar desde el color marfil al rosa, rojo o castaño oscuro; y la carne, del crema al naranja oscuro.

Las variedades de piel pálida tienen generalmente una carne marfileña, seca, carnosa y con un sabor a miel; la de las de pieles oscuras es anaranjada, muy dulce y jugosa. A estas últimas a veces se les denomina ñame, aunque el auténtico ñame pertenece a otra especie completamente diferente.

Compra y conservación

Elija tubérculos frescos de piel lustrosa y que no presenten signos de enmohecimiento ni arrugas. Guárdelos a temperatura ambiente si los va a consumir en breve, o bien en un lugar frío o seco hasta un mes, pero nunca en la nevera, donde adquiriría un desagradable olor mohoso.

Empleo y usos medicinales

Digestible y nutritiva, la carne de la batata es una buena fuente de fécula, así como también de proteínas. Las variedades de carne amarilla son particularmente ricas en vitamina A y la mayor parte de su contenido nutricional se almacena cerca de la piel. Está indicada para los trastornos del sistema digestivo, úlceras y colon inflamado; también es desintoxicante gracias a la presencia de fitochelatinas, que absorben los metales pesados. Si le da batata aplastada a un niño que ha tragado un objeto metálico, ayudará a que éste pase con mayor facilidad a través del colon.

Usos culinarios

La batata puede asarse, cocerse al vapor, hornearse o freírse. Hervida y aplastada, puede sustituir hasta un cuarto del peso de la harina empleada en panes y pasteles. Algunas variedades son más sosas y feculentas; otras, más dulces y especiadas. La carne es densa, así que enseguida queda uno satisfecho.

Cultivo

La batata o boniato se planta a partir de brotes y da lugar a una planta que produce una masa espesa de hojas en forma de corazón y unas pocas flores púrpura en forma de trompeta. Las hojas se comen en época de hambrunas y los tubérculos precisan unos 8 meses para madurar bajo tierra.

Ruinas incas de Machu Picchu

Boniatillo
Para 6 personas

Se prepara generalmente con boniatos de carne blanca, que, aunque menos dulces que los de carne anaranjada, se considera que tienen mejor sabor. En cualquier caso, puede emplear ambos. Por Navidad se prepara la misma receta, pero sin huevos. El truco consiste en cocer el boniato hasta que adquiera la consistencia de una pasta.

450 g de boniato o batata pelado y a rodajas
350 g de azúcar no refinado
8 cucharadas de agua
1 naranja (zumo y cáscara)
$^1/_2$ limón (zumo y cáscara)
1 trozo pequeño de canela en rama
1 cucharada de mantequilla
2 huevos (claras separadas de las yemas)
sal

Para terminar:
crema de leche
canela en polvo
unos trozos de cáscara de naranja

Cueza los boniatos en abundante agua ligeramente salada hasta que estén tiernos. Necesitará unos 40 minutos. Escúrralos, déjelos enfriar un poco y pélelos. También puede hornearlos y pelarlos. Aplaste la carne hasta reducirla a puré.

Mientras, derrita el azúcar en el agua con la cáscara y el zumo de naranja y limón, y lleve a ebullición. Cueza 5 minutos a fuego lento y reserve. Retire la cáscara y la canela, y mezcle el almíbar caliente con el puré de boniato. Devuelva la mezcla al fuego y bátala con una cuchara de madera hasta que se espese y forme un puré blando que no obstante resulte consistente.

Retire el recipiente del fuego y mezcle el puré con la mantequilla. Deje enfriar un poco y bata con las yemas. Bata las claras e incorpórelas a la mezcla anterior. Deje enfriar y distribuya en cuencos bonitos. Adorne con un poco de crema, o espolvoree con canela molida y un poco de cáscara de naranja pelada.

Boniatillo, un delicioso postre aromatizado con canela y naranja

Batata frita
Para 4 personas

Perfecta para acompañar al ceviche o el guacamole, o en una sopa fría. De hecho, liga con todo aquello que se beneficie de un toque dulce y crujiente.

1 boniato mediano pelado y a rodajas finas
2-3 cucharadas de maicena
aceite para freír
sal

Lave las rodajas de boniato, escúrralas y séquelas. Extienda la maicena en un plato llano. Caliente el aceite en una sartén.

Pase ligeramente las rodajas de boniato por la maicena antes de verterlas en el aceite caliente. Deberán quedar inmediatamente cubiertas de una costra de pequeñas burbujas. Vaya incorporando rodajas de boniato a la sartén hasta que toda la superficie esté cubierta.

Fría las rodajas hasta que estén crujientes. Retírelas con una espumadera y transfiéralas a servilletas de papel para que se escurran.

aguaturma

tupinambo (*Helianthus tuberosus*)

El aguaturma es un tubérculo perteneciente a la familia de los girasoles. Es originaria de Norteamérica y constituye uno de los tubérculos comestibles más conocidos por las poblaciones indígenas, aunque nunca ha gozado de popularidad universal. Aparece raramente en los mercados de Centroamérica, pero es popular en Chile y Perú.

Follaje de la aguaturma

Compra y conservación

Elija tubérculos de pieles firmes y radiantes, sin signos de marchitamiento ni manchas verdes. Guárdelos en un lugar frío y oscuro, como si fueran patatas.

Cultivo

Es una planta anual alta provista de hojas y flores amarillas parecidas a las margaritas. Sus abundantes raíces producen numerosos tubérculos, los cuales, cuando no están hibridados, tienen el tamaño y el aspecto de un rizoma de jengibre, largos y ligeramente aplastados. Se cultivan muchas variedades.

Aspecto y sabor

Las aguaturmas son unos tubérculos nudosos cuya piel oscila del color rosado al café y cuya carne tiene un tono marfileño. Su aspecto podría ser el de una variedad exótica de patata. Su forma es retorcida, por lo que resulta difícil de pelar. Su sabor recuerda a la tierra y es delicadamente dulce, con un toque a hinojo.

Empleo y usos medicinales

El aguaturma no tiene grasa y es una excelente fuente de nutrientes muy apreciados por los hurones en su tierra natal. Es una magnífica fuente de hierro, casi tan buena como la carne. Su fama de flatulenta se debe a que conserva los hidratos de carbono en forma de insulina, un tipo de azúcar apto para los diabéticos.

Usos culinarios

Puede comerse cruda, rallada o cortada a rodajas finas en una ensalada, o bien servirse a modo de tentempié acompañada de un mojo. Es adecuada para hervir, cocer al vapor, reducir a puré y también excelente para preparar deliciosas tortitas; rállela, mézclela con un poco de harina y huevo, y fríala. La piel es comestible, aunque estropea el aspecto del puré. Para pelarla con facilidad, hiérvala 10 minutos en agua salada y escúrrala bajo un chorro de agua fría. La carne se mantiene firme, translúcida y tierna.

Guiso de tupinambos con champiñones y aceitunas

Para 4-6 personas como entrante

Un plato completo fácil de preparar: todo lo que precisa es un poco de paciencia.

900 g de tupinambos
1 limón
4 cucharadas de aceite de oliva
2 cebollas grandes finamente picadas
2 dientes de ajo finamente picados
225 g de champiñones a dados
1 cucharadita de tomillo seco
1 vaso de vino blanco
2 cucharadas de aceitunas verdes,
  deshuesadas y picadas
1 arepa o pan de la vigilia desmenuzado
1 huevo duro picado
sal y pimienta

Para terminar:
queso blanco desmenuzado o huevo duro
hojas de lechuga crujientes

Pele cuidadosamente los tupinambos y córtelos en trozos pequeños. A medida que trabaja, vaya sumergiéndolos en un cuenco de agua fría con un poco de zumo de limón.

Caliente el aceite en una cacerola amplia, y fría el ajo y la cebolla picada hasta que estén blandos y dorados, pero no los deje quemar. Aparte a un lado y añada las setas. Tan pronto como hayan soltado el líquido, agregue los tupinambos y las aceitunas. Sofría un momento. Mezcle con el tomillo, sazone con la sal y la pimienta, vierta el vino y el mismo volumen de agua, y deje hervir.

Baje el fuego, tape herméticamente y deje cocer a fuego lento durante una hora, hasta que los tupinambos estén perfectamente tiernos. Mezcle con el cilantro y las migas, que absorberán los fondos de cocción dejando los tubérculos bañados en un aliño deliciosamente fragante. Presente aparte el queso desmenuzado o los huevos duros y las hojas de lechuga para acompañar el guiso.

Chupe de tupinambos y elote

Para 4 personas

No es necesario pelar los tupinambos. El maíz realza el dulzor natural de los tubérculos.

450 g de tupinambos
1 cebolla finamente picada
2 cucharadas de mantequilla o aceite de maíz
850 ml de caldo de pollo o vegetal
6 bayas de malagueta
300 ml de maíz en grano
sal y pimienta

Para acabar:
un puñado de hojas de albahaca a tiras
1 diente de ajo finamente picado
1 chile amarillo, sin semillas y picados

Raspe los tubérculos y píquelos. Sofría la cebolla en una cacerola amplia hasta que se ablande, pero no la deje dorar. Agregue los tupinambos y déles una vuelta. Vierta el caldo y la malagueta, y lleve a ebullición; baje el fuego, tape herméticamente y cueza durante 20 minutos a fuego lento, hasta que los tubérculos estén perfectamente tiernos. Reduzca a puré el contenido de la cacerola, recaliéntelo y añada los granos de maíz. Lleve a ebullición, baje el fuego, tape herméticamente y cueza a fuego lento otros 10 minutos. Pruebe y rectifique la condimentación. Vierta la preparación en cuencos o platos soperos, y esparza por encima la albahaca, el ajo picado y el chile.

Guiso de tupinambos con champiñones y aceitunas

setas

Muchas de las setas más comunes, como las de cardo, las rúsulas, los rebozuelos y las setas de Burdeos o *cêpes*, se encuentran en Latinoamérica; otras muchas, desconocidas, están fuera del continente. Entre las setas menos familiares se encuentra el tecomate, una seta grande de carne firme con un sombrero de color rojo ladrillo y láminas amarillas. Más inusual, pero con no menos buena reputación, se encuentra el cuitlacoche o seta de maíz, que destaca por su fragancia.

Usos culinarios

Las setas se cuecen por lo general de forma muy sencilla, asadas o salteadas con un poco de aceite. En un relleno para una empanadilla o tamal se tratan como si fueran carne, más por su sabor que por su consistencia.

Salsa de cuitlacoche

Para 1 l escaso

El método básico para preparar las setas del maíz; el cuitlacoche produce una pasta densa y fragante que puede utilizarse como aromatizante. Está particularmente indicada como salsa para pollo si se mezcla con crema hirviendo. Se conserva hasta 3 meses en el congelador.

750 g de cuitlacoche
3-4 cucharadas de aceite
1 cucharadas de cebolla picada
1 chile poblano o verde sin semillas y a tiras
1 cucharada de epazote u hojas de cilantro
  (opcional)
sal marina

Caliente el aceite en una sartén amplia, y fría la cebolla y el chile poblano, mezcle con el cuitlacoche, sale y cueza a fuego lento de 15 a 20 minutos; luego, mezcle con un poco de epazote o cilantro para realzar su sabor. La mezcla debe estar jugosa, pero no aguada; si las setas se recolectaron un día seco, quizás deba añadir un poco de agua; si el ambiente era húmedo, quizás deba hervirlas de 1 a 2 minutos para evaporar el exceso de líquido.

Cultivo

Todas las coprafiliáceas, que se alimentan de detritus vegetales, adquieren gran parte de su sabor y composición química de la planta huésped, lo que hace difícil predecir su sabor. Aunque su aspecto le resulte familiar, recoléctelas sólo si va acompañado de un guía local conocedor de las mismas.

Aspecto y sabor

Las setas cultivadas más usuales se encuentran en todas partes, pero muchas setas comestibles, como colmenillas, boletos y rebozuelos, que sólo se encuentran en estado silvestre, se recolectan con gran placer. La fragancia de la seta del maíz recuerda al dulzor del maíz. El cuitlacoche es una exótica seta de color negro que aparece sobre las mazorcas de maíz y que las vuelve de color plateado, como el champiñón negro de Haití, que se emplea en un plato de arroz y judías denominado *djon djon*; los pies leñosos producen un tinte negro que se utiliza para colorear el agua en que se cuece el arroz.

Una vez remojados, los pies se desechan y el arroz se mezcla con los sombreros troceados y judías cocidas.

Compra y conservación

Al seleccionar setas frescas ya sean silvestres o cultivadas, elíjalas de aspecto carnoso y sin mácula, con un aroma fresco y sin gusanos. Mientras que muchas variedades silvestres se encuentran secas, la seta del maíz se exporta enlatada, pues tiene una vida muy corta y no puede deshidratarse.

Empleo y usos medicinales

En el continente se venden a veces tanto las setas de uso farmacéutico y las alucinógenas como las aptas para el consumo. Asegúrese de saber lo que compra.

La variedad de setas disponibles en otoño es enorme

Empanadillas de cuitlacoche o champiñones

Para 12 empanadillas pequeñas

Las empanadillas rellenas con salsa de setas son una de las grandes especialidades mexicanas. Si no dispone del ingrediente original, sustituya la salsa de cuitlacoche por granos de maíz reducidos a puré con setas calabaza o boletus secos (4 cucharadas de maíz por 1 de setas). O utilice setas frescas picadas, ligeramente fritas y mezcladas con su mismo volumen de maíz en grano.

Empanadillas de cuitlacoche o champiñones

450 g de salsa de cuitlacoche o sustituya
  tal como se indica anteriormente
4 cucharadas de crema agria
*3-4 chiles poblanos o pimientos verdes asados
  y cortados a tiras*
110 g de queso rallado
sal y pimienta

Para la masa:
*12 tortillas crudas ya preparadas de 12 cm de
  diámetro (o cocidas)*

Caliente el cuitlacoche en un cazo pequeño. Vierta la crema en el recipiente de la batidora con los pimientos y bata hasta reducirlos a puré; mezcle luego con el cuitlacoche. Deje hervir un momento, mezcle con el queso, sazone, retire del fuego y deje enfriar.

Deje caer una cucharada de la mezcla en el centro de cada tortilla. Humedezca los bordes de la misma y dóblela por la mitad para obtener un semicírculo, pellizque luego los bordes para sellar el relleno.

Caliente aceite en una sartén, agregue las empanadillas por tandas y fríalas de 3 a 4 minutos, hasta que estén doradas y crujientes. Déjelas escurrir sobre papel de cocina. Estas empanadillas son deliciosas con una salsa de tomate verde.

hojas, tubérculos y algas

Hojas y brotes comestibles

En todo el continente se emplea una remarcable variedad de hojas y brotes de diferentes texturas y grados de sabor tanto suaves como amargos, muchos de ellos típicos sólo del área donde se recolectan. Las hojas de calabaza, los tubérculos y las raíces comestibles son las más utilizadas, como el *callaloo* de Trinidad, cuyo nombre designa tanto al guiso como a las hojas con que se cuece. Como regla general, puede sustituir cualquier hoja comestible por otra, como acelgas, espinacas o cualquier variante de la familia de las coles.

Couve con maní

(Hojas silvestres con cacahuetes)
Para 4 personas

Este plato brasileño de origen africano se prepara con una amplia variedad de hojas comestibles, como las espinacas, las hojas jóvenes de la calabaza, del boniato y la mandioca o yuca, la acelga, la col común y las coles rizadas. Si desea servirlo como plato vegetariano acompáñelo con arroz o polenta.

700 g de espinacas u otras hojas
$^1/_2$ cucharadita de sal
450 g de tomates finamente picados
6-8 cebollas tiernas finamente picadas

Para acabar:
4 cucharadas de cacahuetes tostados y picados

Cueza las espinacas en una cacerola herméticamente cerrada con el agua que quedó en las hojas al lavarlas. Espolvoréelas con sal para que pierdan el agua con rapidez. Tan pronto como pierdan volumen y se ablanden, destape la cacerola y agregue los tomates picados y la cebolla picada. Esparza por encima los cacahuetes, pero no mezcle el conjunto. Tape herméticamente y deje cocer a fuego lento unos 15 minutos o hasta que los tomates se hayan ablandado. Remueva, tape de nuevo y deje cocer a fuego lento otros 15 minutos. Destape y deje hervir para evaporar el exceso de líquido. Vierta el contenido del recipiente en una fuente de servicio y adorne con cacahuetes enteros tostados.

Tubérculos andinos

De los muchos tubérculos cultivados por los campesinos andinos, aunque desconocidos fuera de su territorio, el más notable y el que está ganando más popularidad entre los gourmets de Norteamérica es la zanahoria blanca peruana, parecida a la chirivía pero con el aroma del apio. Se cuece como si fuera una zanahoria y combina particularmente bien con el marisco.

El melloco o patata mantecosa y la oca, un tubérculo similar al aguaturma, también están ganando popularidad. Ambos pueden sustituirse en cualquier receta por las patatas, aunque el primero es más apropiado para platos salados, pudiéndose incluir en sopas de judías secas y como guarnición, aliñado con ajo y chile; el puré de oca, en el que los tubérculos se cuecen con su piel y se reducen a puré, puede utilizarse como fécula en pasteles y postres.

Couve con maní

Cardo

Cardos y alcachofas silvestres

Entre las variedades locales disponibles en los
mercados chilenos de Alta Plana, dos de ellas,
el chagual y la penca, marcan especial interés.
El primero aparece descrito por Ruth González
en *La cocina chilena* como una roseta en forma
de cono de hojas densamente compactadas
que puede servirse como ensalada. La segunda
es un tallo largo y jugoso al que se le deben
extraer las espinas antes de comer. Como el
chagual, la penca debe aliñarse con aceite,
limón y sal. Su sabor es parecido al del apio.

Algas

En la época precolombina, las algas marinas
constituían una importante fuente de proteínas
entre los indígenas de la larga línea costera
chilena. Todas las algas son comestibles,
aunque algunas son demasiado duras y
no todas resultan sabrosas. Antaño, los
pescadores dedicados a la captura de las
prolíficas navajas recolectaban una amplia
variedad de algas. Todavía saben cuándo
y dónde deben recolectarse, y conocen los
distintos estadios de su desarrollo, que tienen
su reflejo en su sofisticado vocabulario
culinario. Las raíces frescas se llaman ulte,
mientras que las hojas se denominan luche.
Cuando se secan se conocen como
cochayuyo, el mismo nombre con el que
se venden, atadas en manojos limpios,
que los pobres consumen a modo de carne.
Para prepararlas a la manera chilena,
reconstrúyalas al igual que el resto de algas, es
decir, remojándolas; luego, píquelas finamente
e inclúyalas en el relleno de una empanadilla en
lugar de carne o pescado. Puede sustituirlas
por cualquier otra alga comestible. Quedan
bien mezcladas con chiles amarillos y queso
fresco desmenuzado.

El océano Pacífico baña la costa chilena de Mirasol, recubierta de algas

pimientos

Todas las variedades de *capsicum*, el pimiento del Nuevo Mundo, descienden de la misma pareja de ancestros, *Capsicum annuum* y *C. frutescens.* El primero, originario de México, es tal como sugiere su nombre una anual herbácea cuyos frutos carnosos en forma de farolillo cuelgan de la planta como bolas navideñas. El segundo, originario a su vez de Perú, es un arbusto perenne con frutos de carne fina en forma de torpedo; la variedad peruana es más picante que la mexicana. Ambas especies están inextricablemente unidas desde sus inicios a través de la hibridación, deliberada o accidental, por lo que resulta imposible trazar sus orígenes.

El sabor picante del chile favorece la producción de endorfinas, unas sustancias químicas que generan la misma excitación que experimentan los pilotos de carreras o los montañeros en situaciones de peligro. La sustancia que transmite dicho mensaje es la capsaicina, un alcaloide con todas las características del veneno y que, aunque presente tanto en la carne como en las semillas, se encuentra principalmente en la membrana blanca que une las semillas con las membranas internas. Pruébelos con cuidado: corte un extremo y succione el chile en vez de masticarlo, ya que los verdaderamente picantes pueden resultar explosivos. No se toque o frote los ojos al manipularlos, y lávese las manos con agua fría al acabar.

Los pimientos son difíciles de clasificar culinariamente hablando, pues se encuentran a medio camino entre un condimento, una hortaliza y una especia. Sin embargo, y por lo que se refiere a sus propósitos culinarios, pueden dividirse en tres grupos: los pimientos frescos para aromatizar (incluidos los encurtidos), los pimientos para freír (incluidos los de ensalada) y los adecuados para secar, ya sea en polvo o en escamas, como los chiles.

chile, ají

(Capsicum annuum/C. frutescens)

Estos chiles pequeños se comen frescos o encurtidos, como condimento o aromatizante como si se tratara de pimienta recién molida (aunque la inclusión de uno no implica la exclusión del otro). Pueden tener forma de torpedo o farolillo y se recolectan en diferentes estadios de madurez. Todos los chiles maduran pasando del color verde a diferentes tonos de rojo, si bien algunas variedades no pasan del color amarillo, mientras que otras alcanzan un tono púrpura casi negro.

Compra y conservación

Para elegir chiles frescos, busque aquellos de piel firme y brillante, pues una vez estén arrugados ya han pasado su mejor momento. Cuide de que no tengan manchas negras alrededor del tallo. Los chiles recolectados verdes, y por lo tanto inmaduros, se arrugan y pudren, mientras que los chiles recolectados en su justo punto de madurez continúan madurando como en la planta hasta deshidratarse, estadio en el que pueden conservarse en un frasco limpio y seco para su uso posterior. Recuerde que el chile pierde su fragancia y color (aunque no su picante) si se guarda demasiado tiempo en la despensa.

Empleo y usos medicinales

Los chiles verdes frescos son ricos en vitaminas A, B y tienen hasta seis veces la vitamina C de las naranjas (aunque las vitaminas van decreciendo a medida que maduran y desaparecen por completo una vez secos). Los chiles son antiescorbúticos, desinfectantes, repelen a los insectos y reducen la fiebre, virtudes que pueden atribuirse a la capsaicina, el elemento picante de los chiles que facilita la sudoración. Todas estas virtudes eran conocidas por las antiguas civilizaciones de los incas y aztecas. Para contrarrestar el picante, bébase un vaso de leche o yogur. Si bebe agua sólo incrementará el problema, pues, al igual que el aceite, no se disuelve en agua y al tragar sólo empeorará el problema.

Cultivo

Los chiles se cultivan como una planta herbácea baja o un arbusto perenne, dependiendo de su hábitat y orígenes. Sólo México posee más de cien variedades bautizadas, cada una con diferentes formas, fragancias y grado de picante.

Aspecto y sabor

La apariencia de los chiles para aromatizar es muy variada, pero todos son pequeños. Ni su color ni su forma indican el grado de picante, que varía con las especies, incluso entre los ejemplares de una misma planta. El sabor de los chiles verdes inmaduros recuerda a la hierba, entre ácido y cítrico, pero al madurar en la planta se vuelven dulces y afrutados. Dos de las variedades para comer más populares de Centroamérica son el jalapeño, de gruesa carne verde y sabor picante moderado, ideal para preparar el guacamole y aromatizar platos de maíz como los tamales, y el chile serrano (para encurtir), de carne fina y muy picante.

El chile habanero, de carne fina y en forma de farolillo, es el favorito del Caribe. Los chiles andinos o ajíes son triangulares y pueden ser cortos o largos y con diferentes grados de picante; los amarillos son los más apreciados. En Brasil, el chile malagueta, que al madurar se torna escarlata y es muy picante, es el favorito.

Mata de *Capsicum annuum*

Usos culinarios

Los chiles estimulan los jugos digestivos y realzan el sabor de los alimentos. En exceso hacen a un plato incomestible, de ahí la costumbre de servir por separado chiles crudos o encurtidos. El elemento picante, la capsaicina, se encuentra presente en la carne y en las semillas, pero está concentrada en las fibras blancas que unen las semillas con las membranas.

Pimienta malagueta
Para 1 botella

Esta salsa brasileña para condimentar es sumamente picante y tan atrevida como las chicas de la playa de Copacabana. Es un poco más suave que los chiles, aunque ambos son muy picantes.

450 g de chiles malagueta u ojo de pájaro
300 ml de ron blanco o vodka
300 ml de aceite de oliva
150 ml de vinagre de vino

Deseche cualquier chile estropeado. Trabaje con cuidado y no se toque la cara ni se frote los ojos mientras los manipula. Lave los chiles con el ron o el vodka, pues si los lavara en agua se pudrirían, y sacúdalos para secarlos. Colóquelos en una botella de vino limpia y vierta por encima el suficiente líquido a base de aceite y vinagre en la proporción de 2 a 1 para sumergirlos completamente. Tape la botella con un tapón de corcho y guárdela un mes. Esta preparación se conserva indefinidamente.

Una ristra de chiles colgando del techo es una forma de secado efectiva a la vez que atractiva

Ají de maní
Para 4-6 personas

Esta salsa lleva el nombre de su principal ingrediente y raramente va acompañada de tomate. Los ajíes peruanos son largos, finos y en forma de torpedo, tienen un color amarillo o anaranjado, una carne fina muy picante y un distintivo sabor afrutado. Si no puede disponer de los mismos, emplee chiles ojo de pájaro o habaneros.

150 ml de caldo de huesos de buey
  (o cualquier caldo bien aromatizado)
225 g de cacahuetes tostados y picados
  (puede emplear mantequilla de cacahuete
  de consistencia granulosa)
el zumo de 1 limón
6 chiles amarillos sin semillas y finamente
  picados
3-4 cebollas tiernas finamente picadas
1/2 pimiento rojo suave finamente picado
1 cucharada de cilantro picado
1 huevo duro finamente picado
1/2 cucharadita de sal

Caliente el caldo por debajo del punto de ebullición, mézclelo con los cacahuetes y el zumo de limón, y bata hasta obtener una emulsión. Mezcle con el resto de los ingredientes. Sirva a temperatura ambiente como mojo para las pequeñas patatas esféricas criollas de carne amarilla, o con empanadas colombianas o tamales rellenos de patatas pipian (patatas criollas aplastadas y mezcladas con tomate, pimiento rojo y salsa de cacahuete).

pimientos para freír y rellenar

Los pimientos para freír y rellenar son por lo general grandes y no tienen el sabor picante de sus parientes más pequeños. Se tratan como una hortaliza, por lo que se pueden freír, rellenar, asar o combinar en la preparación de guisos y arroces, a los que proporcionan más color y sabor que picante.

Aspecto y sabor

El poblano es el pimiento mexicano más empleado para freír. Tiene forma de torpedo alargado y una carne fina, y por lo general se consume verde. La alternativa es el pimiento de ensalada de carne gruesa, un híbrido dulce y suave desarrollado durante el siglo XIX en Hungría.

Compra y conservación

El color debe ser vivo y su piel brillante y elástica. No debe presentar manchas oscuras ni estar arrugado. Guárdelo no más de una semana en el cajón de hortalizas de la nevera. Los ejemplares recolectados inmaduros pueden madurar hasta alcanzar el color rojo, pero estarán blandos y arrugados. Es preferible comprarlos en el punto de madurez preciso.

Empleo y usos medicinales

Los pimientos dulces tienen las mismas vitaminas que los picantes, pero no sus propiedades antisépticas. Los chiles verdes frescos tienen más vitamina C que los rojos maduros y son ricos en vitamina A, que protege el sistema inmunológico y evita resfriados.

Usos culinarios

Los pimientos tienen un contenido en azúcar remarcablemente elevado, razón por la que quedan deliciosos tanto asados como fritos, caramelizándose justo antes de quemarse. Para pelar los pimientos frescos, póngalos sobre una llama hasta que la piel se chamusque; luego, introdúzcalos en una bolsa de papel, ciérrela y déjelos reposar 10 minutos; transcurrido este tiempo, podrá pelarlos con facilidad.

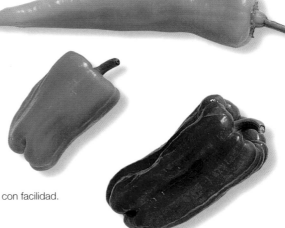

Empanadillas colombianas
Para 12 empanadillas

Estas pequeñas empanadillas frescas y fragantes se preparan con una masa de arepa y se rellenan con pimientos verdes y queso blanco. Los vendedores de arepas, vestidos con delantales inmaculados y magníficos chales tejidos a mano, los ofrecen por las calles y bares de pueblos y ciudades.

Para la masa:
450 g de masarepa o masa de tortilla
 (véase pág. 81)

Para el relleno:

3-4 ajíes frescos (chiles) sin semillas
y finamente picados
2 cucharadas de perejil finamente picado
2 cucharadas de albahaca picada
4 cucharadas de queso blanco desmenuzado
(tipo feta o burgos)
un poco de leche o huevo para amalgamar

Para cocinar:
aceite para freír

Para servir:
chiles encurtidos reducidos a puré con aceite
para obtener un mojo.

Amase la masa, déle forma de bola y tápela
con una película de plástico. Mezcle los
ingredientes del relleno.

Tome un trozo de masa del tamaño de una
nuez, déle forma de bola pequeña y aplástela
en la palma de la mano formando un círculo
pequeño, cuanto más fino mejor. Utilice ambas
manos en vez del rodillo, pues la masa se
rompería. Coloque un poco de relleno en el
centro del disco, pincele los extremos con agua
y doble una mitad sobre otra para esconder el
relleno. Prepare así el resto de las empanadillas.

Caliente abundante aceite en una sartén. Deje
caer las empanadillas de una en una en el aceite
caliente, en el que formarán unas pequeñas
burbujas en sus extremos. Fríalas dándoles una
vuelta hasta que estén doradas y crujientes.
La masa de maíz precisa de un poco más
de tiempo para freírse que la de trigo.
Escurra las empanadillas sobre papel de cocina.

Chile poblano en nogada
Para 6 personas, con acompañamientos

**Se trata de un plato mexicano que se sirve
en las bodas. Su preparación es laboriosa
y la realizan varias personas. Un plato
delicioso y muy latino.**

6-12 chiles poblanos o pimientos verdes para
ensalada (dependiendo del relleno)

Para el picadillo del relleno:
700 g de cerdo picado
1 cebolla finamente picada
2 dientes de ajo finamente picados

Chile poblano en nogada elaborado con pimientos rellenos y una cremosa salsa de nueces

2 cucharadas de aceite
450 g de tomates pelados y picados
2 cucharadas de pasas remojadas en un poco
de zumo de naranja y limón
4 cucharadas de papaya o melocotón a dados
2 cucharadas de almendras tostadas fileteadas
1 cucharadita de canela en polvo
sal y pimienta

Para la salsa de nueces;
100 g de nueces recién picadas
4 cucharadas de queso crema
350 ml de crema agria
una pizca de azúcar y un poco de canela en polvo

Tueste los pimientos sosteniéndolos con un tenedor
de mango largo sobre una llama, o colóquelos
bajo el grill precalentado, hasta que la piel se
chamusque y forme ampollas. Introdúzcalos en
una bolsa de papel y déjelos reposar 10 minutos
para que la piel se desprenda. Pélelos y retire
las semillas. Resérvelos.

Prepare el picadillo: fría suavemente la carne, la
cebolla y el ajo en el aceite hasta que empiecen

a ablandarse. Añada el tomate y deje hervir
para que se evapore el líquido; la mezcla no
debe quedar demasiado húmeda. Añada las
frutas y los frutos secos. Salpimiente, añada
la canela y deje enfriar.

Prepare la salsa mezclando todos sus
componentes. Enfríela para servirla aparte.

Caliente aceite en una sartén (necesitará el
suficiente para recubrir los pimientos por
completo). Rellene los pimientos con el picadillo
y póngalos en una fuente para hornear.
Caliéntelos en el horno a temperatura baja.

Si va a servir los pimientos en una fiesta familiar,
páselos por una masa de huevo y harina
y fríalos para que queden bien crujientes. Si son
para una boda, fríalos y adórnelos con semillas
de granada, símbolo de la fertilidad.

pimentón, páprika

Los chiles secos, pequeños y picantes, son los equivalentes a la pimienta en grano del Nuevo Mundo. En su tierra natal, se aprecian no tanto por su carácter picante como por su fragancia, color y sabor, que los convierten en uno de estos raros ingredientes que las manos de un buen cocinero pueden transformar en todo un placer gastronómico.

Cultivo

Los chiles se recolectan cuando han madurado por completo y se dejan secar, proporcionando el material básico para un sinfín de platos. Las mezclas de chile son todo un arte en México, donde los cocineros preparan mezclas básicas de pastas que se emplean en recetas que se transmiten generacionalmente desde la época de los mayas. En las sofisticadas combinaciones de diferentes chiles reside gran parte de la formidable reputación culinaria mexicana.

Aspecto y sabor

Existen cientos de chiles, muchos específicos de su zona de cultivo y cuya personalidad no sólo se debe a su herencia sino a la tierra donde se cultivan. Las diferencias entre unos y otros son evidentes para los expertos, al igual que para los conocedores que juzgan la calidad de un determinado café o aceite de oliva.

Compra y conservación

Al elegir chiles enteros observe si tienen polvo, signo de que están atacados por insectos. Su color debe ser vivo; si los compra en polvo, una buena clave de su calidad estriba en su color intenso. En cuanto a los chiles en copos, prefiero aquellos que se venden sin semillas, pues la carne conserva todo el sabor. Los chiles ancho y poblano secos son los más útiles y constituyen el aromatizante básico para salsas como el exquisito mole negro de Oaxaca (*véase* pág. 177). Los chiles y pimientos deshidratados en forma de pimentón y paprika pueden guardarse de forma casi indefinida ya sean enteros, en polvo o en copos, siempre que se conserven en un lugar fresco y seco al abrigo de los rayos del sol.

Empleo y usos medicinales

Los chiles y pimientos secos pueden aplicarse tópicamente a las heridas; también son útiles para los resfriados y las resacas, y para aliviar la sinusitis. Estimulan, desinfectan y son antibactericidas (introduzca un chile en un frasco con legumbres para evitar los insectos) y son muy útiles para evitar los trastornos digestivos que afectan a los viajeros. Los húngaros, amantes de la páprika, descubrieron sus propiedades antimaláricas al trabajar en la construcción del Canal de Suez, convirtiéndose en el único grupo inmune a la enfermedad. La capsicina, el elemento picante de los pimientos, es el mecanismo de defensa contra los insectos predadores; además, no se destruye durante la cocción, congelación, secado ni incluso durante el proceso digestivo.

Usos culinarios

Los chiles y pimientos secos enteros de forma redondeada deben limpiarse de semillas, trocearse y remojarse en agua para reconstituir la pulpa de forma que ésta pueda pelarse bien. Los trozos también pueden tostarse ligeramente en una sartén seca antes de remojarse, proceso durante el cual los azúcares se caramelizan y se intensifica su color. Cuando se incorporan a guisos largos, puede omitir el remojo previo. Aunque algunas recetas especifican ciertas variedades concretas, a veces tres o cuatro, una vez comprenda sus características puede combinarlas. Los chiles pasilla ofrecen dulzor, pero si no puede disponer de los mismos, añada unas pasas a la preparación. Si sólo dispone de una o dos clases, una pizca de una o varias especias «dulces» como la canela, el clavo o la malagueta aportará complejidad y profundidad. Los pimientos dulces secos proporcionan color y sabor, así como varios grados de picante; se venden bajo las denominaciones de pimentón dulce y pimentón picante. Los chiles y pimientos secos en polvo se queman con facilidad, por lo que se añaden con preferencia a los ingredientes húmedos en vez de los secos. El pimentón dulce puede emplearse para espesar salsas, pues absorbe humedad al añadirse a un líquido. No espese salsas con el pimentón picante ya que es demasiado fuerte.

Enchiladas de San Cristóbal
Para 4 personas

La enchilada constituye una excusa para consumir el máximo chile posible. Estas enchiladas proceden de la bonita ciudad colonial de San Cristóbal, en Chiapas, la región montañosa situada al sur de México. (El valor revolucionario de sus habitantes quizás proceda de su gusto por las preparaciones picantes.)

450 g de carne de cerdo deshuesada y cortada a dados
2-3 pimientos para freír suaves, sin semillas y a tiras

Enchiladas de San Cristóbal

1 cebolla pequeña finamente picada
1 diente de ajo a rodajas
sal

Para la salsa:
4-5 chiles anchos (o los chiles secos de su elección)
450 ml de crema de leche

Para acabar
8-12 tortillas de maíz
aceite para freír
2 cucharadas de queso blanco rallado o desmenuzado

Cueza el cerdo en una cacerola herméticamente cerrada con muy poca agua y una pizca de sal durante unos 30 minutos, hasta que esté tierno. Déjelo enfriar en el líquido, desmenúcelo con ayuda de dos tenedores y resérvelo. Sofría suavemente las tiras de pimiento, cebolla y ajo en un poco de aceite hasta que estén blandos pero no dorados, sazone y mezcle con el cerdo.

Para la salsa, abra los chiles secos y retire las semillas. Rómpalos en trozos grandes y tuéstelos ligeramente colocándolos en una parrilla caliente por espacio de 30 segundos,

hasta que la superficie empiece a tostarse. Retírelos y remójelos en un cuenco con agua hirviendo unos 15 minutos para que se hinchen. Transfiéralos al vaso de la batidora con el agua del remojo y bata hasta obtener una mezcla homogénea, a la que se añade la crema. Transfiera la mezcla a un cazo pequeño, déjela hervir hasta que la crema se espese un poco; pruébela y sale si fuese necesario.

Para montar las enchiladas, fría rápidamente las tortillas en una sartén con un poco de aceite, déles la vuelta y retírelas cuando los bordes empiecen a curvarse. Póngalas sobre papel de cocina para que se escurran. Pase la cara interna de cada tortilla por la salsa, coloque dentro una cucharada del relleno de cerdo y enróllela. Continúe de esta forma hasta rellenar todas las tortillas. Vierta por encima el resto de la salsa. Acompañe con chiles verdes o rojos frescos o encurtidos.

Salsa picante mexicana
Para 1,2 l aproximadamente

Una salsa para despertar a los muertos.

3,6 kg de tomates
300 ml de vinagre
4 cucharadas de azúcar moreno
1 cucharada de bayas de pimienta de Jamaica
1 cucharadita de sal
1-3 cucharadas de chile en copos o en polvo

Lave y pique los tomates. Coloque todos los ingredientes, excepto el chile, en una cacerola grande y déjelos reposar media hora.

Ponga la mezcla a hervir, baje el fuego y deje cocer a fuego lento una hora como mínimo. Dado que los tomates sueltan mucho líquido, no hay peligro de que se peguen. Pase la preparación a través de un tamiz de malla fina y deseche pieles, semillas y especias. Devuelva el puré a la cacerola. A no ser que los tomates hayan madurado a pleno sol, es probable que todavía haya mucho líquido.

Lleve de nuevo a ebullición y cueza sin dejar de remover hasta que la salsa se haya espesado al gusto (necesitará unos 40 minutos). Mezcle la salsa con el chile en la cantidad que considere oportuna. Rectifique la condimentación. Introduzca en botellas de tequila limpias y secas, y tape.

tubérculos, legumbres y cereales

Las raíces y los tubérculos, conocidos en el Caribe como las «provisiones de la tierra», constituyen al igual que en muchas otras regiones un alimento básico en Latinoamérica. La dieta tradicional de las poblaciones indígenas de América era vegetariana, basada por entero en la conocida tríada de maíz, judías y patatas, más el cultivo de la mandioca en aquellos lugares donde los anteriores no podían sobrevivir. Esta dieta, simple pero alimenticia, se equilibraba con diferentes variedades de calabazas y verduras, por lo general cultivadas en asociación con el alimento básico principal, así como con pescado y marisco cuando podía disponerse de ellos. La carne, asada a la barbacoa o cocida en un horno de tierra, sólo se consumía en las festividades relevantes y aquellos días en que se realizaban ofrendas a los dioses.

mandioca

yuca

(*Manihot utilissima/M. esculenta*)

La mandioca es un tubérculo comestible de la familia de las euforbias, un grupo que incluye también algunas plantas decorativas, como la poisentia o flor de Pascua. Es originaria de las regiones temperadas de América y la cultivaron los mayas en el Yucatán. Se considera un alimento básico en Brasil y el Caribe, donde su elevado contenido en féculas y su sabor neutro la hacen ideal para acompañar guisos especiados.

Indígena secando una mandioca

oscuras ni estropeadas. Guárdela en un lugar fresco y corte un trozo cuando lo necesite; un jugo blanco y gomoso sellará el corte. No dura mucho, pero troceada y hervida aguanta una semana en la nevera. Para congelarla, pélela en trozos.

Mandioca recubierta de cera para conservar su frescor

Empleo y usos medicinales

La mandioca llena, y es una fuente excelente de hidratos de carbono; además, no tiene gluten. Sin embargo, tiene también sus contraindicaciones: algunas variedades contienen cianhídrico y, aunque estas mandiocas letales no se cultivan para su consumo, es preferible evitar aquellas de sabor amargo. El veneno desaparece al rallarla y exprimirla, así como al calentarla y fermentarla, un proceso familiar para las poblaciones indígenas pero cuya ignorancia fue fatal para los primeros colonizadores.

Cultivo

Se trata de una planta herbácea semitropical. Le gusta el sol y alcanza los 3 metros de altura; tiene unas hojas comestibles dentadas en forma de abanico y una raíz de color marrón oscuro que puede llegar a pesar varios kilos. Es parecida a un ñame grande y peludo.

Compra y conservación

La elección es más importante que la forma de guardarla o cocerla. El tubérculo debe estar recubierto de una corteza rugosa que no debe parecer cuarteada, húmeda ni desprender un aroma ácido. Las mandiocas de exportación suelen ir recubiertas de una capa de cera. En su interior la carne debe ser blanca, sin zonas

Mandioca recién recolectada

Usos culinarios

La mandioca es muy versátil, aunque feculenta y de sabor soso. Sólo puede consumirse fresca la variedad dulce. Para prepararla, ráspela, pélela y córtela en secciones, tras retirar el centro fibroso; luego, puede prepararla de cualquier forma. Se oxida rápidamente una vez pelada; hay que cubrirla con agua fría. Para preparar chips, hiérvala y córtela en rodajas finas, espolvoréela con maicena y fríala. El zumo de mandioca se fermenta para obtener cerveza y las hojas jóvenes se hierven y se comen como verdura (*véase* hojas comestibles, pág.46).

Aspecto y sabor

Hay dos tipos de mandioca: amarga y dulce. La primera es tóxica a no ser que se la someta a una larga preparación, de la que se obtienen la tapioca y la casarepa, un agente ablandador de la carne. La mandioca dulce (única que se vende fresca) tiene una carne de color blanco marfil que, hervida o cocida al vapor, casi queda translúcida, y adopta un delicioso sabor mantecoso. Cocida en exceso, adquiere una consistencia pastosa.

Yuca con mojo aliñada con ajo y cilantro

Yuca con mojo
Para 4 personas

La yuca o mandioca simplemente hervida es una preparación muy sosa. En Cuba se realza con un aliño ácido. En la estación de las naranjas agrias, se utiliza su zumo para aliñarla en vez del de lima.

*1,3 kg de tubérculo de mandioca pelado
  y troceado*
4 cucharadas de aceite de oliva
4 dientes de ajo picados
4 cucharadas de zumo de limón o lima
sal

Para acabar:
hojas de cilantro fresco picadas
chips de mandioca

Hierva los trozos de mandioca en agua salada unos 30 minutos, hasta que se ablanden. No se preocupe si empiezan a desintegrarse por los lados. Escúrralos a fondo.

Mientras, caliente el aceite en una sartén pequeña y sofría el ajo. Añada el zumo de lima y lleve a ebullición. Vierta este aliño sobre los trozos de mandioca y espolvoree con el cilantro picado. La yuca con mojo se acompaña tradicionalmente con plátano frito o chips de mandioca (*véase a continuación*).

Yuca frita
Para 4 personas

Los chips de mandioca o yuca son un tentempié rápido en todo el Caribe, siendo muy populares sobre todo en Cuba, donde se acompañan habitualmente con una salsa picante de papaya verde que es realmente deliciosa. Para preparar los chips, la mandioca debe hervirse previamente, pues de lo contrario queda muy feculenta. La idea para evitarlo consiste en cocer el tubérculo pelado en una forma que pueda cortarse en rodajas.

*1 trozo de mandioca cuya longitud deberá ser
  la del doble de la mano*
aceite vegetal para freír
sal

Pele la mandioca, preferentemente bajo un chorro de agua fría, y córtela en tres trozos. Sumérjalos en agua hirviendo y cuézalos durante 15-20 minutos, hasta que estén tiernos. Escúrralos a fondo y déjelos enfriar. Luego córtelos a rodajas de unos 5 mm de grosor. Caliente el aceite en una sartén de fondo grueso. Deje caer las rodajas por tandas. Retírelas y escúrralas sobre papel de cocina tan pronto como estén crujientes y doradas. Espolvoréelas con sal y sírvalas bien calientes.

harina de mandioca

harina de yuca, *farinha*

La harina de mandioca se obtiene del tubérculo de mandioca y se emplea en toda la región para la preparación de panes y pasteles, sobre todo los pasteles casabe del Yucatán y el pan de yuca colombiano. Es un ingrediente cotidiano que ocupa el lugar de la harina de maíz en aquellos terrenos no apropiados para su cultivo.

Preparación

El tubérculo de mandioca amargo se hierve, se reduce a puré y se exprime, o se pela y ralla, exprimiéndose a continuación. Este líquido se hierve hasta obtener un producto negro pegajoso, casarepa, y un sedimento feculento, la materia cruda para la harina de mandioca y la tapioca.

Aspecto y sabor

La harina, de color marfil, se presenta molida fina, empleada en la preparación de panes y pasteles; o gruesa, utilizada para la *farofa*, harina brasileña que se emplea para espolvorear.

Preparando una masa a partir de harina de mandioca, Colombia

Puesto de pan de mandioca, Venezuela

Compra y conservación

Disponible en tiendas de alimentación latinoamericanas o comercios de productos indios bajo el nombre de *gari*. Guárdela en un frasco herméticamente cerrado.

Empleo y usos medicinales

Es muy suave y fácil de digerir, por lo que es apropiada para la alimentación de bebés y ancianos. No puede emplearse como fuente única de alimentación, pues carece de proteínas.

Usos culinarios

Cuando se emplea para hornear, la harina de mandioca se mezcla a menudo con queso rallado para enriquecerla y realzarla. En forma de pulpa, pueden prepararse pasteles, que se hornean lentamente sobre una parrilla. Cuando se tuesta para preparar la *farofa* se añade a sopas y guisos, aunque también puede comerse al natural.

Farofa
Para 6 personas

En el Amazonas se emplea harina de mandioca molida gruesa para preparar la *farofa*, que se enriquece friéndola con un poco de aceite de palma, un ingrediente de origen africano que le confiere un bonito toque dorado. Puede añadir cebolla picada, hojas de cilantro, gambas secas, rodajas de pimientos de malagueta o lo que tenga a mano.

225 g de harina de mandioca
1 cucharada de aceite de dendé o vegetal, más un poco de achiote o pimentón

Tamice bien la harina. Cuando la sopa o el guiso estén listos, caliente el aceite en una sartén pequeña y espolvoree la harina por encima. Fríala suavemente, moviendo la mezcla sin cesar con una cuchara de madera hasta que se dore uniformemente. Sirva como guarnición con una sopa o guiso; cada comensal se servirá por sí mismo. Los habitantes del Amazonas espolvorean la *farofa* sobre hojas de mandioca cocidas al vapor y cortadas a tiras. Es el acompañamiento indispensable de la *feijoada*, el plato nacional brasileño (*véase* pág. 127).

Pan de yuca
Para 24 unidades

Estos pequeños panes en forma de herradura y de consistencia quebradiza llevan queso para enriquecerlos. Se venden en los bulliciosos mercados colombianos como tentempié rápido para las atareadas amas de casa, que suelen disponer de poco tiempo para desayunar.

110 g de harina de mandioca
225 g de queso rallado (cheddar o feta desmenuzado)
2 yemas de huevo
4 cucharadas de mantequilla ablandada

Precaliente el horno a 200 °C.

Mezcle los ingredientes y amáselos hasta obtener una masa blanda (quizás deba añadirle un poco de agua.) Deje reposar la masa una media hora para que la harina se hinche. Humedézcase las manos y divida la masa en trozos del tamaño de una nuez; luego, déles forma de rollo y cúrvelos formando una pequeña herradura.

Pase los trozos a una placa de hornear (no precisa mantequilla) y hornee 20 minutos, hasta que estén crujientes.

tapioca

(de la palabra indígena *tupi*, que significa «mandioca»)

La tapioca es el grano obtenido al procesar la raíz de mandioca amarga. Se trata de la fécula básica de las naciones situadas alrededor del Amazonas. Antaño fue un ingrediente popular en la preparación de budines de leche, pero ha perdido su protagonismo en los últimos años debido a que muchos postres lácteos se venden ya manufacturados.

Preparación

La tapioca se prepara haciendo pasar puré de mandioca amargo precocido a través de un tamiz. El resultado obtenido depende del tamaño de los agujeros y la forma en que se prepare la raíz.

Aspecto y sabor

En su forma seca, la tapioca presenta el aspecto de unos pequeños gránulos blancos, pero al reconstituirse mediante la cocción queda brillante y transparente. El sabor es neutro y la textura un poco glutinosa.

Compra y conservación

Elija gránulos grandes perlados, de tamaño uniforme y aspecto blanco. En un frasco herméticamente cerrado, se conservará años.

Empleo y usos medicinales

Con la tapioca se preparan unas gachas digestivas y fortificantes, perfectas para niños y ancianos.

Cereales y aguacates a la venta en un mercado callejero de Quito, Ecuador

Usos culinarios

La tapioca constituye la alternativa al arroz en budines de leche y caldos. Al aumentar cuatro veces su volumen original, adquiere las características del líquido donde se ha cocido, por lo que cuanto más fuerte sea el caldo o más cremosa la leche, más delicioso quedará el plato final.

Caldo al minuto

Para 1 persona

No es más que una taza de caldo de pollo enriquecida con tapioca. Fue uno de los platos más comunes de mi infancia. Entre mis recuerdos de cuando vivía en Montevideo hay una casa blanca baja de techo plano con vistas al mar, en la que la cocinera de mi madre preparaba este caldo cuando me encontraba indispuesta. Puesto que lo hacía muy de vez en cuando, lo recuerdo como una delicia.

un tazón de caldo de pollo fuerte
1 cucharada rasa de tapioca de grano fino

Para acabar:
1 cucharadita de jamón serrano finamente picado
1 cucharadita de huevo duro picado
1 cucharadita de perejil picado

Ponga a hervir el caldo, mézclelo con la tapioca y deje cocer 20 minutos a fuego lento removiendo de vez en cuando, hasta que los granos se hayan hinchado y estén tiernos y transparentes. Mezcle con el resto de ingredientes y transfiera el caldo a un cuenco. Degústelo ante una puesta de sol.

Postre de tapioca con coco
Para 4 personas

¿Hay algo más relajante que un cuenco de tapioca cocido en leche de coco, endulzado con azúcar de caña y servido frío?

4 cucharadas de tapioca perlada
1,2 l de leche de coco
2 cucharadas de azúcar de caña

Coloque todos los ingredientes en una cacerola de fondo grueso y mézclelos. Cueza a fuego lento una hora, hasta que la mezcla esté espesa, blanda y cremosa. Transfiérala a cuencos de cristal o cáscaras de coco limpias si dispone de ellas.

negra
peruana

amarilla cerosa

fingerling

criolla

roja harinosa

patata

(*Solanum tuberosum*)

La patata es una planta herbácea que forma tubérculos, está emparentada con el chile y es miembro de la familia de las solanáceas. Es originaria de los altiplanos andinos y sobrevive tanto en las alturas como en terrenos más fértiles. Constituía el alimento básico de las naciones andinas, siendo particularmente apreciada por los mapuches, un pueblo antiguo que todavía conserva muchas de sus costumbres precolombinas y su cultura gastronómica, y que la cultiva alrededor de los ríos y las marismas del sur del Chile. Es originaria del Perú, donde se cultivó desde tiempos remotos; es resistente al frío y puede plantarse en terrenos pobres. Estas virtudes permitieron la construcción del Machu Picchu, donde los reyes incas buscaron refugio para protegerse de sus enemigos. Es fácil de cultivar y no exige demasiado trabajo. El remarcable incremento de la población del Viejo Mundo en el transcurso del siglo XVIII quizás sea debido al cultivo de la patata, un siglo que culminó en dos revoluciones, una social y otra económica, que alteraron la vida política y la civilización occidental.

Cultivo

La patata es una planta anual con hojas cuyos brotes subterráneos son los tubérculos comestibles. Se propaga sembrando los tubérculos recolectados el año anterior en vez de con semillas, pues sus bonitas flores pequeñas de color crema son a menudo estériles. Algunas variedades andinas se cultivan especialmente para congelarlas al aire, un proceso natural conocido por los incas y que reduce el tamaño de los tubérculos a un trozo de carbón, reconstituyéndose posteriormente para su consumo.

Mercado de Sicuani, Perú

Aspecto y sabor

Las patatas tienen por lo general una forma irregular; pueden ser de color marrón, amarillo o rojizo y rosado, de un tono violeta oscuro, casi negro, y algunas tienen una carne de color púrpura. Las más comunes son de color crema o marfil bajo su fina piel de color marrón oscuro o caramelo. La carne es jugosa y crujiente, cruda; y blanda y harinosa, cocida. El tubérculo tiene también diferentes tamaños, desde el grosor de una canica pequeña al tamaño de una pelota de fútbol. Se conocen más de mil variedades, existiendo muchas otras en su lugar de origen que todavía no se han explotado. El sabor es neutro y feculento, pero con un distintivo toque a tierra y frutos secos más pronunciado en algunas variedades, y depende del hábitat donde se cultiva. Las variedades cultivadas en el lado sur de una colina, por ejemplo, no poseen el mismo sabor que las cultivadas en un campo rico en nutrientes y orientado al norte.

Compra y conservación

Elija tubérculos firmes que no muestren signos de podredumbre, brotes ni manchas verdes, prueba de que han desarrollado la solanina, un componente químico potencialmente tóxico que debe retirarse antes de cocinarlas. Guárdelas en un lugar fresco y oscuro, pues de lo contrario desarrollan brotes.

Empleo y usos medicinales

La patata es un alimento energético, rico en vitaminas, proteínas y los famosos hidratos de carbono. Es rica en potasio, buena para el hígado y para depurar. Gran parte de su contenido en vitaminas y minerales se encuentra concentrado justo debajo de la piel, por lo que no conviene pelarla antes de cocerla. Tiene un gran valor nutritivo si se consume cruda; sobre todo su zumo, del que se dice que tiene propiedades antibióticas, así como vitamina C y minerales. Por tanto, la patata es uno de los alimentos más completos.

Usos culinarios

Se recomienda cocerla al vapor para conservar el mayor número de vitaminas posible, aunque esto no es un problema cuando se cuece en el tradicional horno de tierra andino. Los mapuches, que sólo se toman la molestia de cavar la tierra para preparar un horno con ocasión de sus encuentros tribales, le dirían que cuecen su alimento básico en un recipiente cerrado no sólo para conservar sus propiedades, sino para recordar la unidad de todas las cosas. Las recetas modernas de la región utilizan un mínimo de agua, y los tubérculos se cuecen hasta que están secos o bien se preparan en forma de sopa.

Una amplia variedad de patatas en Cuenca, Ecuador

Papas a la huancaina
Para 4-6 personas

Se trata del plato nacional de Perú.
No es un plato rebuscado, pero cuando
se prepara con buenos ingredientes
merece la atención de cualquier gourmet.
Las patatas simplemente hervidas se
salsean con queso derretido con crema
y se aromatizan con ají. Las diferentes
variedades del ají peruano oscilan de
lo tolerablemente suave al incendiario
rocota, el chile más potente de los incas
y sólo recomendado para paladares
acostumbrados.

1,8 kg de patatas pequeñas redondas, criollas
    preferentemente
sal marina

Para la salsa:
350 g de queso rallado
300 ml de crema de leche
1 cucharadita de arruruz o maicena mezclada
    con un poco de agua
1 cucharadita de copos de maíz o 2-3 ajíes
    medianos, tostados y cortados a tiras

Lave las patatas y póngalas en una cacerola de
fondo grueso con el agua suficiente para

Mercado de patatas peruano

cubrirlas, sale, lleve a ebullición, tape, baje el
fuego y cueza unos 15 minutos. Destape y deje
evaporar el exceso de líquido, tape con un paño
y deje cocer a fuego muy lento otros 5 minutos,
hasta que las patatas estén tiernas y secas.
Sacuda el recipiente para cuartear la piel.

Mientras, derrita el queso rallado con la crema,
incorpore removiendo el arruruz o la maicena
y el ají. Cueza a fuego lento unos 5 minutos,
hasta que la mezcle se espese, y viértala sobre
las patatas.

Chapale chileno
Para 4 personas

Se trata de un pan de patata de textura
densa que se hornea tradicionalmente en
un horno de tierra, el método culinario
favorito de los mapuches, los indígenas de
las frías tierras altas del sur de Chile cuya
vida depende del cultivo de las patatas.

4 patatas grandes raspadas
4 cucharadas de chuchoca (polenta)
4 cucharadas de queso rallado
1-2 trozos de chorizo fresco, pelado
    y desmenuzado
1 cucharadita de chile en polvo
1 huevo grande, batido
sal
mantequilla o aceite para engrasar la fuente
    de hornear

Precaliente el horno a 180 °C. Hierva las
patatas en agua salada con su piel unos
20 minutos o más si son muy grandes.
Escúrralas, reserve el agua. Pélelas enseguida
y aplástelas con un tenedor. Con ayuda de sus
manos, pero sin aplastarlas demasiado, vaya
incorporando la polenta, el queso, el chorizo, el
chile, el huevo y el agua que reservó de la cocción
de las patatas hasta obtener una masa blanda.

Engrase una fuente para hornear y extienda la
mezcla anterior nivelando la superficie. Hornee
durante 45-50 minutos, hasta que la preparación
esté dorada y crujiente. Córtela en cuadrados
y acompañe con un poco de salsa de chile.

**Papas a la huancaina, pequeñas patatas
criollas realzadas con salsa de queso y chile**

amaranto

(*Amaranthus caudatus, A. melancholicus,
A. Hypocondriacus, A. cruentus*)

El amaranto es una planta de hojas grandes perteneciente a la familia de las espinacas y que crece en estado silvestre en toda la región. En Europa su utilidad como planta comestible ya era apreciada por los antiguos griegos, quienes consumían tanto las hojas como las semillas. En América, y siguiendo en importancia al maíz, era también muy valiosa para las civilizaciones inca y azteca. El emperador azteca Moctezuma recibía en la época de la conquista española enormes cantidades de amaranto en forma de tributo, casi las mismas que de maíz. Sus sacerdotes utilizaban las semillas mezcladas con miel o la sangre procedente de los sacrificios para realizar efigies de los dioses, que comían a continuación junto con sus víctimas. Los misioneros cristianos, horrorizados ante lo que parecía una burla del sacramento de la eucaristía, castigaron a aquellos que continuaron con su recolección o comercialización cortándoles la mano derecha. Esto, como puede comprenderse, acabó con su recolección, aunque no con su permanencia en el paisaje.

semillas de amaranto

Cultivo
El amaranto es más una planta de hojas anchas que una hierba, una distinción botánica que la convierte más en una semilla que en un cereal. Es originario tanto de la India como de América, conociéndose más de quinientas variedades en todo el mundo. Se ha adaptado a diferentes hábitats, desde el tropical a los desiertos áridos y desde las condiciones neoárticas a la jungla calurosa. Una sola planta produce docenas de cabezas con hasta cinco mil minúsculas semillas.

Aspecto y sabor
De granos muy pequeños, casi arenosos, de color marfil; las cabezas van de un color blanco nieve a un marrón rojizo o negro. Su sabor es fuerte y recuerda al de los frutos secos, con un toque final a pimienta. Preparada en forma de gachas, adquiere un aspecto parecido a los granos de mostaza y una consistencia un poco pegajosa, aunque nunca pierde su forma. La variedad más conocida es la espinaca china. Las variedades silvestres tienen hojas duras e indigestas; las cultivadas son robustas y parecidas a las acelgas, con un pronunciado sabor a pimienta. Los tallos se comen y su sabor recuerda a la alcachofa.

Compra y conservación
Encontrará granos de amaranto en tiendas de alimentación dietética; son muy apreciados por su alto contenido en proteínas. Guarde el paquete en un lugar seco o transfiera su contenido a un frasco bien cerrado. Las variedades de hojas verde oscuro y tallos rojizos se venden bajo el nombre de espinaca china. Corte los extremos secos y ponga los tallos en agua, o guárdelas en una bolsa de plástico en la nevera.

Empleo y usos medicinales
No tiene gluten, es rico en minerales y proteínas y tiene más fibra que el trigo. Fue redescubierto en 1970 y se ha promocionado como el alimento vegetariano ideal.

Paella de granos del paraíso

fuego lento durante 30-35 minutos, hasta que los granos se hayan hinchado y estén tiernos y blandos. Retire el recipiente del fuego y deje reposar 15 minutos con el recipiente tapado para que los granos se hinchen un poco más.

Mientras, fría en una cacerola el ajo y los pimientos con el aceite hasta que las hortalizas estén blandas, pero no las deje dorar. Agregue la calabaza y un chorrito de agua, tape y deje cocer unos 10 minutos a fuego lento hasta que la calabaza casi esté tierna pero todavía mantenga su forma. Agregue las hojas preparadas, salpimiente, lleve a ebullición, tape de nuevo y cueza otros 5 minutos, lo justo para cocer un poco las hojas. Incorpore removiendo con un tenedor los granos de amaranto, recaliente y sirva en una fuente.

Pastel de los ángeles
Para 6 personas

Un plato para los ángeles en cualquier sentido: ligero, digestivo y delicioso. El amaranto conserva jugoso este pastel.

6 huevos
350 g de azúcar blanquilla
175 g de almendras molidas
175 g de granos de amaranto precocidos
1 limón (cáscara y zumo)

Precaliente el horno a 180 °C.

Bata los huevos con el azúcar hasta que estén espumosos y blanqueen, un proceso un poco largo. Incorpore las almendras y los granos de amaranto, la cáscara de limón y una cucharada de su zumo; esparza la preparación en un molde redondo de 18 cm de diámetro previamente engrasado y forrado con papel sulfurizado, y hornee durante 40-50 minutos, hasta que el bizcocho esté hinchado y dorado. Se encogerá un poco al retirarlo del horno, pero no importa. Derrita la miel y mézclela con el resto del zumo de limón hasta obtener una salsa. Este pastel queda delicioso acompañado de una bola de *parfait* de coco (*véase* pág. 225).

Usos culinarios
El amaranto en grano es muy versátil y puede utilizarse como complemento de otros cereales. Utilícelo en panes y tortitas (recuerde que no tiene gluten, por lo que no levará o quedará compacto a no ser que se mezcle con harina de trigo). Los granos pueden prepararse rápidamente en forma de gachas dulces o saladas (deliciosas con crema y miel), o bien como palomitas de maíz con un poco de aceite en una sartén bien tapada. Trate las hojas como si fueran de col o espinaca, trocéelas y cuézalas en muy poca agua.

Paella de granos del paraíso
Para 4 personas

Si no encuentra hojas de amaranto, sustitúyalas por cualquier miembro de la familia de las coles o espinacas. Cueza el doble de granos que el necesario y empléelos para preparar un pastel de los ángeles (*véase* siguiente receta).

500 g de granos de amaranto
500 ml de agua
200 g de calabaza troceada
2 dientes de ajo finamente picados
4 chiles poblano o 2 pimientos verdes
*   de ensalada sin semillas y a dados*
2 cucharadas de aceite
1 manojo grande de hojas de amaranto o col
*   a tiras*
sal y pimienta

Cueza primero el amaranto. Ponga a hervir agua, agregue el amaranto removiendo, tape herméticamente, baje el fuego y deje cocer a

garbanzos

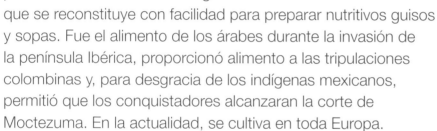

(Cicer arietinum)

Esta legumbre se cultiva como mínimo desde hace cinco mil años. El garbanzo es originario de Mesopotamia, desde donde se extendió a las zonas templadas de Asia, África y Europa, y colonizó por último América. Es una legumbre que se reconstituye con facilidad para preparar nutritivos guisos y sopas. Fue el alimento de los árabes durante la invasión de la península Ibérica, proporcionó alimento a las tripulaciones colombinas y, para desgracia de los indígenas mexicanos, permitió que los conquistadores alcanzaran la corte de Moctezuma. En la actualidad, se cultiva en toda Europa.

garbanzos marrones

garbanzos verdes

Cultivo

El garbanzo es una pequeña planta anual que se propaga con facilidad a través de sus semillas (los mismos garbanzos). Las vainas son cortas y peludas y contienen no más de una o dos semillas, las cuales, cuando son frescas, tienen el tamaño de una avellana pequeña.

Aspecto y sabor

Es una legumbre de fácil conservación, tiene un color café claro con una superficie acanalada y un extremo en forma puntiaguda. Su sabor es dulce y recuerda al de los frutos secos o al de una castaña con un toque a heno fresco. A mediados de verano puede comerse verde y crudo; su sabor es parecido al de los guisantes y su zumo es tan ácido que tiñe los dedos de negro. Cuando vivía en Andalucía con mi familia, cultivábamos un campo de garbanzos para nuestro consumo, y nuestras frugales vecinas me enseñaron que podía incorporar las vainas a la cazuela.

Compra y conservación

Cómprelos en un comercio que tenga una rotación rápida, pues los garbanzos que se han guardado más de una temporada precisan el doble de tiempo de cocción. Los garbanzos recién secados tienen una apariencia rolliza, ceden ligeramente a la presión y no se encuentran residuos de polvo en el paquete. En España se prefieren las variedades grandes y de color pálido, aunque los cocineros indios y de Oriente Medio aprecian las variedades negra, roja y marrón oscuro. Los garbanzos se venden también en conserva, y son particularmente útiles cuando se emplean como ingrediente secundario.

Empleo y usos medicinales

Ricos en proteína y sin gluten, los garbanzos tienen mucha fibra, así como las vitaminas y minerales suficientes para sustentar a un ejército en marcha.

Usos culinarios

Los garbanzos son muy apreciados en la preparación de guisos y cocidos, preferentemente combinados con tripa y pies de cerdo, pues ambos precisan el mismo tiempo para ablandarse. Remojados, reducidos a una pasta y fritos, se transforman en unos magníficos buñuelos. La harina de garbanzo aporta un agradable aroma a los frutos secos, a la vez que enriquece su valor nutritivo. Es excelente para preparar masa de tamales y, mezclada con agua, se convierte en una masa apta para freír notablemente ligera (muy buena para preparar pequeñas tortillas de camarones). La harina de garbanzo también puede utilizarse en la *farofa* brasileña si no se tiene a mano harina de mandioca.

Menudo colombiano
Para 6 personas

El clásico cocido colombiano que reconforta los días invernales de los altiplanos andinos. Se trata de una feliz combinación de cerdo y garbanzos realzada por los picantes ajíes andinos.

450 g de garbanzos remojados desde
  la víspera
2 cebollas peladas y cuarteadas
450 g de tripa limpia
2 pies de cerdo o codillo de cerdo
1 trozo pequeño de canela en rama
2-3 dientes de ajo
1 cucharadita de comino
1-2 chiles picados y sin semillas
600 ml de pulpa de tomate
1 cucharadita de orégano seco
sal

Para acabar:
450 g de patatas cortadas en trozos pequeños
600 ml de maíz en grano
1 puñado de macarrones u otra pasta tubular
1 puñado de garbanzos frescos o judías verdes
  troceadas
4-5 cucharadas de aceite de oliva
2 cucharadas de alcaparras escurridas

Escurra los garbanzos remojados, ponga a hervir agua en una cacerola grande y agregue los garbanzos con el resto de ingredientes, pero no añada la sal. Lleve a ebullición, baje el fuego de forma que el líquido apenas borbotee, tape y deje cocer a fuego moderado unas 2 horas, hasta que los garbanzos estén tiernos y la carne esté blanda. Añada más agua hirviendo si fuese necesario.

Agregue las patatas y lleve de nuevo a ebullición. Al cabo de 10 minutos agregue el maíz y la pasta; sálela. Deje cocer otros 10 minutos y añada los garbanzos frescos o judías verdes. Lleve a ebullición y cueza durante 10-15 minutos más, hasta que la pasta esté tierna. La preparación debe parecerse a una sopa, pero debe ser bastante espesa. Rocíe, por último, con el aceite y esparza por encima las alcaparras.

Acarajé de garbanzos
Para 4 personas

Buñuelos brasileños que se preparan con garbanzos remojados (pero no cocidos) como alternativa a los buñuelos de gambas y judías de careta. Su interior debe quedar blando y el exterior crujiente. Puede variar los aromatizantes agregando más o menos chile o comino.

225 g de garbanzos remojados
2-3 dientes de ajo picados
1 cucharadita de chile en polvo
1 cucharadita de comino en polvo
1 cucharadita de sal
$^{1}/_{2}$ cucharadita de levadura en polvo
4 cucharadas de hojas de perejil y cilantro
  finamente picadas
aceite para freír

Escurra y seque los garbanzos. Redúzcalos a una pasta lisa en el mortero o robot. Los garbanzos deben estar secos antes de aplastarlos, pues de lo contrario la pasta se desintegraría durante la fritura. Añádales el resto de ingredientes en el orden indicado hasta que todos estén bien amalgamados. Divida la preparación en porciones del tamaño de una avellana y forme tortitas de unos 4 cm de diámetro. Colóquelas en una fuente y déjelas caer luego en el aceite, pues son demasiado frágiles para manipularlas con los dedos.

Caliente el aceite en una sartén y deje caer las tortitas con una espátula. Fríalas hasta que estén crujientes y doradas. Si se parten y rompen, quiere decir que el aceite está demasiado caliente. Déles una sola vuelta y déjelas escurrir. Rocíe con un poco de salsa malagueta (*véase* pág. 51).

Menudo colombiano, un cocido consistente de garbanzos y tripa de cerdo

arroz

(Oryza sativa)

El arroz, aunque desconocido en América antes de la llegada de los españoles (el arroz silvestre no está emparentado con él), fue adoptado con entusiasmo en estuarios y marismas por las poblaciones de origen africano en los estados del sur de Norteamérica, el Caribe y Brasil, donde aparece como acompañamiento indispensable de la *feijoada*, el plato nacional brasileño (*véase* pág. 127)

arroz de grano medio

Cultivo

EL arroz, que procede de las semillas de una planta acuática de origen asiático, es el cereal básico de una buena parte de las zonas más pobladas del mundo. Se cultivan más de siete mil variedades, cada una con su propia forma, color, sabor y fragancia.

Aspecto y sabor

El arroz blanco, pues pocos cocineros latinoamericanos aceptan el moreno, se prepara separando el grano de la cáscara y luego de la capa externa que lo recubre (el salvado), con lo que se obtiene un grano blanco de una delicada fragancia floral y con sabor a frutos secos.

Compra y conservación

En la cocina latinoamericana se emplea con preferencia un arroz de grano medio, fino, absorbente y el doble de largo que de ancho. Allí donde se cultivan chiles, se suele introducir un ejemplar en el frasco del arroz para evitar a los insectos.

Empleo y usos medicinales

El arroz blanco es muy digestible y resulta excelente combinado con otros alimentos. Es puro hidrato de carbono, pues gran parte de sus vitaminas, minerales y fibra se pierden durante el proceso de la molienda. Cuando se descubrió que los granos tratados eran vulnerables a la acción del moho y los insectos, se implantó la costumbre de espolvorearlos con talco, un producto derivado de la misma fuente que el amianto; este arroz con talco se vende en California, Puerto Rico y Hawai.

Usos culinarios

Apreciado en toda Latinoamérica como un cereal básico, simplemente se hierve con agua y se sirve como guarnición o mezclado con cualquiera de las judías americanas. El arroz de grano medio absorbe y retiene la

El arroz se cultiva en tierras anegadas

humedad, con lo que queda esponjoso y absorbente, una virtud apreciada cuando se sirve como acompañamiento. El arroz de grano largo no se ablanda tanto y el de grano redondo tiende a pegarse, por lo que es menos adecuado para acompañar los guisos y las salsas de la región.

Arroz brasileño
Para 6 personas como guarnición

Tanto en Brasil como en Portugal el arroz es el acompañamiento favorito de muchos platos. Mientras que en España se introdujo el arroz de grano redondo de Oriente Medio, en Portugal goza de favor el de grano largo, popular en sus antiguas colonias del Lejano Oriente.

3-4 cucharadas de aceite de oliva
450 g de arroz de grano largo
agua ($2^{1}/_{2}$ veces el volumen de arroz)
2 dientes de ajo, pelados
* y finamente picados*
1-2 clavos
1 cucharada de sal marina gruesa

Precaliente el horno a 180 °C.

Caliente el aceite a fuego lento en una cacerola refractaria. Agregue el arroz al aceite caliente, pero no hirviendo, y déle vueltas hasta que esté translúcido. Agregue el agua, el ajo picado, los clavos y la sal, lleve a ebullición y deje cocer 15 minutos. Transfiera la cacerola al horno y hornee durante 15-20 minutos, hasta que el arroz esté tierno y la superficie ligeramente crujiente.

Arroz con judías jamaicano
Para 6 personas

Este plato es popular en todo el Caribe
y queda mejor si se prepara la víspera.
Varía en todo el territorio, pues cada casa
y comunidad tiene su propia receta.
Algunas llevan carne, como despojos
de cerdo, mientras que otras se cocinan
con diferentes legumbres, como judías de
careta, lentejas o garbanzos. No se
desaprovecha nada, incluso el caldo de
las judías se utiliza para cocer el arroz.
En Jamaica puede comprarse este plato
ya cocido y envasado al vacío.

450 g de judías pintas cocidas
1 coco maduro
450 g de arroz de grano medio
2-3 ramitas de tomillo
2 dientes de ajo picados
sal y pimienta negra molida
carne del cocido (opcional)

Rompa el coco dejándolo caer sobre el suelo.
Tire el agua, a no ser que la vaya a beber.
Desprenda la carne de la cáscara con un
cuchillo y rómpala en trozos pequeños.
Póngalos en el recipiente del robot y cúbralos
con agua fría. Accione el aparato hasta que
la mezcla esté homogénea y pásela a través
de un paño; a continuación, exprímalo para
extraer todo el líquido. Reserve el líquido
y devuelva la pasta al robot, repitiendo el
proceso con más agua. La primera extracción

es la crema de coco, y cuando se añade agua
por segunda vez se obtiene la leche de coco.

Coloque el arroz en una cacerola amplia y
cúbralo con leche de coco. Lleve a ebullición,
sale, agregue el tomillo, baje el fuego y cueza
a fuego lento hasta que toda la leche se haya
absorbido.

Mientras, diluya el líquido de cocción de las
judías con un vaso de agua hirviendo. Añada
esta mezcla al arroz tan pronto como esté
seco. Cuando el arroz esté blando, mézclelo
con las judías escurridas y el ajo. Puede
enriquecerlo con rodajas de morcilla, rabo de
cerdo precocido, orejas o pies, previamente
desmenuzados. Pruebe y rectifique la
condimentación. Puede servir este plato
recalentado.

quinoa

(*Chenopodium* spp.)

La quinoa es un miembro de la familia de las espinacas y sus hojas se comen de manera parecida. Está presente por todo el mundo en varias formas, pero se encuentra a sus anchas en las condiciones más duras, como en el altiplano andino. Los incas la conocían como la semilla madre o fuente de la vida. Junto con el amaranto, el otro gran cereal azteca, fue relegada por los colonizadores españoles por razones tanto políticas como religiosas. Sobrevivió como cereal básico entre las gentes del altiplano boliviano, sobre todo en la cordillera de los Andes, donde se cultiva en altitudes superiores a los tres mil metros. Se ha puesto otra vez de moda gracias al auge de la dieta vegetariana.

Cultivo

La quinoa, que pertenece a la familia de las espinacas, se encuentra en diferentes colores, como rosa, rojo, naranja, lavanda, púrpura, negro, amarillo y blanco, y crece entre los mil y los tres mil metros. Sus semillas aparecen agrupadas en grandes racimos en el extremo del tallo. Prolífica y resistente, crece en condiciones extremas. Se recolecta por sus semillas y sus hojas.

Aspecto y sabor

La quinoa se cuece como el cuscús y tiene un sabor que recuerda al de los frutos secos. Los granos, que aumentan hasta cuatro veces su propio volumen, se acompañan de restos de la cobertura externa. Se le conoce a veces como caviar vegetal por el sabor crujiente y el aspecto translúcido de sus granos, con forma de pequeñas esferas.

Campo de quinoa en los Andes

Compra y conservación

Se presenta en forma de semillas pequeñas redondas parecidas al sésamo. Las semillas que se venden en las tiendas ya están despojadas de la cobertura pegajosa de saponina, una resina amarga que recuerda al jabón y que la protege de los pájaros e insectos. No se preocupe si encuentra unas pocas semillas negras moteadas, que tienen un agradable sabor a pimienta. Los granos están en su mejor punto si son frescos. Guárdelos en un frasco cerrado y en un lugar fresco. El sabor siempre se ve realzado mediante un tostado preliminar. Si se muele en forma de harina, debe guardarse en la nevera, pues su elevado contenido en aceite la enranciaría.

Empleo y usos medicinales

No tiene gluten, es digestible, rica en proteínas y minerales (sobre todo hierro), muy adecuada para convalecientes y atletas. Tiene más calcio que la leche, por lo que es útil en la prevención de la osteoporosis. También posee más grasa natural que cualquier otro cereal.

Usos culinarios

La quinoa es un cereal versátil, útil tanto para el pastelero que desee aligerar sus pasteles y galletas como para el cocinero que debe alimentar a su familia con un presupuesto ajustado. Como cereal, trátelo como si fuera trigo bulgur: cuézalo en dos veces su volumen de agua y sírvalo como unas gachas endulzadas con miel y crema o a modo de *pilaf* aromatizado con hierbas frescas. En Ecuador, se mezcla tradicionalmente con harina de maíz para amasar tamales y tortillas. Utilícela en pasteles y galletas como cereal cocido o en forma de harina, teniendo en cuenta que, aunque es ligera (más adecuada para las pastas más finas), no tiene el gluten necesario para unir la masa. Para obtener los mejores resultados, mézclela con harina de trigo en la proporción de 4 partes de trigo por 3 de quinoa, y muélala en el robot para obtener una harina de un exquisito sabor a avellana.

Chaulafán de quinoa y naranja
Para 4-6 personas

Una simple ensalada de acompañamiento en la que el sabor a frutos secos de la quinoa contrasta con la acidez de los cítricos.

450 g de quinoa
1 chayote o 1 pepino pequeño, a dados
6 cebollas tiernas picadas con las hojas verdes
1 manojo pequeño de perejil
1 manojo pequeño de menta
1-2 naranjas cortadas a gajos y la cáscara finamente rallada
2 chiles verdes o rojos jalapeños sin semillas y picados
6 cucharadas de aceite de oliva
2 cucharadas de zumo de limón o de naranjas agrias
sal

Enjuague la quinoa bajo un chorro de agua fría hasta que ésta salga limpia. Coloque la quinoa en una cacerola grande y recúbrala con el doble de su volumen de agua. Lleve a ebullición, baje el fuego para que el agua apenas se agite, tape y cueza unos 20 minutos, hasta que los granos estén translúcidos y hayan absorbido toda el agua.

Mezcle el resto de ingredientes. Pruebe y añada un poco de sal o zumo de limón al gusto si fuese necesario. Acompañe con mazorcas de maíz o arepas, unas tortillas gruesas elaboradas con el maíz blanco andino recién preparadas.

Galletas de quinoa
Para unas 24 galletas

Estas galletas crujientes de harina de quinoa son fáciles de preparar, pues las pequeñas semillas se muelen sin problema.

4 cucharadas de granos de quinoa
12 cucharadas de harina integral con levadura incorporada
4 cucharadas de aceite de semillas
4 cucharadas de mantequilla de cacahuete lisa
4 cucharadas de azúcar moreno o de palma rallado

Chaulafán de quinoa y naranja, una ensalada veraniega aderezada con naranja

4 cucharadas de azúcar blanco
1 huevo grande, ligeramente batido
$^{1}/_{2}$ cucharadita de semillas de vainilla raspadas de la vaina
leche o agua
mantequilla para untar

Rebañe una placa para hornear. Precaliente el horno a 190 °C. Coloque la quinoa y la harina en el robot y bata unos minutos; se mezclarán rápida y fácilmente. Mezcle el aceite con la mantequilla e incorpore la quinoa batiendo ambos azúcares hasta que la mezcla blanquee y esté esponjosa. Agregue batiendo el huevo y la vainilla. Incorpore la harina de quinoa y el agua o leche suficiente para obtener una masa blanda que caiga con facilidad de la cuchara.

Deje caer cucharadas de la mezcla sobre la placa, con espacio suficiente entre ellas para que puedan expandirse. Hornee durante 8-10 minutos, hasta que estén doradas. Transfiéralas a una rejilla para que se enfríen.

judía de careta

fradinho (Brasil)
(*Vigna unguiculata et* spp.)

La judía de careta es una legumbre anual miembro de la familia de los guisantes y emparentada con la judía mungo china. Procede de África y es muy popular en Brasil y entre los cocineros afrocaribeños. Es una de las legumbres tradicionales que, si se toma el primer día del año, aporta suerte para los siguientes doce meses.

Cultivo
Es una planta rastrera de poca altura con vainas tan largas como un pie y no más gruesas que un lápiz. Está madura y lista para desgranar al cabo de tres meses de plantarse.

Aspecto y sabor
La variedad popular en la región es pequeña, tiene forma arriñonada y color marfil, con un «ojo» de color púrpura oscuro a negro. El sabor de la judía de careta madura es robusto, con un toque dulce y una textura mantecosa.

Compra y conservación
Elíjala bien fresca. El color debe ser vivo y ceder ligeramente a la presión al apretarla entre los dedos. En el paquete no deben haber depósitos en forma de polvo, lo que indicaría la presencia de huéspedes indeseados. Guárdela en un recipiente hermético y en un sitio fresco.

Empleo y usos medicinales
La judía de careta aporta mucha energía a los campesinos y, al igual que todas las legumbres, es rica en hidratos de carbono y proteínas.

Usos culinarios
Constituyen una buena comida rápida para gente ocupada. Pues no necesitan remojo previo y se cuecen en 40 minutos. Pueden comerse enteras cuando son jóvenes y tiernas, pero por lo general se dejan madurar y secar para conservarlas.

Soupe à Congo
Para 4-6 personas

Martinica ha contribuido a la tradición del cocido con esta sopa, cuyo mismo nombre indica su origen. Las lentejas amarillas están emparentadas con las judías de careta, pero al cocerse se ablandan y forman una especie de puré que espesa el caldo.

450 g de judías de careta
225 g de lentejas amarillas partidas
2 rabos de cerdo salados o 1 codillo de cerdo
6 bayas picadas de pimienta de Jamaica
1 boniato pelado y a dados
1-2 zanahorias raspadas y a dados
2-3 dientes de ajo a rodajas
una cantidad generosa de quingombó cortado
media col a tiras
sal

Para acabar:
1 cebolla a rodajas finas
1 berenjena a dados
3-4 cucharadas de aceite
1-2 pimientos de Jamaica sin semillas y picados

Coloque ambas legumbres y los rabos de cerdo o el codillo en una cacerola grande y vierta agua hasta sobrepasarlos unos nueve centímetros. Lleve a ebullición, retire las impurezas que vayan formándose en la superficie y añada la pimienta de Jamaica. Baje el fuego, tape bien y deje cocer media hora, hasta que las legumbres empiecen a ablandarse. Añada el boniato, las zanahorias y el ajo y más agua para mantener el volumen. Retire el codillo si lo emplea, extraiga la carne y póngala de nuevo en la cacerola, dejando los rabos de cerdo. Lleve de nuevo a ebullición y cueza 10 minutos; luego agregue los quingombós y la col. Cueza otros 10 minutos, hasta que todo esté perfectamente tierno y el guiso espeso y fragante. Añada más agua si fuese necesario.

Mientras, fría la cebolla y la berenjena en una sartén con el aceite, añada el chile y sale. Mezcle el contenido de la sartén con el cocido. Acompañe con arroz blanco y rodajas de aguacate aliñadas con zumo de lima.

Acarajé

(Buñuelos de judías de careta con gambas)
Para 4-6 personas

Exóticos buñuelos crujientes de judías de careta y gambas secas fritos en aceite de *dendé*. Es un plato brasileño de origen africano especialidad de Bahia, donde los buñuelos se cuecen en la calle por mujeres ataviadas con los típicos trajes blancos tradicionales escrupulosamente limpios y adornadas con vistosos collares. En las calles de Gana y Nigeria pueden encontrarse también estos buñuelos. La misma mezcla envuelta en hojas de plátano y cocida al vapor se denomina *abara*.

*225 g de judías de careta enjuagadas
  y remojadas desde la víspera
1 cebolla amarilla pequeña finamente picada
2 cucharadas de gambas secas (en comercios
  de alimentación chinos o orientales)
sal
aceite de dendé para freír (o vegetal)*

Escurra las judías y pele las pieles; lleva tiempo, pero el remojo facilita la operación.

Coloque en el vaso del robot las judías peladas, la cebolla, las gambas y un poco de sal, y reduzca el conjunto a una mezcla homogénea. Las gambas secas brasileñas son bastante saladas. Debe obtener una preparación a medio camino entre una masa y una pasta. Si utiliza gambas chinas, necesitará más sal.

Caliente aceite en una sartén honda. Deje caer una nuez de la mezcla anterior en el aceite caliente y vaya friéndolas por tandas para que la temperatura del aceite no baje. Estarán listas en 3-4 minutos. Transfiéralas con una espumadera sobre papel de cocina para que se escurran.

Para preparar buñuelos grandes, forme una especie de tortitas del tamaño de un platito de café y déjelas caer suavemente en el aceite caliente. Déles una vuelta y fríalas durante 7-8 minutos en total. Sirva con un poco de salsa malagueta (*véase* pág. 51).

maíz

maíz dulce, choclo tierno, elote tierno, jojota tierna
(*Zea mays*)

El maíz es el cereal americano por antonomasia. Los yacimientos prehistóricos demuestran que se cultivaba en América hace siete mil años como mínimo. Las leyendas de la creación de los pueblos andinos y de Centroamérica presentan al maíz como la materia prima de la vida, de forma parecida al modo en que los antiguos pueblos europeos atribuían al trigo un significado místico. La mazorca aparece en descripciones de elaborados platos rituales; en México, los aztecas de la época de Cortés plantaban el maíz a lo largo de sus rutas para que nadie padeciera hambre, muestra una generosidad que no supieron aprovechar los conquistadores, muchos de los cuales murieron por inanición. Aunque es muy valioso como cereal doméstico tanto para las personas como para los animales domésticos, las mazorcas jóvenes se consumen tiernas en su estación. En los países tropicales, donde invierno y verano apenas se diferencian, pueden realizarse hasta tres o incluso cuatro cosechas.

Cooperativa de maíz en Nicaragua

Compra y conservación

Elija mazorcas protegidas por sus fundas verdes brillantes, que no amarilleen ni parezcan secas, y resista la tentación de abrirlas, pues al exponerlas al aire empiezan a endurecerse y secarse. Cuanto más frescas sean, mucho mejor, pues al cabo de unas pocas horas el azúcar de los granos empieza a convertirse en fécula.

Empleo y usos medicinales

El maíz es uno de los alimentos feculentos más equilibrados. Fresco, ya sea cocido al vapor o a la parrilla es fácil de digerir, aunque no tanto si se conserva. El maíz dulce es bueno para los músculos y los huesos, y excelente para el cerebro y el sistema nervioso. Se cree que reduce el riesgo de contraer cáncer y que protege de las enfermedades coronarias. Asimismo, está recomendado para el tratamiento de algunas afecciones cutáneas.

Usos culinarios

Cuando el maíz es fresco y tierno, es preferible cocerlo al vapor o a la parrilla y comerlo directamente con las manos. Más adelante, raspe los granos para preparar una sopa cremosa (*véase* Crema de elote, pág. 197), incluya los granos en cualquier guiso multicolor o córtelo en rodajas gruesas para acompañar un ceviche o una sopa en vez de pan.

Cultivo

El maíz es una gramínea alta de 4 a 5 metros parecida al bambú cuyas cabezas de semillas fértiles, las mazorcas, crecen a lo largo del tallo. Los granos de maíz maduran dentro de un envoltorio de hojas protectoras. Las flores femeninas son los espádices laterales, que nacen en la parte inferior del tronco listas para ser polinizadas por las flores masculinas, que aparecen en forma de un ramillete de pequeños capullos en la parte terminal del tallo. Se cultiva a menudo en asociación con la calabaza, que inhibe el crecimiento de semillas no deseadas, y las judías. Estos tres ingredientes pueden combinarse.

Aspecto y sabor

Se cultivan muchas variedades, de entre las que sobresalen dos: el maíz amarillo dorado de Centroamérica y el más grande, blanco y feculento del altiplano andino. El maíz morado, un maíz púrpura originario de Perú, es el caviar de la cosecha, muy apreciado por su delicado aroma almonado.

Maíz tierno a la brasa

Para 4 personas

Así se preparan en México las mazorcas de maíz tiernas. Calcule dos por persona, o tres si son pequeñas o el apetito grande

8-12 mazorcas de maíz tierno sin pelar

Para servir:
sal gruesa
3-4 chiles secos grandes, sin semillas y picados
o 4 cucharaditas de copos de chile
limas cuarteadas
tequila muy frío

Encienda la barbacoa o caliente el grill. Pele las mazorcas pero no arranque las hojas, que le servirán para agarrarlas. Coloque las mazorcas sobre la barbacoa y áselas a fuego vivo; el exterior debe quedar chamuscado y oscurecido en el menor tiempo posible. No las sale todavía y no las ase en exceso, o los granos tiernos se secarán. Espolvoree las mazorcas con sal gruesa y el chile, y acompáñelas con gajos de lima y un vaso de tequila helado.

Maíz tierno a la brasa

Humitas

Para 4-6 personas

Son unos pequeños paquetes de maíz cocidos al vapor en su propio envoltorio, a la manera de Chile y Ecuador, donde se preparan con las grandes mazorcas lechosas de maíz andino. Durante su estación se emplea maíz tierno, aunque las humitas también pueden prepararse con maíz seco molido o una mezcla de ambos. Se aromatizan con albahaca.

16 mazorcas grandes de maíz con sus hojas
1 manojo de hojas de albahaca sin los tallos
1 chile pequeño serrano o jalapeño, sin semillas
* y finamente picado*
2 cucharadas de manteca de cerdo o aceite
2 cebollas grandes finamente picadas
$^1/_2$ pimiento verde finamente picado
1 huevo (si fuese necesario) batido
sal

Arranque cuidadosamente las hojas de las mazorcas sin romperlas. Con ayuda

de un cuchillo afilado raspe los granos de maíz y resérvelos. Raspe con el dorso del cuchillo el residuo lechoso de las mazorcas desprovistas de maíz y añádalo a los granos junto con las hojas de albahaca y el chile. Reduzca el conjunto a una especie de puré con ayuda del robot eléctrico.

Caliente la manteca o el aceite en una sartén pequeña y sofría las cebollas y el pimiento verde hasta que se hayan ablandado; sale. Mezcle con el puré de maíz y deje cocer a fuego lento durante 10-15 minutos, hasta que la mezcla haya perdido su humedad. Pruebe y rectifique la condimentación. Si el maíz no es de la variedad andina, necesitará un huevo para ligarlo.

Monte las humitas: para ello, extienda dos hojas, una al lado de la otra, sobreponiendo ambos lados unos 2 cm. Ponga 2 cucharadas de la mezcla en el centro. Doble el extremo inferior de las hojas sobre el relleno, luego los

lados y finalmente doble por encima la parte superior hasta obtener una especie de paquete; no lo apriete demasiado, pues el relleno se expande durante la cocción. Asegúrelo con un bramante. Repita la operación hasta acabar con el relleno.

Ponga a hervir agua salada en una cacerola. Sumerja dentro los paquetes. Lleve de nuevo a ebullición, baje el fuego y cueza a fuego lento unos 40 minutos. Retire los paquetes, escúrralos y déjelos enfriar algo antes de servir. Un poco de salsa siempre va bien, aunque no es esencial, ni tan siquiera tradicional. Para recalentar las humitas, póngalas 20 minutos en el horno a 190 °C. Para darles un sabor delicioso y ahumado, áselas en la barbacoa. Las amas de casa rurales chilenas las cuecen directamente sobre las brasas.

masa harina

harina para tortilla, masarepa, harina para arepa

masa harina

La masa harina y la masarepa son harinas preparadas a partir de maíz molido tratado y precocido. Es el ingrediente con el que se preparan tortillas y arepas, el pan diario de muchas partes de América. Ambos panes planos pueden tener diferentes grosores y se cuecen a la parrilla, se utilizan para envolver alimentos a modo de plato, tenedor y cuchara comestibles. La vajilla se reduce al mínimo en el calor de los trópicos por meras razones prácticas de higiene.

Cultivo

Para preparar su propia masa para tortillas y arepas necesitará granos de maíz secos. Póngalos a remojar en agua fría toda la noche con una gota de lejía; luego escúrralos, muélalos hasta obtener una especie de puré y amase con un poco de sal hasta obtener una masa homogénea y blanda.

Aspecto y sabor

La masa harina, o harina para tortilla, es de color amarillo y está un poco moteada, mientras que la masarepa o harina para harepa se prepara con el maíz blanco y más rico en fécula de los Andes. El sabor de la primera es más fuerte y dulce, pero ambas tienen un agradable sabor a frutos secos y un regusto a miel.

Compra y conservación

Cómprelas en forma de harina preparada para tortillas o arepas. Guárdelas en un recipiente hermético y en un lugar fresco y seco, al igual que otras harinas. La masa harina no debe confundirse con la harina de maíz o polenta, pues el maíz molido ordinario no se ha sometido al mismo proceso.

Empleo y usos medicinales

La harina de maíz tratada con una sustancia alcalina tiene mayor valor alimenticio que la harina de maíz no tratada. El método de obtención (originariamente los granos se remojaban con cenizas de madera) lo cultivaron tanto los aztecas como los incas, quienes lo aprendieron de civilizaciones más antiguas, y fue reemplazado tras la conquista española por cal en polvo. Los europeos importaron al Viejo Mundo el maíz, un alimento considerado casi milagroso, plantándolo en sus campos y reemplazando cultivos más antiguos. Una alimentación basada en la harina de maíz como único alimento básico deriva en pelagra, un grave trastorno provocado por la carencia de proteínas y que todavía constituye un problema en África.

Preparación de masa de tortilla en un restaurante de Ciudad de México

masarepa

Tortillas

Para unas 24 tortillas

Las tortillas son el pan diario de Guatemala, Nicaragua y México. La masa se modela a mano y se cuece en un comal o parrilla.

450 g de granos de maíz
1,2 l de agua
30 g de cal viva

Remoje el maíz en agua desde la víspera, llévelo a ebullición y cuézalo una hora. Las pieles se volverán amarillo brillante y se desprenderán. Retírelas, enjuague los granos y aplaste o muela la preparación (*nixtamal*) en un metate, el mortero de piedra tradicional, hasta que se forme una masa densa. Amásela hasta obtener una masa blanda, homogénea y flexible, pero no lo bastante húmeda como para que quede pegajosa, ni lo bastante seca para que se rompa o cuartee. Divídala en 16 porciones del tamaño de una nuez.

Aplane las bolas ligeramente y cúbralas con una película de plástico para que se mantengan blandas. Extienda cada porción formando una tortita fina de unos 12 cm de diámetro. Coloque la bola de pasta aplastada en la palma de la mano, aplánela con la otra y vaya pasándola de una a otra mano (difícil), o bien aplane las bolas entre dos láminas de plástico (fácil) o emplee una prensa para tortillas (más fácil).

Precaliente una parrilla o sartén de fondo grueso y frótela con un paño limpio con manteca. Cueza cada tortilla 1 minuto por lado hasta que los extremos empiecen a curvarse. Deje caer la tortilla sobre un paño limpio para mantenerla caliente y blanda, y continúe la operación con el resto de la masa.

Para ablandar las tortillas recalentándolas en el horno, envuélvalas en papel de aluminio y en pilas de no más de 6 y cuente 20 minutos en un horno a temperatura media. Para recalentarlas, colóquelas sobre un quemador eléctrico o una parrilla muy caliente hasta que los bordes empiecen a chamuscarse un poco; coloque encima otra tortilla y déles la vuelta para tostar la otra cara; repita la operación hasta que todas estén calientes. Degústelas calientes. Puede untarlas con aguacate aplastado.

Usos culinarios

Cuando la harina básica preparada se mezcla con un poco más de la mitad de su propio volumen de agua caliente, con o sin grasa, puede trabajarse para obtener una masa. Ésta puede hornearse en forma de pan plano o emplearse como pasta de empanadillas. La harina preparada es también el material crudo con el que se preparan los tamales (*véase* pág. 82). En su forma más digestiva, puede tomarse como atole, tanto con leche o en caldo, endulzada y aromatizada con canela y beberse caliente o fría.

Arepas

El maíz andino de granos grandes y feculentos se utiliza para preparar las arepas. Éstas, más gruesas y fáciles de preparar que las tortillas mexicanas, tienen un exterior crujiente y un interior blando. Duran muy poco.

Arepas

450 g de masarepa
300 ml de agua

Humedézcase las manos y amase la masarepa con el agua; forme luego unos círculos planos de unos 8 cm de diámetro y $^1/_2$ cm de grosor.

Cueza las arepas sobre una parrilla ligeramente engrasada como si se trataran de tortitas; déle una vuelta para cocerlas por el otro lado. Retírelas tan pronto como la superficie empiece a chamuscarse. Degústelas recién cocidas. En Caracas se les retira el interior blando y se rellenan con queso crema o mantequilla y miel.

Al cabo de unas horas ya estarán duras y pueden tratarse como sobras. Remójelas en leche o caldo para consumirlas, o bien rómpalas, páselas por huevo batido y fríalas hasta que estén crujientes; acompáñelas con una salsa chile.

tamales

humitas

Los tamales son un plato con maíz generalmente relleno de algo picante o delicioso y a continuación cocido al vapor u horneado. Están pensados para poder transportarlos con facilidad y se comen siempre con las manos. Son una preparación festiva, pues su elaboración precisa de muchas manos; además, pueden realizarse tantas variaciones como dicte la imaginación. Una fiesta de tamales, o tamalada, es apropiada para celebrar una boda, bautizo o cumpleaños, pero sobre todo para llevar a la iglesia y compartirlos con los antepasados el día de Todos los Santos. Los indígenas solían acompañar las diferentes celebraciones tribales con tamales cocidos en una barbacoa y acompañados de cualquier carne de caza, como las de pavo o el pecarí.

Otro uso del cesto para llevar tamales

masa de tamales sin hornear

Aspecto y sabor

Hay muchas variantes en su elaboración, tal como puede esperarse de una preparación tan antigua. La más conocida es el tamale mexicano, envuelta con hojas de maíz y preparada con masa harina, es decir harina de maíz amarilla precocida y tratada. En Guatemala se preparan tamales dulces con chocolate. En la provincia de Oaxaca, al sur de México los tamales se rellenan con mole negro (*véase* pág. 177) y se envuelven con hojas de plátano. En Perú también se emplean las hojas de plátano y los tamales de maíz blanco se llaman humitas. En el sur de Brasil, la masa de tamales se suele humedecer con leche de coco, mientras que en el Amazonas se acostumbra a preparar con harina de mandioca.

Preparación

El material básico es farináceo y su envoltura puede ser cualquier hoja verde no tóxica que pueda doblarse y que no se desintegre con la acción del calor. La masa puede ser de cualquier ingrediente que pueda aplastarse y mantenerse unido, como el maíz fresco (la humita andina, *véase* pág. 79), la yuca, la patata, el ñame o el banano. El relleno, ya sea dulce o salado, aunque habitual no es esencial.

Tamales rellenos

Para 4 personas (3 por persona)

Primero elija el envoltorio de los tamales. Puede emplear hojas de maíz empaquetadas y cortadas a la medida que deban remojarse para ablandarlas. Las hojas de maíz frescas (sólo las externas) deben recortarse por ambos extremos y quizás superponerse. También puede utilizar hojas de plátano cortadas en cuadrados de 30 cm de lado. En caso de que no pueda disponer de hojas de maíz o plátano, emplee papel de aluminio.

Para el relleno:
2 cucharadas de aceite
1 cebolla pequeña finamente picada
2 tomates grandes pelados y picados
225 g de pechuga de pollo o pavo cocida
   a tiras
1-2 pastillas de chocolate negro
$^1/_2$ cucharadita de pimienta de Jamaica
1-2 cucharaditas de pasta o copos de chile
sal
azúcar (opcional)

Para la masa
450 g de masa harina, como arriba
1 cucharadita de sal
3 cucharadas de manteca o aceite
agua caliente o caldo

Para los envoltorios:
manteca o aceite para engrasar

Prepare el relleno. Caliente el aceite en una sartén pequeña y sofría la cebolla hasta que se ablande. Suba el fuego y aplástela hasta formar una salsa espesa. Sale, añada un poco de azúcar si lo desea y mezcle con el resto de ingredientes, excepto la carne. Deje cocer a fuego vivo unos 10 minutos y agregue luego la carne desmenuzada. Hierva de nuevo y deje enfriar.

Mientras, amase la masa harina con la sal y la manteca o el aceite con agua suficiente o caldo caliente para obtener una masa homogénea y ligeramente pegajosa; la harina se hinchará a medida que la trabaja. Ponga a hervir agua en la vaporera.

Monte los tamales. Extienda los envoltorios sobre un paño limpio (si utiliza hoja de plátano, póngala con la cara brillante hacia arriba; si es de maíz, pincélela ligeramente con aceite). Humedézcase las manos y tome un trozo de masa del tamaño de una avellana. Colóquela sobre el envoltorio y extiéndala con la palma de la mano lo más uniformemente posible hasta obtener un rectángulo de la longitud y anchura de la mano. Ponga una cucharadita del relleno en el centro de la masa y extienda la masa por encima para encerrarlo; selle los puntos de unión con el dedo húmedo. Prepare así todos los tamales. Para envolverlos, doble un extremo largo del envoltorio hasta esconder dos tercios del relleno, doble por encima el otro lado largo y luego los dos cortos para esconderlo por completo. Asegure el tamal con un bramante.

Lleve a ebullición el agua del recipiente inferior de la vaporera; también puede colocar un tamiz sobre una cacerola. Forre el recipiente superior o el tamiz con hojas y coloque dentro los tamales uno al lado del otro con el lado de la unión hacia abajo. Cubra con otra hoja, cierre y deje cocer al vapor durante 1 hora, hasta que los tamales queden firmes. Quedarán más ligeros si la temperatura es homogénea.

Tamales rellenos

empanadas

empanadillas, *empada, empadhinas*

Las empanadas y empanadillas se venden recién fritas en los mercados o en puestos situados al lado de las carreteras y se comen con las manos. En las ciudades andinas se venden en todos los bares y puntos de reunión preparadas por sus propias cocineras, ataviadas con delantales perfectamente almidonados y chales tejidos a mano. Las vendedoras las transportan en cestos.

empanadas

Preparación

La masa de harina y agua se extiende en forma de disco, se rellena con algo delicioso, se encierra el relleno y se fríe. Algunas veces, aunque no es tan usual, las empanadas se hornean, para lo que la masa se enriquece con manteca o aceite. Es una forma ideal para sacar partido de ingredientes escasos.

Mercado quiche en Guatemala

Empada de picadinho

(Empanada de cerdo y chile)
Para 4-6 personas

En esta versión brasileña de empanada, la carne picada se esconde dentro de una masa de agua caliente enriquecida con aceite. En lugar de carne se puede emplear pollo, queso o palmitos. La misma receta puede utilizarse para preparar las *empadhinas* o empanadillas.

Para el relleno:
2 cucharadas de aceite de oliva
2 dientes de ajo finamente picados
1 cebolla pequeña, finamente picada
1-2 chiles frescos sin semillas y picados
2-3 tomates finamente picados
1 cucharada de orégano picado
350 g de cerdo finamente picado
2-3 cucharadas de verduras picadas
  o quingombós
sal y pimienta de Jamaica

Para la pasta:
275 g de harina con levadura incorporada
4 cucharadas de aceite de oliva
150 ml de agua hirviendo
$^{1}/_{2}$ cucharadita de sal

Caliente el aceite en una sartén, agregue los ingredientes del relleno y sofríalos a fuego moderado hasta que casi todo el líquido se haya evaporado y la carne esté tierna. Pruebe y añada sal y una pizca de pimienta de Jamaica. Deje enfriar mientras prepara la pasta.

Precaliente el horno a 180 °C.

Tamice la harina con la sal en un cuenco. Haga un hueco en el centro, vierta dentro el aceite y el agua hirviendo. Amase la preparación con la palma de la mano, hasta obtener una masa blanda. Trabájela un poco más hasta que esté homogénea y elástica; luego vuélquela sobre una tabla ligeramente enharinada, déle forma de bola y córtela por la mitad.

Forme una bola con cada mitad y extiéndalas hasta obtener dos discos. Coloque el más pequeño sobre la placa de hornear engrasada y enharinada, y esparza el relleno en el centro. Humedezca el contorno y cubra con la otra mitad. Corte una pequeña cruz sobre la superficie para que el vapor pueda escaparse durante la cocción, y presione los bordes de la empanada con un tenedor para sellar el relleno.

Transfiera la empanada al horno y hornéela durante 30-35 minutos, hasta que esté dorada y crujiente. Luego pásela a una rejilla para que se enfríe a temperatura ambiente. La costra de la pasta de agua caliente no absorbe los jugos del relleno y por ello se mantiene crujiente más tiempo.

Empanadillas de requesón

Empanadillas de requesón
Para una docena

Estas pequeñas empanadillas crujientes y fragantes se preparan con una masa de tortilla y se rellenan con chiles verdes y queso blanco.

Para la masa:
450 g de masa harina o masarepa
1 cucharadita de sal
300 ml generosos de agua caliente

Para el relleno:
3-4 chiles frescos, sin semillas y finamente picados
2 cucharadas de perejil picado
2 cucharadas de albahaca picada

4 cucharadas de queso blanco (requesón o feta desmenuzado)
un poco de leche o huevo para amalgamar

Para cocinar:
aceite para freír

Para servir:
chiles encurtidos, reducidos a puré con aceite para obtener un mojo

Mezcle la harina con la sal y amase con el agua suficiente para obtener una base blanda. Envuélvala en película de plástico y déjela reposar 30 minutos. Mientras, mezcle los ingredientes del relleno.

Cuando vaya a freír las empanadillas, parta la masa en porciones del tamaño de una nuez,

déles forma de bola y extiéndalas formando un disco, cuanto más fino mejor. Utilice las manos con preferencia al rodillo para que la masa no se cuartee. Ponga un poco del relleno en el centro del disco, pinte el contorno con agua y doble una mitad sobre el relleno para encerrarlo. Continúe así hasta agotar todos los ingredientes.

Caliente abundante aceite en una sartén. Deje caer las empanadillas en el aceite de una en una y fríalas por tandas. Los extremos deben quedar ribeteados por una serie de pequeñas burbujas. Fría las empanadillas hasta que estén crujientes y doradas, una operación que lleva más tiempo del que parece. Escúrralas sobre papel de cocina.

tortillas

La tortilla, un pan plano redondo de harina de maíz amarilla, blanca o azul, es el pan diario de Centroamérica. Al igual que el pan y la pasta de los países productores de trigo, se adquiere ya preparada. Las amas de casa mexicanas compran las tortillas en el mercado. Cuando vivía en Ciudad de México, nuestra vendedora de tortillas iba a casa dos veces al día con su cesto. Cuando la tortilla ya no está fresca, es decir, al cabo de unas pocas horas, se trata como pasta o como ingrediente que entra a formar parte de muchos platos combinados mexicanos, en los que es normal la combinación de hasta una docena de ingredientes presentados por separado.

Preparación

Aunque la tortilla se encuentra preparada en todas partes, antaño el disco de masa de harina de maíz tratada se extendía manualmente y se cocía en un comal, un disco de barro que se calentaba de forma homogénea sobre un fuego de carbón. Las tortillas de maíz caben confortablemente en la palma de una mano abierta y se hornean a diario.

Aspecto y sabor

No son siempre redondas. En Colina, en el centro de México, tienen forma de barco con reborde; en el Yucatán preparan unas tortillas gruesas denominadas panuchos que se abren por la mitad y se rellenan con frijoles y huevos duros. Las tortillas no son siempre de harina de maíz. Las de trigo, aunque muy populares, eran las preferidas en época colonial; son más grandes y pálidas, más fáciles de doblar y se secan con mayor rapidez que la tradicional.

Compra y conservación

Guarde las tortillas en el envoltorio precintado hasta el momento de consumirlas y, una vez abiertas, dentro de una bolsa de plástico cerrada en un lugar fresco, donde se conservan hasta una semana. Si desea guardarlas más tiempo, congélelas.

Vendedora de tortillas en Guatemala. Obsérvense las tortillas de maíz azul en el fondo de la pila

Usos culinarios

La forma más simple de servir una tortilla preparada es como tostada, es decir, entera y frita en aceite o manteca hasta quedar bien crujiente y recubierta con carne, pescado o queso, acompañada de judías, lechuga, aguacate picado y salsa chile; o bien cortada en cualquier forma como tiras o chilaquiles, cuadrados, triángulos o nachos, fritas hasta quedar bien crujientes y recubiertas de una salsa. No se necesita una gran cantidad de aceite (un dedo será suficiente). Las tortillas no empleadas pueden prepararse a modo de lasaña, alternando capas de bechamel y salsa de tomate especiada con chile que se ponen bajo el grill para que queden doradas y burbujeantes. También pueden formar parte de una sopa seca, un caldo claro realzado con tiras de tortilla que sigue el mismo principio de las sopas chinas de fideos.

Chilaquiles de requesón
Para 4 personas

Constituyen el desayuno tradicional mexicano. Son la forma más sencilla de emplear las tortillas del día de antes, que se cortan en trozos pequeños y se recalientan con los restos de una salsa, por lo general de tomate y requesón. Recuerde que debe trocear las tortillas la noche anterior.

6 tortillas de maíz cortadas en forma de rombos
* y dejadas a secar toda la noche*
aceite para freír

Para la salsa
2-3 chiles verdes serranos, chamuscados
* sobre una llama*
3-4 tomates pelados y sin semillas
azúcar (opcional)
tomate concentrado (opcional)
2 cucharadas de cebolla finamente picada
2 cucharadas de epazote picado o eneldo
sal

Para acabar:
ricota o requesón fresco
crema agria

Recaliente los rombos de tortilla en pequeñas tandas en una sartén con un poco de aceite hasta que estén un poco crujientes pero no dorados. Retírelos de la sartén y escúrralos sobre papel de cocina.

Coloque los chiles y los tomates en el recipiente de la batidora y redúzcalos a puré. Pruebe y condimente (quizás deba poner una pizca de azúcar o un poco de tomate concentrado).

Caliente una cucharada del aceite en el que frió las tortillas y añádale la salsa. Déjela hervir, incorpore los rombos de tortilla y lleve de nuevo a ebullición. Reduzca el fuego y cueza lentamente durante 8-10 minutos; sacuda la sartén de vez en cuando para que las tortillas no se peguen.

Sirva los chilaquiles recubiertos con una generosa capa de ricota o requesón y crema agria. Un plato consistente si le añade unos frijoles refritos (*véase* pág. 94).

Totopos con huevos revueltos mexicanos

Totopos con huevos revueltos mexicanos
Para 4 personas

Un tentempié consistente que se disfruta a cualquier hora del día en México, donde sólo hay una comida principal al día, ya sea a mediodía o por la noche, dependiendo del horario de trabajo. Los chips de tortilla preparados son demasiado salados, por lo que es preferible prepararlos uno mismo.

4 tortillas del día de antes
aceite para freír
6 huevos frescos
4 cucharadas de manteca o aceite
3 cucharadas de cebolla picada
4 cucharadas de tomate picado y sin semillas
3-4 chiles serranos, sin semillas y picados
sal

Corte las tortillas en cuadrados pequeños, la forma más rápida de hacerlo consiste en colocarlas una sobre otra y cortarlas a la vez descartando los extremos para que los cortes queden bien limpios. Caliente aceite en una sartén y deje caer dentro los cuadrados de tortilla por tandas. Fríalos hasta que estén algo dorados y crujientes (necesitará un par de minutos aproximadamente). Retírelos con una espumadera y escúrralos sobre papel de cocina.

Bata ligeramente los huevos con un tenedor y agréguele una pizca de sal. Caliente la manteca o el aceite en una sartén y sofría las cebollas sin dorarlas. Agregue el tomate y el chile, y hierva unos minutos para concentrar los fondos de cocción (los tomates madurados en la mata necesitan menos tiempo). Agregue los huevos y los chips de tortilla a la salsa y no deje de remover hasta que el huevo haya cuajado.

harina de maíz

polenta, chuchoca (Chile)

La harina de maíz, que se obtiene del maíz molido, no está tratada con un medio alcalino. Se utiliza preferentemente en el sur del continente, donde la patata es la fécula principal, lo que hace innecesario el proceso mediante el que se elabora la masa de pan.

Preparación

Para preparar su propia harina de maíz de forma tradicional para panes y gachas, muela granos de maíz secos raspados de sus mazorcas. Los utensilios modernos no producen el grosor adecuado, por lo que es preferible emplear un mortero de piedra

Aspecto y sabor

En todo el territorio se cultiva maíz blanco, amarillo, púrpura, marrón, rojo azulado y negro. La chuchoca puede elaborarse con cualquiera de ellos (todas poseen su propia fragancia individual) o con una mezcla. El sabor, suave y limpio, recuerda al de los frutos secos con el toque final a miel típico del maíz.

Tumba maya con un grabado que representa a un dios del maíz, Oaxaca, México

Compra y conservación

Está disponible en paquetes bajo este mismo nombre o con el de polenta. Esta última está, por lo general, groseramente molida, mientras que la harina de maíz puede ser fina, media o gruesa. Elija la integral molida a la piedra siempre que sea posible, pues conserva intacto todo su contenido en vitaminas y minerales, se cuece bien y sabe tal como debe saber.

Empleo y usos medicinales

El maíz es el cereal más difícil de digerir. Constituye una buena fuente de hidratos de carbono, minerales y vitaminas. Entre sus subproductos se encuentra el aceite de maíz, obtenido de sus granos (alrededor de la mitad de su volumen es grasa, pero poliinsaturada). El aceite de maíz también es rico en ácido linoico, una sustancia útil para restaurar el equilibrio alcalino del cuerpo y recomendado para el tratamiento tropical del eczema.

Usos culinarios

El maíz no tiene el gluten necesario para la elaboración del pan, pero es muy útil en la preparación de gachas y sopas, o mezclado con huevo y leche para cocinar tortillas. Las masas utilizadas sólo con harina de maíz en la preparación de pan, pasteles o galletas no pueden fermentar sola a no ser que la harina se mezcle como mínimo con su propio volumen de harina de trigo. El llamado pan de maíz no es propiamente un pan, sino unas gachas horneadas de densidad variable que se comen con cuchara. La maicena, un subproducto de la industria de la harina de maíz, es un espesante obtenido del endosperma y se emplea en postres, sobre todo salsas y cremas. El jarabe de maíz, que se remonta a los incas, se utiliza a modo de miel. El pozole, con el que se preparan unas de gachas de maíz muy nutritivas, es una especialidad de la frontera norteña mexicana; se obtiene del maíz blanco, viene en forma de granos enteros o fragmentados y su sabor es dulce.

Pan paraguayo

Para 6 personas

**Este plato festivo uruguayo de polenta
horneada con queso y cebolla, que se sirve
en bodas y reuniones familiares, tiene una
consistencia bastante blanda, parecida
a la de una sopa. Es uno de los platos
que más recuerdan los emigrantes.**

*225 g de harina de maíz amarilla (polenta
   finamente molida)*
425 ml de agua caliente
110 g de mantequilla ablandada
4 huevos (claras separadas de las yemas)
110 g de requesón o ricotta
110 queso rallado (gruyere o cheddar)
*1 cebolla pequeña finamente picada y sofrita
   para ablandarla*
150 ml de leche
1 cucharadita de levadura en polvo
$^1/_2$ cucharadita de pimienta de Jamaica molida
$^1/_2$ cucharadita de comino molido
$^1/_2$ cucharadita de pimentón picante o chile
$^1/_2$ cucharadita de sal

Precaliente el horno a 200 °C. Coloque la
harina de maíz en un cuenco, mézclela con el
agua caliente y déjela reposar unos 20 minutos
para que se hinche.

Rebañe con mantequilla una fuente de hornear
grande. Bata la mantequilla en un cuenco
caliente hasta que esté esponjosa e incorpore
batiendo las yemas y el requesón. Bata las
claras a punto de nieve y mezcle la harina de
maíz remojada con el resto de ingredientes;
incorpore esta preparación a la mezcla de yemas
y mantequilla, y luego mézclela con las claras
batidas. La preparación quedará bastante
líquida. Viértala en el molde y hornee durante
50-60 minutos, hasta que esté firme y dorada.
Deje cuajar y enfriar durante 15 minutos antes
de cortarla en cuadrados.

Chupe de papas con chuchoca

Para 4 personas como plato principal

**Un chupe es una sopa peruana que puede
ser tan líquida o seca como se desee.
Aquí, la chuchoca, marina de maíz o
polenta molida, se mezcla con patatas**

Chupe de papas con chuchoca

**para obtener un reconfortante plato
invernal. Puede acompañarse con pollo
asado.**

2-3 patatas grandes, peladas y troceadas
1 rodaja gruesa de calabaza pelada y troceada
*1,2 l de caldo de pollo, de huesos de buey
   o agua*
1 cebolla finamente picada
4 cucharadas de polenta molida
*1 cucharadita de copos de chile o chile fresco
   finamente picado*
un manojo de albahaca fresca (sin los tallos)
sal
2 huevos duros pelados y cuarteados

Coloque las patatas, la calabaza y el caldo en
una cacerola grande junto con las cebollas y el
ajo. Lleve a ebullición, mezcle con la polenta,
añada un poco de sal y lleve a ebullición. Tape
ligeramente, baje el fuego y cueza a fuego lento
durante 30-40 minutos, hasta que la polenta
esté blanda y las hortalizas tiernas. Acabe con
los copos de chile, la albahaca y los huevos
duros cuarteados.

Panecillos de maíz

**Un plato mexicano rápido, fácil y sin rival
para el desayuno.**

*225 g de harina de maíz amarilla finamente
   molida*
225 g de harina de trigo
1 cucharadita colmada de levadura en polvo
1 huevo
150 ml de leche
150 ml de aceite vegetal

Precaliente el horno a 190 °C.

Mezcle los ingredientes secos en un cuenco
y los líquidos en otro. Amalgámelos y vuelque
la preparación en un molde para magdalenas
bien engrasado con mantequilla o forrado con
papel igualmente rebañado. No los llene más
de dos tercios de su capacidad. Hornee
durante 20-25 minutos, hasta que estén
bien hinchados y dorados.

Es preferible degustarlos recién horneados, con
un tazón de café con leche o chocolate caliente
para remojar.

judía blanca

frijoles blancos, porotos (Chile), habichuelas
(*Phaseolus vulgaris*)

La judía es en todas sus formas y tamaños un alimento notable, fácil de transportar y almacenar (gracias a ello se hizo indispensable en las travesías marítimas). La judía blanca es un miembro de la familia de los guisantes y es originaria de América, de la que en época precolombina, mucho antes de que llegaran los conquistadores, ya se habían desarrollado cientos de variedades. Aunque en cada zona se prefieren las variedades autóctonas, la judía blanca es, sin duda, la más universal, y se puede reemplazar por cualquier otra.

Cultivo

Las judías son fáciles de cultivar, recolectar y almacenar y no precisan de un terreno especial. En resumen, constituyen la legumbre ideal para guardar en la alacena. Se cultiva a menudo con el maíz, el cual le proporciona un punto de apoyo para crecer, y las calabazas, que mantienen las malas hierbas bajo control.

Aspecto y sabor

La judía blanca tiene forma de riñón, posee diferentes tamaños y diversos colores, y es la variedad más apreciada fuera de su tierra natal. Se cultivan unas quinientas variedades en todo el mundo, cada una con su propia forma distintiva, color, grado de fécula, cremosidad, mantecosidad, firmeza, blandura y sabor. En general, su sabor y textura recuerdan a la castaña cocida, pues es a la vez harinosa, dulce y terrosa.

Compra y conservación

Cuanto más fresca sea una legumbre, mejor. Debe ceder ligeramente a la presión de los dedos. Las judías blancas no deben almacenarse de uno a otro año. Introduzca unos chiles secos o un diente de ajo en el frasco donde las conserva para mantener los insectos a raya. Para acortar el tiempo de cocción, remójelas la víspera. Una vez remojadas, se pueden congelar.

Empleo y usos medicinales

Es el alimento perfecto para el cuerpo y el cerebro: no tiene colesterol, es rica en proteínas vegetales, hidratos de carbono complejos y está repleta de vitaminas, minerales y fibra. ¿Alguna pega? Sus incondicionales conocen su propensión a la flatulencia, un fenómeno que se explica por la presencia de oligosacáridos, que convierten incluso a la judía cocida en difícil de digerir. En ese caso, la discreción es el mejor consejo. Siga la costumbre autóctona y coma las judías a mediodía, evítelas por la noche y degústelas sin ningún otro ingrediente cuando esté enamorado.

Usos culinarios

La calidad de las judías dicta el tiempo que precisan para remojarse y ablandarse. No las sale hasta finalizar el tiempo de cocción para evitar que la piel se endurezca; incorpore también los ingredientes ácidos, como tomate, vinagre o zumo de limón, al finalizar, pues podrían doblar el tiempo de cocción.

Mercado de judías, Ecuador

Frijoles con morcilla

Mientras, fría la morcilla en un poco de aceite (si es muy grasa no lo necesitará). Si lo desea, puede añadir las rodajas de morcilla directamente a la cacerola pues ya estará precocida, pero si las fríe obtendrá una textura externa crujiente y un sabor caramelizado.

Sirva las judías en platos soperos y esparza por encima la morcilla frita, chile, cilantro y cebolla. Tómelas con cuchara.

Porotos con acelgas
Para 4 personas como entrante

Se trata de un entrante sencillo, útil cuando se disponen de restos de judías. Puede emplearlas enlatadas. Aunque sugiero la presencia de huevos duros, puede sustituirlos por chorizo desmenuzado salteado en un poco de aceite, piñones o almendras fileteadas en vez de cacahuetes, o cualquier ingrediente de la despensa.

600 ml de judías blancas cocidas
1 manojo generoso de acelgas o espinacas a tiras
el zumo de 1 limón
4 cucharadas de aceite de oliva
1 chile seco (pasillo o ancho), sin semillas y cortado a tiritas
2 cucharadas de cacahuetes tostados picados
1 cucharada de cebolla tierna picada
2 huevos duros pelados y picados
sal y pimienta

Ponga a calentar las judías y un poco del líquido de cocción en una cacerola pequeña; escúrralas y mézclelas con las verduras (el calor será suficiente para ablandarlas). Aliñe con el zumo de limón y 3 cucharadas de aceite de oliva, sal y pimienta.

Caliente el resto del aceite y fría los chiles sólo un instante, justo hasta que cambien de color y queden crujientes. Vierta el contenido de la sartén sobre las judías y mezcle. Esparza por encima los cacahuetes, la cebolla tierna y los huevos duros picados.

Frijoles con morcilla
Para 6-8 personas

Estas judías se han enriquecido con un ingrediente hispánico: la morcilla. Antes de la llegada de los españoles no había ni cerdos ni vacas ni pollos, por lo que la morcilla, con su delicioso sabor especiado a ajo y orégano, constituye una buena aportación a este plato tradicional.

450 g de judías blancas remojadas toda la noche y escurridas
1 cabeza de ajos entera con el exterior chamuscado sobre una llama
2 chiles secos suaves (pasilla por ejemplo), sin semillas y troceados
1 trozo pequeño de canela en rama
2-3 dientes de ajo
1 cucharada de orégano desmenuzado
2 zanahorias o chirivías raspadas y troceadas
1 cucharada de sal

Para acabar:
450 g de patatas pequeñas, lavadas y raspadas

1 manojo de espinacas lavadas y cortadas a tiras
225 g de morcilla negra a rodajas
un chorro de aceite de oliva
1 chile rojo fresco, sin semillas y finamente picado
3 cucharadas de cilantro picado
3 cucharadas de cebolla picada

Escurra las judías y transfiéralas a una cacerola amplia con el ajo, el chile, la canela, los clavos, el orégano y la zanahoria o chirivía. Vierta agua hasta cubrirlas generosamente y lleve a ebullición; reduzca el fuego y cueza con el recipiente parcialmente destapado durante 1-2 horas, hasta que las judías estén del todo tiernas.

Retire la cabeza de ajo (exprima su interior blando sobre la cacerola) y agregue las patatas y la sal. Lleve a ebullición (quizás deba agregar agua) y cueza a fuego moderado unos 20 minutos, hasta que las patatas estén tiernas. Mezcle la preparación con las espinacas y deje hervir otros 5 minutos, hasta que las hojas se arruguen.

judía negra

frijoles negros, *feijao nero* (Brasil)
(*Phaseolus vulgaris*)

La judía negra es una judía pequeña de color ébano y forma arriñonada. Es un ingrediente básico en la despensa de toda Latinoamérica, sobre todo en México, el Caribe, Venezuela y el norte de Brasil, incluido Río, donde es el ingrediente estrella de la *feijoada*, el plato nacional brasileño. En Colombia, aparece relegada a alimento de la cabaña vacuna.

Cultivo

La mata es muy bonita, con flores de un color rosado y vainas de un amarillo soleado, mientras que las semillas o judías son tan negras y brillantes como el ónice, la piedra sagrada de los aztecas, lo que quizás explique por qué son tan populares en el país de Moctezuma.

Aspecto y sabor

La judía negra es una legumbre para gourmets. Su sabor es sutilmente terroso, con un toque a champiñones y un dulzor a castaña. La carne queda muy cremosa al cocerse, mientras que la piel, a pesar de la larga cocción, no pierde nunca su aspecto brillante. En México se preparan a menudo como frijoles refritos (*véase* pág. 94), que se degustan al natural y como relleno de tacos y tamales.

Compra y conservación

Elija judías de tamaño uniforme con la piel limpia y brillante, sin residuos de polvo. Evite también que estén demasiado secas. Debe sentirlas ligeramente elásticas al presionarlas entre los dedos.

Empleo y usos medicinales

El alimento perfecto en una vaina: es rica en proteínas, hidratos de carbono, vitaminas y todos los minerales necesarios.

Usos culinarios

Se cuece generalmente sola y se mezcla en el momento de servir con otros ingredientes. Necesita más tiempo que otras judías secas para remojarse, por lo que deben prepararse con un poco de planificación. Congele las que le sobren.

Plato combinado mexicano

Para 1 persona

El plato combinado es más una forma de comer que una receta específica. Su composición está dictada por el gusto del comensal, con la única limitación de su bolsillo, y con las judías y tortillas como únicos ingredientes inmutables. Cada elemento adicional se presenta por separado y de la forma más apetecible, cuidando también el equilibrio nutricional, la digestibilidad y la decoración. Los colores se mezclan creando diferentes combinaciones: blanco sobre negro, verde con verde, rojo, etcétera. El cuidado con el que se colocan estos ingredientes sencillos (algunos precisan de una larga preparación y otros ninguna), ilustra la actitud latina frente a la vida.

Elija entre:
frijoles de olla (página siguiente)
tomate, cilantro y salsa chile
*rajas poblanas (tiras de pimiento verde asado
    aliñadas con ajo y aceite)*
crema agria
queso fresco desmenuzado, como la ricotta
*aguacate a rodajas o chafado aliñado
    con zumo de lima*
sal gruesa
huevos fritos
huevos duros cuarteados
pollo o cerdo cocidos y desmenuzados
*rodajas de cebolla remojadas en agua salada
    para ablandarlas y aliñadas con azúcar*
chiles encurtidos (jalapeños, naturalmente)

Coloque los ingredientes de su elección en una fuente ovalada. Necesitará unas tortillas para acompañarlos. Coma con los dedos.

Frijoles de olla
Para 6-8 personas

Es preferible preparar este plato con un día de antelación para que los sabores puedan desarrollarse. En México se sirven al natural tras el plato principal, acompañados de una tortilla blanda o en un cuenco para mezclar al gusto.

900 g de judías negras
1 cebolla
2 cucharadas de aceite (en México se emplea manteca de cerdo)
2,4 l de agua caliente
sal

Frote las judías con las manos y deseche las impurezas o piedrecillas que pudieran llevar. Lávelas dos veces, pues las judías negras son vulnerables a los visitantes no deseados. Puede remojarlas toda la noche para acortar el proceso de cocción, pero no es esencial.

Coloque las judías en una olla de barro o esmaltada con la cebolla y el aceite o manteca. Vierta el agua caliente suficiente para cubrirlas, unos 8 cm. Póngalas a cocer por debajo del punto de ebullición, baje el fuego, tape herméticamente y déjelas cocer a fuego lento (si lo prefiere puede hornearlas a 170 °C). Contrólelas de vez en cuando y añada agua caliente cuando sea necesario; cuézalo el tiempo suficiente para que la piel se ablande por completo. Necesitará unas 2 horas y a

veces 3. Sálelas, pero nunca antes de que la piel se haya ablandado, pues quedarían duras.

Continúe la cocción hasta que estén perfectamente tiernas. Si precisa añadir agua, ésta siempre debe estar caliente. Tampoco debe escurrir las judías una vez finalizada la cocción y tirar el líquido, sino que éste debe evaporarse, para lo que se debe retirar la tapa de la cacerola, si las desea secas. Si utiliza una olla a presión, necesitará unos 40 minutos.

Sirva con tortillas blandas. Para una versión venezolana, añada más agua hirviendo y acabe esparciendo chile finamente picado por encima, comino y aceite coloreado con achiote para que quede de color rojo. La versión cubana lleva un chorrito de ron.

judía pinta

(Phaseolus vulgaris)

Es la judía diaria más habitual de la cocina mexicana.
Se trata también de una legumbre fácil de cultivar,
por lo que se encuentra en cualquier cocina de la región.

Frijoles refritos
Para 4 personas

La segunda cocción o refrito reduce el contenido líquido de la cazuela de judías a una pasta deliciosa. Una vez preparada, puede congelarse mucho tiempo. En México, los frijoles refritos se sirven durante el desayuno acompañados de huevos fritos; al mediodía, tras la carne; y por la noche, con tortillas. De hecho, se comen siempre que se tiene hambre.

950 g de judías cocidas (con su líquido, si son caseras)
6 cucharadas de manteca o aceite
2 dientes de ajo o 1 cebolla pequeña finamente picada
chips de tortilla

Caliente la manteca o el aceite en una sartén grande de fondo grueso. Añada el ajo o la cebolla y fríalos uno o dos minutos hasta que se ablanden, pero no los deje dorar. Vierta un cucharón de judías con su líquido y aplaste hasta que éste se haya evaporado; remueva para que la mezcla no se pegue. Agregue el resto de las judías de cucharón en cucharón hasta que se hayan reducido a una pasta espesa y aromática, con el aspecto de una tortita blanda. La misma técnica puede aplicarse a cualquier resto de legumbres, no importa lo líquidos que sean, pues más pronto o más tarde se secan y espesan.

Usos culinarios

Es preferible degustar las judías pintas frescas durante su estación. Se benefician de la presencia de algo dulce, como un condimento de jarabe de maíz o unos granos del mismo. Las secas son ideales para preparar sopas y judías horneadas, más conocidas como judías refritas. Éstas se hierven primero y luego se fríen en manteca o aceite hasta formar una masa blanda y homogénea que puede recogerse con una tortilla.

Sacos de judías a la venta en Sicuani, Perú

Aspecto y sabor

Es una judía de tamaño mediano muy hibridizada y su color oscila del caramelo al castaño. El sabor es consistente y robusto, la textura carnosa y al cocerse queda muy blanda.

Compra y conservación

Elija vainas frescas en otoño y cómprelas en un comercio con rotación rápida. Compruebe su frescura apretándolas ligeramente entre los dedos índice y pulgar (deben ceder un poco a la presión).

Empleo y usos medicinales

Al igual que otras legumbres, las judías pintas son ricas en proteínas, hidratos de carbono, vitaminas y minerales. Su piel se ablanda bien, lo que facilita su digestión.

Frijoles pintos con masa mora
Para 4-6 personas

Se trata de un plato robusto y satisfactorio que constituye la comida tradicional de un domingo veraniego, cuando las judías todavía están tiernas y el maíz es joven y dulce.

450 g de judías frescas desgranadas
450 g de calabaza pelada y troceada
1 cucharada de manteca o aceite
1 chorizo para cocer blando y desmenuzado
2 cebollas grandes suaves y finamente picadas
1 pimiento rojo, sin semillas y picado
1 zanahoria raspada y rallada
sal
600 g de granos de maíz fresco
1 puñado de epazote u hojas de albahaca
  fresca picadas

Para acabar:
2 dientes de ajo pelados y picados
1 cucharada de pimentón picante
1-2 cucharadas de aceite
sal

Coloque las judías desgranadas y la calabaza en una cacerola grande; añada agua caliente hasta sobrepasarlas dos dedos. Lleve a ebullición, baje el fuego, tape y cueza a fuego lento durante 40-60 minutos, hasta que la calabaza se haya deshecho formando una salsa y las judías estén perfectamente tiernas.

Mientras, caliente la manteca o el aceite en una sartén pequeña y fría el chorizo hasta que se derrita un poco. Agregue la cebolla, el pimiento rojo y la zanahoria, sale ligeramente y fría hasta que la preparación se haya ablandado y

caramelizado un poco. Mezcle con las judías y cueza otros 10 minutos a fuego lento.

Mientras, ponga los granos de maíz en el vaso de la batidora eléctrica con un cucharón del líquido de cocción de las judías y el epazote o las hojas de albahaca (reserve unas pocas de las mejores). Reduzca a puré, mezcle con las judías y cueza otros 15 minutos; diluya la preparación con un poco de agua hirviendo si parece demasiado espesa.

Para el aceite, machaque los dientes de ajo con un poco de sal y vaya incorporando el aceite y el pimentón. Sirva en cuencos de barro hondos con un poco del aceite coloreado y una hoja de albahaca o epazote para adornar.

judía roja

bolitas, porotos pintos, *borlotti*, judías rojas arriñonadas
(*Phaseolus vulgaris*)

El color de las judías arriñonadas oscila del carmesí vivo de las porotas pintas al café con leche de las judías *borlotti*. Las bolitas son multicolores, pequeñas e irregulares, tan desiguales como los guijarros de una playa. Las judías rojas conservan todo su color carmesí cocidas, y se mantienen brillantes una vez frías, lo que las hace adecuadas para las ensaladas. En las islas caribeñas de influencia hispánica se mezclan con arroz cocido con leche de coco en el plato conocido como moros y cristianos.

Usos culinarios

Las judías rojas, si se remojan, acumulan toxinas en la piel que deben neutralizarse. Lávelas una vez remojadas, póngalas a hervir en agua fría y cuézalas 10 minutos, escúrralas y añádales agua hirviendo nueva antes de seguir la cocción. Este hervido preliminar es esencial. Para evitar que la piel se endurezca, utilice agua blanda para el remojado y cocción, que puede ser de lluvia o embotellada con bajo contenido en calcio (este último reduce el tiempo de cocción a tal extremo que las judías pueden deshacerse sin llegar incluso a ablandarse).

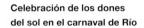

**Celebración de los dones
del sol en el carnaval de Río**

Aspecto y sabor

Las judías rojas tienen una consistencia carnosa, una piel de un tono rojo oscuro y una carne pálida y cremosa con un sabor robusto. Son muy populares en Chile, el Caribe y el sur de Brasil. En el Caribe se comen acompañadas de arroz y coco (*véase* Arroz con judías jamaicano, pág. 73)

Compra y conservación

Elija judías de un color vivo y que cedan ligeramente a la presión al apretarlas con los dedos pulgar e índice. Para evitar los riesgos inherentes a su preparación mencionados en el epígrafe de usos culinarios, cómprelas enlatadas.

Empleo y usos medicinales

Las judías rojas, y particularmente las bolitas, son más ricas en calcio y sodio que otras judías.

Ensalada de porotos pintos con pencas

Para 4 personas como entrante

**Las judías rojas se mezclan en una
ensalada con las pencas y las rosetas
de una alcachofa silvestre (miembro de la
familia de los cardos y una de las primeras
hortalizas silvestres primaverales), con lo
que se obtiene una exitosa combinación
de sabores. El cardo silvestre puede
reemplazarse por el cultivado o por
alcachofas.**

*450 g de judías rojas cocidas (pueden ser
   enlatadas)*
*4 pencas, 2 cardos, 6 corazones de alcachofa
   a rodajas*
zumo de 1 limón
1-2 chorizos frescos a rodajas
2-3 cucharadas de aceite de oliva
1 cebolla roja finamente cortada a medias lunas
1 cucharada de orégano desmenuzado
sal

Raspe los extremos fibrosos de las pencas y
retire los hilos o partes marrones. Si emplea
cardos o alcachofas, púlalos y córtelos
a rodajas. Cuézalos en un poco de agua
durante 10-15 minutos, hasta que se ablanden.
Mezcle con las judías, recaliente y deje enfriar.

Cuando vaya a servir la ensalada, fría las
rodajas de chorizo en el aceite hasta que estén
bien crujientes, pero no las deje quemar. Vierta
el contenido de la sartén sobre las judías, sale
ligeramente y sazone con el zumo de limón, la
cebolla y el orégano.

Bolitas con jamón

Para 4-6 personas

**Este plato es el clásico cocido de Chile
realzado con un codillo de cerdo y llamado
color chileno, es decir, manteca de
cerdo aromatizada con ajo y coloreada
de rojo mediante la adición de achiote
o pimentón (*véase* pág. 186).**

*450 g de bolitas o cualquier judía roja remojada
   desde la víspera*
1 codillo de cerdo
1/2 cabeza entera de ajo
1-2 cebollas peladas y picadas

3-4 clavos
1 zanahoria grande raspada y picada
1 trozo pequeño de canela en rama
un poco de nuez moscada rallada
1-2 chiles secos, sin semillas y troceados

Para acabar:
450 g de patatas amarillas pequeñas raspadas
*450 g de pimientos morrones suaves, asados
   y cortados a tiras*
*1-2 cucharadas de color chileno (véase
   pág. 186)*
sal

Escurra las judías y enjuáguelas con
dos cambios de agua fría. Póngalas en una
cacerola amplia, cúbralas generosamente con
agua, lleve a ebullición, cuézalas 10 minutos
y escúrralas. Esconda el codillo dentro de
las judías y vierta agua hasta cubrirlas unos
dos dedos.

Ensalada de porotos pintos con pencas

Lleve a ebullición y retire las impurezas que
suban a la superficie. Agregue el resto de
ingredientes (pinche los clavos en una cebolla).
Lleve de nuevo a ebullición, baje el fuego, tape
y cueza durante 2-3 horas, hasta que las judías
casi estén blandas. Deje hervir lentamente,
pero sin que caiga la temperatura o sale, pues
la piel no se ablandaría. Si necesita añadir más
agua, asegúrese de que está hirviendo.

Añada el resto de ingredientes cuando las
judías estén tiernas y harinosas, primero
las patatas y al cabo de 15 minutos las tiras
de pimiento. Deje hervir cada vez. Cueza
otros 10 minutos y añada el color chileno.
Sirva con patacones (*véase* pág. 207).

judía mantequera

judías de Lima, haba grande
(*Phaseolus limensis*)

La judía nativa de Perú es grande, de color blanco marfil, aplanada y de forma arriñonada. Fue cultivada por primera vez por los incas del altiplano. Es la legumbre de mayor tamaño.

Cultivo

La judía mantequera es una trepadora vigorosa y prolífica que da frutos durante varios meses. Pueden realizarse dos cosechas anuales.

Aspecto y sabor

Las judías mantequeras son tiernas y de carne cremosa. Mantienen su forma durante la cocción y su sabor recuerda al de las nueces frescas recién cascadas. Es la aristócrata de la familia de las judías.

Compra y conservación

Vale la pena adquirirlas frescas en sus vainas, de un vivo color verde. La variedad conocida como limeña de Navidad es particularmente grande, rolliza, de carne marfileña y con unas líneas entreveradas marrones. A veces se vende envasada al vacío y puede ser muy cara. Cuando son frescas y jóvenes, la piel debe ser lo bastante blanda para traspasarla con una uña. Se encuentran también disponibles enlatadas y son útiles para ensaladas, guarniciones o guisos.

Empleo y usos medicinales

Cuando son frescas, resultan muy digestibles, ricas en proteínas y muy alcalinas. Son adecuadas para incrementar la masa muscular. Las secas son más difíciles de digerir.

Usos culinarios

Contienen toxinas potencialmente mortíferas, como compuestos de cianuro, que deben destruirse durante el proceso de cocción (no es necesario si las compra ya cocidas). Hierva las judías en una cacerola destapada para que los gases escapen con el vapor. Esta precaución es necesaria para todas las judías mantequeras, ya sean frescas, secas o en brotes.

Preparación de judías mantequeras en la calle

Ensalada navideña
Para 4 personas como entrante o guarnición

Se trata de una ensalada sencilla, adecuada como entrante o para acompañar asados. Aunque los limones peruanos son dulces y suaves, la naranja agria confiere al plato un aroma especial.

450 g de judías mantequeras cocidas
1 cebolla suave a rodajas finas
el zumo y la cáscara de 1 naranja agria,
  o $^1/_2$ limón y $^1/_2$ naranja
4 cucharadas de aceite de oliva
1 chile verde o amarillo, sin semillas
  y finamente picado
2 cucharadas de perejil picado
sal

Para servir (opcional)
maíz tierno hervido

Mezcle todos los ingredientes y deje reposar en un lugar fresco durante dos horas para que la cebolla se ablande y se amalgamen todos los ingredientes. Sirva a temperatura ambiente con rodajas de mazorcas de maíz recién cocidas.

Cocido limeño
Para 4-6 personas

El plato navideño favorito del Perú se prepara con judías nuevas. Cuando se cuece en un fuego frente a las casas, el cocido inunda con su fragancia las estrechas calles de los pueblos montañeses.

225 g de judías mantequeras remojadas desde la víspera
450 g de patatas de carne amarilla, peladas y a dados pequeños
450 g de calabaza cortada a dados pequeños
600 ml de maíz en grano, fresco o congelado

Salsa para aromatizar:
3 ajíes (chiles) amarillos, sin semillas y picados
1 cebolla amarilla pequeña, finamente picada
2 escalonias o 6 cebollas tiernas finamente picadas, con la parte verde
3 dientes de ajo finamente picados
2 cucharadas de aceite de oliva

Para acabar:
perejil picado
queso blanco desmenuzado, como feta

Cueza las judías en una cacerola grande bien cubiertas de agua. No la tape. El agua debe agitarse, pero no hervir. Cuente unas 2 horas (1 si las judías son frescas) y cuézalas hasta que estén blandas, pero sin que se deshagan. Agregue agua hirviendo cuando sea necesario, pero no las sale.

Mientras, hierva los ingredientes de la salsa en un cazo pequeño y reserve para amalgamar los sabores.

Cuando las judías estén tiernas, agrégueles las hortalizas y agua hirviendo extra, sal y la salsa preparada, y cueza otra media hora hasta que todo esté perfectamente blando. El plato debe quedar jugoso, pero sin la consistencia de una sopa. Esparza por encima el perejil rallado y el queso desmenuzado (el feta tiene la textura adecuada).

Cocido limeño, un sabroso plato de invierno

huevos, productos lácteos y queso

Los huevos y los productos lácteos son en cierto modo unos recién llegados a las cocinas del Nuevo Mundo. A pesar de que en la América precolombina no existían los animales de granja, las aves de corral, el ganado y los cerdos, pasaron a formar parte casi de los hábitos culinarios de la población indígena. La acogida fue entusiasta, pues aportaban no sólo variedad y proteínas, sino un toque exótico a los platos diarios, convirtiéndolos en especiales. La inclusión de un huevo duro elegantemente cuarteado sobre un lecho de hortalizas o un poco de queso blanco desmenuzado y esparcido sobre un plato de judías negras es recibida con placer y ánimo festivo, incluso en la actualidad, cuando tanto los huevos como los productos lácteos son ingredientes culinarios habituales.

huevos

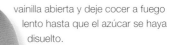

oves (Brasil)

Los huevos de las aves silvestres, reptiles y algunos insectos ya formaban parte de la dieta de las poblaciones indígenas, pero éstas dispusieron de huevos de gallina con la llegada de los españoles.

Compra y conservación

Para saber si un huevo es fresco, póngalo en agua: si se posa plano en el fondo es fresco; si su extremo más ancho queda hacia arriba no está tan fresco, y si flota horizontalmente sobre la superficie no lo utilice.

Empleo y usos medicinales

El huevo es de los alimentos más útiles en la cocina. Una cuarta parte de un huevo proporciona la misma cantidad de proteína y grasa, así como todas las vitaminas y minerales necesarios para nutrir a un polluello. Su elevado contenido en colesterol malo se ve compensado por dos sustancias beneficiosas: la lecitina y los aminoácidos.

Usos culinarios

Los huevos entran en la preparación de recetas tanto dulces como saladas, aunque sus funciones son diferentes. Los huevos duros, cuarteados o a rodajas adornan a menudo platos de hortalizas, sobre todo de judías, maíz y calabaza, a los que proporciona un toque inconfundible. Cuando se emplean en postres, aparecen en forma de cremas dulces y pasteles.

Flan

Para 4 personas

El flan es tan popular en Latinoamérica como en España. Puede adquirirse en forma de polvos o ya preparado, pero es muy fácil de cocinar y mucho más delicioso si lo prepara usted mismo.

600 ml de leche entera
3 cucharadas de azúcar blanquilla
1 vaina de vainilla
1 huevo más 4 yemas

Para el caramelo:
3 cucharadas colmadas de azúcar blanquilla
3 cucharadas de agua

Precaliente el horno a 170 °C. Caliente la leche y el azúcar en un cazo, agregue la vaina de vainilla abierta y deje cocer a fuego lento hasta que el azúcar se haya disuelto.

Prepare el caramelo. Derrita el agua y el azúcar en un cazo pequeño y caliéntelos hasta que el azúcar se caramelice. Retire el cazo del fuego tan pronto como el caramelo adquiera un color bronceado, pues se oscurecerá en un segundo. Vierta el caramelo en la base de un flanero grande o varios pequeños y luego deje que recubra las paredes.

Retire la vaina de vainilla de la infusión, pártala por la mitad, raspe las semillas y déjelas caer sobre la leche. Bata los huevos con un tenedor pero sin insuflarles aire, y vierta la mezcla en los moldes recubiertos de caramelo.

Coloque los moldes en una fuente para asar. Vierta agua hirviendo hasta alcanzar la mitad de su altura y hornee durante 40-50 minutos. Al cabo de este tiempo, el flan debe haber cuajado. Si la temperatura es demasiado alta, formará burbujas, pero si es demasiado baja necesitará más tiempo para cuajar. El flan se conserva bien en la nevera, pero no lo desmolde hasta el momento de servir. El caramelo proporciona una salsa deliciosa.

Mercado de El Alto, La Paz, Bolivia

Huevos rancheros
Para 4 personas

El mejor desayuno del mundo, imprescindible en todo México, desde Tijuana hasta los bosques del río Uxumazintla.

4 cucharadas de aceite
4 tortillas de maíz
8 huevos ecológicos

La salsa:
$^1/_2$ cebolla suave finamente picada
1 diente de ajo

1 chile verde, sin semillas y a dados
450 g de tomates maduros a dados
sal

Para acabar:
2 cucharadas de queso rallado
$^1/_2$ aguacate maduro aplastado con un poco de zumo de lima o limón, sal y hojas de cilantro picadas

Caliente el aceite en una sartén y coloque en ella las tortillas de una en una; deben ablandarse pero no dorarse. Páselas a platos calientes. Fría los huevos en la misma sartén de forma que las claras formen una puntilla y las yemas queden cuajadas. Póngalos sobre las tortillas.

Prepare la salsa. Sofría la cebolla y el ajo en el resto del aceite (quizás precise añadir un poco más), pero no los deje dorar. Agregue el chile y suba el fuego; incorpore el tomate picado, y hierva y reduzca la salsa a fuego vivo unos minutos, hasta que esté bien fragante. Pruébela y rectifique la condimentación (quizás deba añadirle un poco de azúcar).

Reparta la salsa sobre los huevos y adorne con el queso rallado y el aguacate. Ideal para curar resacas.

Huevos rancheros: huevos fritos con guarnición

leche y crema

La leche de vaca o cabra, ya sea fresca, condensada o en polvo, se encuentra en todo el continente. Aunque los pastores andinos ordeñaban a veces al ganado para consumo autóctono, la leche y la crema de leche no fueron conocidas hasta la llegada de los españoles.

Preparación

La leche condensada y en polvo se prefiere a menudo a la fresca, un gusto adquirido en la época en que las neveras no llegaban a todos los lugares. La leche condensada es leche completa o descremada, endulzada y reducida a dos tercios. La leche evaporada es leche entera reducida a dos tercios pero sin endulzar.

Compra y conservación

La leche fresca es susceptible de adulterarse y contaminarse, por lo que se deben extremar las precauciones cuando se adquiere en un clima cálido de una fuente no conocida. Si tiene alguna duda, hiérvala para esterilizarla. La leche homogeneizada, pasteurizada y todos los tipos de leche tratada se venden en envases herméticos y constituyen una buena alternativa.

Empleo y usos medicinales

La leche es el alimento perfecto para niños y mayores: es rica en proteínas, calcio, fósforo, vitaminas A y D, azúcar en forma de lactosa y riboflavinas. En su contra tiene que es rica en sodio. Es digestible y un buen alimento en todas sus formas, aunque la intolerancia a la lactosa (que conlleva problemas digestivos) es una alteración muy extendida. La leche de cabra por lo general no causa este tipo de problemas. Las leches condensada y evaporada, si se preparan siguiendo las instrucciones del envase, se digieren con mayor facilidad que la fresca.

Usos culinarios

La leche fresca y la crema de leche eran alimentos de lujo antes de que la población pudiera disponer de neveras. Se utilizan, al igual que en la cocina europea, de muchas formas: mezcladas con frutas para preparar bebidas refrescantes, en postres de frutas y para enriquecer sopas, salsas, budines, así como cremas tanto dulces como saladas. La leche condensada o evaporada se mezcla con el café y el chocolate en vez de la crema de leche. Los jarabes de frutas peruanos se recubren a menudo con leche condensada.

Dulce de leche
Para 4-6 personas

Sin duda, uno de los postres latinoamericanos más apreciados. Sin embargo, cuando era niña lo odiaba. Lo degusté por primera vez en Montevideo, cuando constituía la inevitable conclusión de los almuerzos escolares.

En los Andes se consume la leche de llama

Dulce de leche con crema batida

Quizás mi desagrado se debía a que yo era una niña de la guerra y había tenido poca experiencia con los dulces (peculiaridad que me hacía muy popular durante las comidas, pues mis compañeras estaban encantadas de acabar con mi ración). Ahora me encanta con crema batida.

1 lata grande leche condensada
1 lata grande de leche evaporada

Mezcle ambas leches en una cacerola de fondo grueso y deje cocer a fuego lento durante 20-30 minutos como mínimo; remueva a menudo, hasta que la mezcla esté espesa y ligeramente caramelizada. Cuanto más tiempo la cueza, más espesa y oscura quedará. Se conserva varios meses en la nevera, aunque al cabo de unos días queda granulosa.

En Perú se utiliza como relleno de los churros, apreciados tanto por niños como por adultos. También se emplea para rellenar capas de pasteles, lionesas y como base para helados.

Cuajada con nuez moscada

Cuajada con nuez moscada
Para 4 personas

La cuajada se obtiene al tratar la leche fresca con cuajo.

600 ml de leche entera
1 cucharadita de cuajo
1 cucharada de azúcar
nuez moscada recién rallada

Caliente la leche a temperatura corporal para reproducir el calor natural de la leche al ordeñarse. Agregue el azúcar y luego el cuajo: vierta en recipientes de barro y deje cuajar a temperatura ambiente. Necesitará unas 2 horas. Espolvoree con nuez moscada.

mantequilla y manteca

La mantequilla, ya sea fresca o clarificada, se emplea en la preparación de pasteles y galletas en las islas caribeñas de habla francesa o inglesa. En el resto, la manteca de cerdo es lo habitual, aunque en la actualidad está siendo reemplazada por la margarina.

Preparación

La mantequilla es el elemento graso de la leche obtenido al batirla. Para ello, vierta leche fresca en un recipiente y agítelo. Más pronto o más tarde obtendrá mantequilla. Puede calentarse y separarse la grasa del suero, un proceso que alarga su vida sin refrigerar, o bien puede salarse (en mayor o menor medida) y enfriarse. La manteca de cerdo es la grasa preferida en el mundo hispánico; se utiliza tanto para freír como para preparar masas para pastas y empanadillas. La manteca pura de cerdo, dulce y suave, se obtiene en casa derritiendo muy lentamente grasa de cerdo con un poco de agua en el horno a temperatura muy baja. Se vende en tocinerías y supermercados con el nombre de manteca.

Compra y conservación

Cuanto más puras sean, tanto más deliciosas. Guárdelas en la nevera, donde se conservan varios meses.

Empleo y usos medicinales

Tanto la mantequilla como la manteca atenúan las consecuencias de beber demasiado vino tinto. Nuestros antepasados ya sabían que ambos nos reconfortan en invierno convirtiendo a los alimentos en más buenos y digestibles. Consúmalos con moderación.

Usos culinarios

En las recetas de pasteles y galletas, la manteca resulta más ligera, pero la mantequilla es más sabrosa. Como fritura, tanto la mantequilla clarificada como la manteca tienen un punto de quemado un poco más bajo que el del aceite, por lo que se pueden calentar a temperaturas elevadas. Los pasteles y las pastas preparados con mantequilla clarificada o manteca se mantienen frescos más tiempo.

Beijos de cafezinho

(Besos de café)
Para unas 24 galletitas

Se trata de unas galletas de café brasileñas elaboradas con una masa batida. Deliciosas con *doce de banana* (*véase* pág. 205) y helado de vainilla. La mantequilla clarificada no es esencial, pero aporta un resultado crujiente. Para clarificarla, caliéntela hasta que se derrita; luego, fíltrela dejando atrás los sólidos de la leche.

350 g de harina
125 g de mantequilla clarificada y ablandada
125 g de azúcar moreno
1 huevo mediano
2 cucharadas de café negro muy fuerte
granos de café para decorar

Tamice la harina con una pizca de sal. Bata la mantequilla y el azúcar hasta que la mezcla esté ligera y esponjosa; luego, incorpore el huevo batido con el café. Añada la harina y amase hasta obtener una masa blanda. Cúbrala con una película de plástico y déjela reposar en la nevera una hora, hasta que se afirme. Caliente el horno a 220 °C. Extienda la masa sobre la superficie de trabajo ligeramente enharinada. Corte círculos y colóquelos en una placa rebañada con mantequilla. Humedezca los granos de café y coloque uno sobre cada galleta. Hornee durante 20-25 minutos.

Ganado vacuno pastando frente al volcán Osomo, Chile

Mantecadas navideñas
Para unas 2 docenas

Las mantecadas, elaboradas con manteca de cerdo, son blandas y delicadas y se envuelven por lo general en papel de diferentes colores. Es la delicia que los niños buenos esperan encontrar en sus zapatos tras la visita de los Reyes Magos el 6 de enero. Se preparan con una masa batida.

225 g de harina
4 cucharadas de almendras blanqueadas y molidas
1 cucharada de canela molida
1 cucharadita de cardamomo molido
225 g de manteca reblandecida
4 cucharadas de azúcar glaseado
1-2 cucharadas de agua fría

Tamice la harina sobre las almendras molidas y mezcle con las especias. Bata la manteca con el azúcar hasta que la mezcla esté ligera y esponjosa (puede hacerlo más fácilmente en el robot). Incorpore la mezcla de harina y almendras, y amase hasta obtener una masa blanda, a la que debe darle forma de bola. Cúbrala con un paño limpio y déjela reposar en un lugar frío durante 1 hora.

Caliente el horno a 180 °C. Extienda la masa dándole unos 5 mm de grosor. Corte las mantecadas con ayuda de un cortapastas redondo y transfiéralas a una placa de hornear bien rebañada con mantequilla. Presione los restos de masa con las puntas de los dedos y corte el mayor número posible de redondeles.

Hornee las mantecadas durante 15-20 minutos, hasta que estén ligeramente doradas. Páselas con cuidado a una rejilla metálica para que se enfríen. Envuélvalas en papel fino antes de guardarlas en un recipiente hermético.

Beijos de cafezinho, unas crujientes galletas de café típicas de Brasil

queso

requesón blando

requesón prensado

queso curado

queso fresco

En Latinoamérica, la tradición quesera bebe de la tradición española y portuguesa. Los quesos se preparan generalmente a la manera mediterránea y se elaboran a partir de leche de vaca, cabra u oveja. México tiene el queso asadero, una especie de mozzarella tratada al calor que se derrite formando hilos largos, así como un queso parecido al cheddar, denominado chihuahua, muy apreciado para las quesadillas.

Empleo y usos medicinales

El queso, que se obtiene de la leche sometida a un proceso de acidificación (el proceso inicial de fermentación) o a la acción del cuajo (una forma de predigestión), conserva gran parte de las propiedades de la leche cruda, pero es más digestible.

Usos culinarios

En muchas recetas latinoamericanas el queso curado se mezcla con queso fresco, tanto en forma de requesón (leche cuajada y escurrida) como queso fresco, el primer estadio en la preparación del queso maduro. En los Andes se utiliza queso rallado para ligar alimentos farináceos como la mandioca (véase Pan de yuca pág. 61 y Enyucado de coco pág. 173). Las salsas blancas se preparan a menudo sin un rubio a base de harina y grasa, derritiendo simplemente el queso en crema de leche o leche, un método ideal para enriquecer y espesar salsas.

Preparación

Todos los quesos empiezan como cuajada, los gránulos blandos que se forman cuando la leche se agria o cuando se le añade un agente como el cuajo. Éste es una sustancia que se encuentra en el estómago de todos los mamíferos lactantes, incluidos los humanos. La leche también puede cuajarse con determinadas sustancias vegetales, sobre todo los capullos jóvenes de varios miembros de la familia de los cardos (incluidas las alcachofas), la savia de la higuera y la infusión de cualquier miembro de la familia de las pequeñas plantas insectívoras de hojas glaucas.

Aspecto y sabor

Tradicionalmente, los quesos de granja tienen el tamaño suficiente para poder transportarlos con facilidad; son redondos, lo que facilita su corte y conservación. Se frotan a menudo con chile en polvo y se dejan madurar y secar sobre una viga.

Compra y conservación

Los quesos duros deben conservarse resguardados del aire. No precisan refrigeración, a no ser que el clima sea cálido y húmedo, como por ejemplo una cocina con calefacción central.

Parada de quesos en el mercado de la Abundancia, Montevideo

Bolinhos de queijo
(Bolitas de queso brasileñas)
Para 6-8 personas como aperitivo

Cada cocinera tiene su propia receta, que
prepara a la perfección. Algunas llevan patata,
otras tienen forma de croqueta en vez de bola,
y pueden freírse u hornearse. Cada casa tiene
también sus preferencias en cuanto a las salsas
de acompañamiento. En Brasil, el queso elegido
suele ser duro y salado, como el queso blanco
de Minas Gerais.

*225 g de queso parmesano, manchego
  o cheddar seco, rallado*
*225 g de mozzarella fresca, rallada o finamente
  picada*
3 claras de huevo batidas a punto de nieve
2 cucharadas colmadas de harina
aceite para freír

Mezcle ambos quesos e incorpóreles las claras
con cuidado. Forme unas bolitas pequeñas con
la mezcla, enharínelas y fríalas en un poco de
aceite. No deben quedar sumergidas.

Bolinhos de queijo al horno
(Bolitas de queso al horno)
Para 6-8 personas como entrante

**Otra versión de los tentempiés brasileños.
Puede freírse, pero suele optarse por el
horneado.**

175 g de harina con levadura incorporada
175 g de parmesano rallado
175 g de mantequilla
1 huevo grande (la clara separada de la yema)
4 cucharadas de pan rallado fino

Precaliente el horno a 180 °C. Mezcle en un
cuenco grande la harina con el queso y la
mantequilla, y añada luego la yema de huevo.
Forme bolas, páselas por la clara ligeramente
batida y luego por el pan rallado. Colóquelas en
una placa de hornear rebañada con mantequilla
y hornee durante 25-30 minutos, hasta que
estén hinchadas y doradas.

Quesadillas
Para 4 personas

**Las tortillas de trigo son más ligeras
que las de maíz. Utilice varios quesos,
uno desmenuzable y otro fácil de derretir.**

*225 g de queso curado (gruyere, manchego
  o cheddar) rallado*
175 g de requesón o feta desmenuzado
8 tortillas de trigo
1 pimiento rojo grande, asado, pelado y a tiras
1 cucharadita de chile en polvo o a copos
1 cucharada de cilantro picado
aceite para freír

Mezcle los quesos, extienda las tortillas y
coloque en el centro una cucharada de queso;
deje un amplio margen a los lados. Cubra el

Quesadillas

queso con una tira de pimiento, un poco
de chile y unas hojas de cilantro picadas.
Humedezca los bordes de las tortillas y
dóblelas por la mitad para envolver el relleno.

Caliente un dedo de aceite en una sartén
grande. Fría las quesadillas unos pocos
minutos por cada lado hasta que el relleno
se derrita y la tortilla esté crujiente y dorada,
o bien pincélelas con aceite, espolvoréelas
con el chile en polvo y hornéelas durante
6-7 minutos.

aves
y carnes

Todas las aves de corral (el pollo, la oca, el pato y la pintada, exceptuando el pavo) son de época colonial. Este último es originario de México y del sur de Norteamérica. Las recetas para aves de corral sirven también para la caza de pluma; la carne de faisán o pintada ofrece una idea más cercana del sabor de las aves semisilvestres de la región que la de las aves de granja.

Los indígenas de Centroamérica y Suramérica disponían de muy poca carne antes de la llegada de los españoles y los portugueses. Aunque los pueblos andinos tenían, por ejemplo, llamas, alpacas y vicuñas, que criaban tanto por la lana como por la carne y la leche, no tenían conomimiento alguno de los animales domésticos del Viejo Mundo, tales como vacas, cerdos, cabras y ovejas. Una vez establecidos en aquellas tierras, los rebaños afectaron tanto al paisaje como a la dieta de sus habitantes.

pollo

Las amas de casa rurales y de buena parte de las ciudades tienen unas cuantas gallinas siempre que disponen de un patio. Los gallos jóvenes se ceban para acabar asado con ocasión de una comida festiva o para venderlo en el mercado, pero por lo general su carne es dura.

Compra y conservación

En la cultura hispánica, matar un pollo para la cazuela siempre fue tarea de las mujeres, y en muchas zonas apartadas las aves se venden todavía vivas y coleando, lo que hace innecesaria la refrigeración. En caso contrario, guarde el ave en la nevera y no deseche los huevos que pueda encontrar en sus entrañas; sepárelos y añádalos enteros al caldo al finalizar la cocción.

Empleo y usos medicinales

La sopa de pollo lo cura todo según las amas de casa. Es reconstituyente, calmante y fortificante, cualidades que confirman los médicos.

Usos culinarios

Las amas de casa pueden convertir una gallina vieja en todo un festín preparando un caldo nutritivo con hortalizas y un relleno para tortillas, empanadas o tamales.

Pollo a la cubana

Para 4-6 personas

Una buena manera de cocinar un pollo pequeño y tierno que haya vivido en libertad. Córtelo a trozos pequeños y no deseche nada, ni siquiera el cuello

Asando un pollo en una estancia argentina

y las mollejas. El plato se prepara con cuatro ingredientes básicos; la piel bien frita, plátanos caramelizados, una salsa de chile picante y arroz blanco para acompañar.

1 pollo pequeño ecológico, troceado en porciones pequeñas
2-3 cucharadas de harina condimentada aceite para freír
8 plátanos pequeños o 4 grandes, pelados y cortados a lo largo

Salsa chile:
450 g de tomates maduros pelados
1-2 dientes de ajo pelados y picados
1-2 chiles habaneros, sin semillas y picados
1 cucharada de aceite de oliva
1 cucharadita de azúcar

Para servir:
arroz blanco o al azafrán

Enharine los trozos de pollo y sacúdalos para eliminar el exceso. Caliente 3-4 cucharadas de aceite en una sartén amplia, coloque dentro los trozos de pollo y fríalos suavemente hasta que estén dorados. Agregue más aceite si fuese necesario. Retire los trozos de pollo y resérvelos.

Fría los plátanos dándoles la vuelta con cuidado tan pronto como la superficie esté ligeramente caramelizada. Mientras, ponga los ingredientes de la salsa chile en el vaso de la batidora y redúzcalos a puré, luego transfiéralos a un cazo pequeño, deje hervir a fuego vivo para concentrarlo, baje el fuego y cueza 10 minutos a fuego lento para mezclar los sabores. Coloque el pollo, los plátanos y el arroz en una fuente de servicio, y sirva la salsa chile aparte.

Ajiaco santafereño

Para 6-8 personas

Una cazuela de pollo al gusto colombiano que se prepara con una gallina vieja que ya ha pasado sus mejores días como ponedora, el mejor ingrediente para cualquier caldo. Las tres variedades de patatas preferidas de las amas de casa de Santa Fe (la patusa, la sabanera y la criolla) tienen sus propias características. La primera tiene una carne firme, cerosa y con cuerpo; la sabanera es harinosa y desmenuzable y al disolverse espesa el caldo; mientras que la criolla, pequeña y de carne amarilla, conserva su forma durante la cocción y aporta un toque dulzón. Los aromatizantes, como las hojas de huasca, se encuentran a veces secos; en caso contrario, utilice hojas de albahaca, muy apreciadas en Colombia combinada con maíz.

Para el caldo:
1 gallina para el caldo o un pollo ecológico o pintada
2 cebollas finamente picadas
2-3 hojas de laurel
2 cucharadas de hojas de huasca o 2-3 tallos de albahaca fresca
sal y pimienta en grano

Ajioco santafereno, el plato preferido de los domingos para los colombianos

Para las hortalizas**:**

1 mandioca cortada a lo largo (sin el corazón fibroso), pelada y troceada

1 kg generoso de patatas patusas, peladas y troceadas (o patatas rojas de carne firme)

750 g de patatas sabaneras (blancas y harinosas)

450 g de patatas criollas (pequeñas, amarillas y cerosas)

4 mazorcas troceadas

sal y pimienta

Para acompañar:

ajíes o chiles amarillos finamente picados, cilantro, cebollas tiernas y zumo de limón

gajos de aguacate

crema agria

alcaparras

Cueza el ave en una cacerola grande con abundante agua junto con las cebollas, las hierbas, la sal y la pimienta . La superficie del agua apenas debe agitarse; nunca debe hervir. Una gallina vieja necesitará 2-3 horas para cocerse (un ave joven estará lista en la mitad).

Deje enfriar el caldo, fíltrelo, desgráselo y devuélvalo a la cacerola. Tan pronto como las primeras burbujas aparezcan sobre la superficie, agregue la mandioca y las primeras patatas troceadas. Al cado de 10 minutos, incorpore la segunda tanda de patatas troceadas y lleve de nuevo a ebullición. Transcurridos otros 10 minutos, agregue las patatas pequeñas frotadas (pero no peladas) y los trozos de maíz. Lleve a ebullición y cueza otros 20 minutos, hasta que las patatas pequeñas estén del todo tiernas. Adorne con hojas de huasca o albahaca.

Sirva en platos soperos con la guarnición para que los comensales se sirvan a su gusto.

pavo

guajalote (México), *peru* (Brasil)

El pavo es la única ave de corral autóctona de la región que ya fue domesticada por los aztecas. Los colonizadores españoles lo encontraron por primera vez en Venezuela (llevaron consigo cuatro ejemplares vivos a Sevilla en 1500). A lo largo de los dos siglos siguientes los jesuitas mantuvieron un provechoso monopolio de la que muy pronto se convertiría en el ave asada típica de Navidad.

carne de pavo desmenuzada

Aspecto y sabor

En estado salvaje el macho es una impresionante ave de plumaje bronceado, con una cola provista de plumas en tonos azulados y escarlata que despliega durante el ritual del apareamiento. La hembra es más pequeña y no tiene la barba rojiza que recubre el pecho del macho. En estado semidoméstico, tiene una pechuga relativamente pequeña y una carne robusta. Su carne es más consistente que blanda y tiene un notable sabor a caza.

Compra y conservación

El pavo no es un ave cuyas cualidades gastronómicas mejoren mediante la cría intensiva. Para obtener la mejor textura y sabor elija pavos ecológicos. Cuente unos 400 g por persona, pues los huesos son muy pesados.

Empleo y usos medicinales

El pavo tiene una carne muy magra, sin nada de grasa, y constituye una buena elección para aquellas personas que desean adelgazar.

Usos culinarios

Puede intercambiarse con el pollo en todas las recetas para aves de corral, pero es muy interesante en los platos tradicionales de la región: tacos, tamales y todos los guisos cocidos a fuego lento en una cazuela de barro.

Peru a la brasiliera

(Pavo asado en hojas de plátano)
Para 8-10 personas

La cocción en una cazuela herméticamente cerrada (un refinamiento de la cocción en un horno de tierra) produce una carne tierna y suculenta bañada en su propio jugo fragante.

Un pavo de 4,5-5,5 kg
900 g de sal (no se asuste)
3 hojas de plátano o de 12 mazorcas de maíz

Caldo de chile:
3 chiles malagueta sin semillas y picados
3 cucharadas de vinagre de vino
2 cebollas, finamente picadas
6 dientes de ajo finamente picados
6 cucharadas de aceite
3 pimientos rojos de ensalada, sin semillas
  y picados
1 cucharadita de canela molida
$1/2$ cucharadita de clavo molido
$1/2$ cucharadita de nuez moscada rallada
1 vaso de chino de cachaça o ron blanco

Un bonito ejemplar de pavo, México

Lave el pavo por dentro y por fuera y retire el plumón con ayuda de unas pinzas. Frote el interior y exterior del ave con la sal. Colóquela en un recipiente grande, cúbrala con agua fría y resérvela en un lugar fresco toda la noche.

Al día siguiente, enjuague el ave bajo un chorro de agua fría para retirar la sal. Prepare la mezcla de chile. Ponga los chiles a remojar en el vinagre. Fría la cebolla y el ajo a fuego lento en 3 cucharadas de aceite hasta que estén blandos y dorados. Resérvelos, agregue el resto del aceite y fría el pimiento picado hasta que se caramelice un poco. Esparza por encima las especias y añada la *cachaça* o el ron. Deje hervir para evaporar el alcohol. Vierta el contenido de la sartén en el recipiente de la batidora y bata la mezcla con los chiles y el vinagre hasta reducirlos a líquido.

Coloque el ave sobre la mesa con la cavidad del cuello hacia usted. Con ayuda de los dedos, desprenda la piel de la pechuga de la carne. Proceda con cuidado para no rasgarla; es un proceso fácil una vez se ha empezado. Desprenda toda la piel del pavo hasta la cola, alcanzando la membrana que cubre los muslos. Reserve un par de cucharadas de la mezcla de chile y frote cuidadosamente el resto por todo el cuerpo del pavo hasta que tanto la pechuga como los muslos estén bien recubiertos. Asegure la piel del cuello bajo el cuerpo con ayuda de una broqueta. Precaliente el horno a temperatura máxima (250 °C).

Forre la base de una cazuela de barro grande y profunda (para que quepa el pavo) con la mitad de las hojas de plátano o maíz; corte para ello las hojas de plátano en cuadrados de 45 cm de lado y sosténgalos unos momentos sobre una llama para ablandarlos. Coloque el pavo sobre las hojas con la pechuga hacia arriba y pincélelo con el resto del caldo de chile. Ase a fuego vivo 10 minutos. Tape, cubra con el resto de las hojas, reduzca la temperatura del horno a 170 °C y ase 2-2 $\frac{1}{2}$ horas (dependiendo del tamaño del pavo), hasta que al pinchar un muslo con un cuchillo el jugo salga claro. Deje que el ave reabsorba sus jugos durante 10 minutos antes de trincharla. Sírvalo dispuesto sobre hojas de plátano, si las tiene, y acompañe con polenta, arroz blanco, judías negras y quingombós salteados con ajo y aliñados con zumo de limón.

Tacos de guajalote
Para 4 o 3 por persona como almuerzo ligero

Éste es el taco mexicano original, preparado con la carne musculosa del pavo semisilvestre, que proporcionó tanto a mayas como aztecas y posteriormente a los misioneros una buena razón para dar gracias.

Para el relleno:
1 pechuga de pavo escalfada y enfriada en su propio caldo
1 cucharón del caldo de cocción
3 cucharadas de aceite
1 cebolla pequeña suave, picada
2-3 chiles verdes jalapeños, sin semillas y cortados a tiras
4 tomates, pelados sin semillas y picados

Para envolver:
12 tortillas
aceite para freír

Para servir:
aguacate aplastado o cortado a rodajas

crema agria
tiras de lechuga o de otras hortalizas
judías secas aplastadas
queso rallado
chiles verdes frescos o encurtidos
salsa de tomate y chile

Prepare primero el relleno. Desmenuce la carne de pavo separándola con ayuda de dos tenedores. Caliente el aceite en una sartén pequeña, y fría la cebolla y el chile durante 1 minuto aproximadamente. Agregue el tomate y cueza a fuego vivo unos 5 minutos, hasta obtener una salsa homogénea que irá aplastando con el dorso de una cuchara. Agregue el pavo desmenuzado y su caldo y cueza unos 10 minutos, hasta que la preparación esté casi seca. Divida la mezcla entre las tortillas, enróllelas, asegúrelas con palillos y fríalas en un poco de aceite hasta que estén doradas. Escurra sobre papel de cocina y sirva enseguida con una guarnición de rodajas de aguacate o cualquier otro acompañamiento que le guste.

Tacos de guajalote

caza de pluma

El pato, la paloma, la codorniz, una especie indígena de faisán y otras aves granívoras, incluidos varios miembros de la familia de los loros, se cazan para acabar en la cazuela. Las aves predadoras sólo se comen en tiempos de hambruna.

Aspecto y sabor

No es fácil encontrar la diferencia entre unos y otros una vez sometidos a una cocción prolongada. Cuando son lo suficientemente jóvenes para asarse, la carne de estas criaturas refleja su dieta: las aves que comen granos se parecen al pollo y las aves que se alimentan de pescado tienen sabor a éste. El sabor de la carne es mucho más pronunciado que el de las aves domésticas.

Compra y elección

Las aves de caza son tiernas si se despluman y cocinan el mismo día de su captura; de lo contrario, deben dejarse reposar 4-7 días según su tamaño, y de nuevo quedan tiernas. Las que se alimentan de pescado deben vaciarse y comerse lo antes posible.

Empleo y usos medicinales

La carne silvestre es muy magra, adecuada para combatir el colesterol. Tiene una textura densa y es muy nutritiva. Combinada con legumbres y hortalizas, a la manera latinoamericana, con muy poca hay suficiente.

Usos culinarios

Cuanto más grandes, más duras, por lo que necesitan una cocción suave y prolongada o bien picarse finamente. El método tradicional para ablandar la caza se parece un poco a la cocción a presión: la carne se envuelve en hojas, se introduce en un horno de barro (el curanto) y se deja cocer varias horas bajo tierra hasta que alcanza el punto adecuado.

Pozole casero
Para 6-8 personas

Versión en caza del famoso cocido mexicano, del que nadie sabe lo que hay dentro. En su país de origen se utilizan las hojas ácidas del ranúnculo de Bermudas en vez de acederas, y epazote aromatizado con anís en vez de eneldo.

450 g de hominy (granos de maíz tratados con un medio álcali)
1,8 kg de caza de pluma; entera, partida por la mitad; o cuarteada, según su tamaño
2-3 hojas de laurel
1-2 ramitas de orégano
6 bayas de pimienta de Jamaica
sal

Para la salsa:
6 tomates verdes picados
1 manojo de hojas de acederas o espinacas a tiras, con un chorrito de zumo de limón
2-3 chiles verdes serranos, sin semillas y picados
1-2 tallos de epazote o frondas de eneldo picados
1 cebolla pequeña finamente picada
2 cucharadas de manteca o aceite
4 cucharadas de pepitas de calabaza o girasol molidas

Para acompañar, elija entre:
crema agria, rodajas de aguacate, tiras de lechuga, cebolla picada, cuartos de lima, chicharrones, queso o requesón rallado

Introduzca el maíz en una cacerola grande con abundante agua fría, tape bien y deje cocer 1 ¹/₂ - 2 horas, hasta que esté tierno (dependerá de la edad y la consistencia). Si debe añadir agua, asegúrese que está hirviendo. Sabrá que el maíz está tierno cuando los granos se abran en forma de flor. Deberá quedar medio litro, o menos, de fondo de cocción.

Mientras, cueza la caza en otra cacerola con el agua suficiente para que quede cubierta en compañía de los aromatizantes y un poco de sal. Filtre el caldo de cocción y separe la carne de los huevos. Devuelva la carne al caldo y reserve.

Prepare la salsa. Cueza el tomate picado con un poco de agua a fuego vivo de 1 a 2 minutos para concentrar los zumos. Transfiéralo al vaso de la batidora junto con las acederas o espinacas, los chiles, el ajo, el epazote o el eneldo, y redúzcalo a puré.

Caliente el aceite y fría la cebolla hasta que se ablande (no debe dorarse). Agregue los tomates verdes picados y cueza a fuego lento unos 5 minutos. Mezcle con las pepitas de calabaza, sale y cueza otros 10 minutos hasta que la salsa esté bien espesa. Agregue el *hominy* y medio litro de su líquido de cocción; cueza 10 minutos más para amalgamar los sabores. El plato una vez acabado debe tener una consistencia un poco líquida, pero sin parecer una sopa.

Sirva en platos hondos; coloque por encima un poco de la carne de caza que habrá conservado en su caldo y un poco de crema agria. Presente el resto de los ingredientes por separado.

Pato en pepitoria

Para 4-6 personas

En esta preparación, el pato troceado y sus menudillos se cuecen lentamente en una salsa espesada con pepitas de calabaza. Suculento y delicioso.

2 patos silvestres troceados o 1 doméstico
50 g de manteca o 4 cucharadas de aceite de oliva
2 dientes de ajo, pelados y picados
1 tortilla o 1 rebanada de pan de la vigilia, desmenuzada
50 g de pepitas de calabaza

unas ramitas de orégano picado o desmenuzado
1/2 cucharadita de clavo en polvo
1 cucharadita de cilantro en polvo
1 cucharada de pimentón dulce
1 cucharadita de chile en polvo
2 cebollas a medias lunas muy finas

Para servir:
2 pimientos rojos dulces, asados y cortados a tiras
tortillas de maíz blandas

Lave y seque los trozos de pato, que deben ser lo suficientemente pequeños para poder comerlos con los dedos. Sofría el ajo, el pan y las pepitas de calabaza en 2 cucharadas de aceite o manteca hasta que se ablanden, pero no los deje dorar. Esparza por encima el orégano y las especias, y reserve la preparación.

Fría los trozos de pato en el resto del aceite junto con la cebolla. Cuando el pato se haya dorado y la cebolla esté blanda, agregue la mezcla anterior, remueva y vierta el agua suficiente para recubrir los trozos de pato. Lleve a ebullición, tape bien, baje el fuego y cueza unos 30 minutos, hasta que el pato esté tierno. Añada un poco más de agua si fuese necesario.

Acompañe con tiras de pimiento rojo asado y tortillas blandas.

cerdo

De todos los animales introducidos en el Nuevo Mundo, ninguno recibió una acogida más entusiasta que el cerdo, quizás por su parecido con el pecarí indígena, el trofeo más valioso de cualquier cazador. Fue importado por los españoles, quienes desconociendo el proceso necesario para convertir en comestibles los alimentos autóctonos, trajeron consigo los propios. El cerdo se convirtió rápidamente en la carne doméstica más apreciada. Su consumo fue vivamente aconsejado por los misioneros, ya que aquellos que lo comían no eran judíos ni musulmanes, un asunto de considerable importancia para los colonizadores españoles, que acababan de conquistar el sur de la península a los musulmanes.

Aspecto y sabor

Los cerdos de origen hispánico no son tan grasos y de carne tan blanda como los del norte de Europa. Su carne, relativamente magra, entra en la preparación de salchichas y chorizos; y su sangre, en morcillas especiadas, mezcladas a veces con carne y grasa o cereales.

Compra y conservación

El cerdo se deteriora rápidamente en un clima cálido. Compre sólo carne fresca, sálela un poco y guárdela brevemente en la nevera. Lávela bien antes de cocinarla.

Empleo y usos medicinales

En nuestros días la grasa de cerdo está considerada como una grasa «mala», pero no merece por completo dicha reputación. Según las autoridades del Departamento de

Agricultura de EE.UU., la grasa de cerdo pura no hidrogenada es baja en grasas saturadas y tiene menos de la mitad de colesterol que el que se encuentra en la mantequilla.

Cerdos a la espera de ser vendidos, Paraguay

Usos culinarios

La carne y la grasa de cerdo son ingredientes fundamentales de la cocina hispánica. La carne es ideal para conservar y la manteca derretida y purificada se utiliza para freír, para preparar conservas y para hornear (*véase* pág.107)

Carne de cerdo en manteca
Para 4-6 personas

Se trata de una de aquellas preparaciones que raramente aparece en los libros de cocina. La carne de cerdo magra (solomillo, pierna o paletilla) troceada se cuece muy lentamente en manteca pura y se colorea y aromatiza con ajo, hierbas y pimentón. Empiece la preparación la víspera.

900 g de cerdo magro cortado en dados pequeños
900 g de grasa de riñón de cerdo (o panceta muy grasa)
1 cucharada de orégano seco en polvo
6 dientes de ajo majados con 1 cucharada de sal
2 cucharadas de vinagre
2 cucharadas de pimentón dulce
1 cucharadita de chile en polvo

Mezcle los dados de carne con el orégano, el ajo y el vinagre. Deje reposar toda la noche en un lugar fresco para que se adobe. Mientras, prepare la manteca; cueza la grasa de riñón a fuego muy lento con un vaso de agua en el horno a temperatura muy baja o en una cacerola de fondo grueso y a fuego muy lento. Cuando la grasa se haya separado de la fibra y flote sobre el agua, viértala, filtrela y recaliéntela para evaporar el resto de humedad; hágalo lentamente.

Escurra los dados de cerdo y retire el exceso del adobo. Caliente la manteca en una cacerola amplia y añada la carne. Cuézala muy lentamente durante 30-40 minutos: la manteca debe burbujear, signo de que la carne pierde el jugo. Cuando esté cocida y la manteca ya no burbujee, retírela del fuego y mézclela con el pimentón y el chile. Vierta el conjunto en un pote de barro asegurándose de que la carne está sumergida, y guárdelo en la nevera. La carne preparada de esta forma se conserva largo tiempo en una alacena fría siempre que cada vez que retire parte de ella se asegure de que queda recubierta por la grasa. El secreto estriba en que no entre aire.

La manteca puede tomarse como mantequilla o mezclarse con platos de legumbres, a los que aporta sabor, riqueza y color. La carne es deliciosa con judías negras y tortillas blandas en un plato combinado (*véase* pág. 92). Para prepararla, retire la cantidad requerida (4 trozos por persona está bien) y caliéntela suavemente hasta que la grasa se derrita. Como tentempié rápido, envuélvala en una tortilla o introdúzcala en una arepa partida con un chorrito de lima, una hoja de lechuga y un chile picante encurtido. Delicioso.

Tatemado
Para 8-10 personas

Este suculento asado de cerdo realzado con especias y chiles se sirve en bodas y bautizos en el norte de México. Adquiere su nombre de la palabra náhuatl que designa a los alimentos cocidos en una barbacoa.

1 paletilla de cerdo con su hueso, de unos 2,2 kg
2 pies de cerdo, preparados y partidos por la mitad
600 ml de vinagre de vino blanco

Tatemado, un delicioso plato de crujiente carne de cerdo con chile

6 dientes de ajo aplastados con un poco de sal
1 cucharadita de pimienta en grano
110 g de chile ancho seco (suave y afrutado)
110 g de chile guajillo seco (picante y fuerte)
1 cucharadita de jengibre en polvo
2-3 ramitas de tomillo
$^{1}/_{2}$ cucharadita de semillas de cilantro

Para servir:
2-3 cebollas rojas a rodajas finas y aliñadas con zumo de lima y sal
tiras de lechuga
rabanitos a rodajas
tortillas

Coloque la carne y los pies en un recipiente grande. Pinche la piel varias veces con un cuchillo. Bata en la batidora el vinagre con el ajo, un poco de sal y la pimienta. Vierta sobre la carne y deje adobar en un lugar fresco un par de horas. Abra los chiles y retire membranas y semillas. Guarde una cucharadita de las semillas. Trocee los chiles y remójelos en un cuenco con agua hirviendo unos 20 minutos.

Precaliente el horno a 150 °C. Escurra la carne y reserve el adobo. Transfiera la carne a una cacerola. Vierta el vinagre en la batidora, agregue el chile poco a poco y accione el aparato tras cada adición hasta que la mezcla quede homogénea. Filtrela y retire los desechos. Devuelva el líquido a la batidora junto con el jengibre, el tomillo, las semillas de chile y el cilantro, y bata de nuevo. Extienda la pasta obtenida sobre la carne y vierta al lado el agua suficiente para llegar a la mitad de su altura. Tape bien y hornee durante 2-3 horas, hasta que la carne esté tierna pero sin deshacerse. Retire la tapa, aumente la temperatura y hornee otros 20 minutos para dorar la piel y reducir la salsa. Sirva con rodajas de cebolla, tiras de lechuga y rabanitos, y envuelva el conjunto en una tortilla recién salida del comal.

buey

Los bueyes y las terneras se introdujeron en el Nuevo Mundo tras la llegada de los conquistadores. A su vez, la carne vacuna conservada en salazón y posteriormente congelada realizó el viaje inverso, de América a las ciudades europeas, para atender la demanda de los trabajadores acomodados. Se establecieron vastos ranchos en las zonas cálidas del territorio, en las fronteras del norte de México: las pampas de Argentina, Uruguay, Paraguay, Chile y Perú, y en el sur de Brasil. Las recetas reflejan este provechoso comercio. El asado, la barbacoa de los gauchos argentinos, consiste en un buey joven entero sacrificado en el lugar, abierto y asado sobre un gran espetón dispuesto sobre unas ramas cruzadas o sobre una estaca inclinada sobre el fuego. En las grandes ciudades de Brasil, Río y São Paolo, las churrasquerías, restaurantes que evocan el yantar diario de los gauchos, no sirven más que carnes asadas, grandes trozos de carne que dan vueltas en el espetón y que se trinchan a gusto del cliente.

Empleo y usos medicinales

Los vaqueros y pastores que cuidaban del ganado vivían exclusivamente de la carne durante varios meses, tanto por razones prácticas como de preferencias, y sin sufrir efectos no deseados. Podría discutirse si el consumo de carne nos hace más fuertes y resistentes; Hollywood así lo dice, y el resto nos lo creemos.

Usos culinarios

Las recetas tradicionales de los países productores de carne hacen un buen uso de los despojos. En Perú, los anticuchos, trozos de corazón de buey asado, son la preparación callejera más popular. En las ciudades y en los puertos donde se procesa la carne, se combinan la lengua, la tripa y los pies con judías para obtener guisos consistentes, mientras que los huesos se utilizan para el caldo.

Tostadas de carne apache
Para 4-6 personas

La carne apache es un popular tentempié callejero en las fronteras norteñas de México, donde se cría ganado. El principio es el mismo que el del bisté tártaro, aunque en este caso el zumo de lima ablanda la carne. Empiece la preparación la víspera.

12 tortillas de maíz

Para la cobertura:
450 g de carne de bisté picada dos veces
el zumo de 4-5 limas
1 cebolla finamente picada
1 pimiento rojo, sin semillas y a dados pequeños
2-3 chiles serranos, sin semillas y finamente picados
2-3 cucharadas de cilantro fresco picado
1-2 cucharadas de aceitunas verdes picadas (opcional)
sal

Extienda las tortillas sobre la superficie de trabajo para que se sequen. Mezcle en un cuenco la carne picada con el zumo de lima; tape y reserve en la nevera toda la noche. Dé la vuelta de vez en cuando para que el zumo de lima quede bien repartido y la carne se cueza. Escúrrala, póngala a temperatura ambiente y mézclela con el resto de los ingredientes.

Tueste o fría las tortillas hasta que estén crujientes y doradas, y coloque encima la carne preparada. Puede servir como guarnición una selección de tomates, tiras de lechuga o col, rabanitos, aceitunas, chiles encurtidos y salsa Tabasco.

Dirigiendo al ganado durante la estación seca en las faldas del monte Concepción, Nicaragua

Estofado argentino

Estofado argentino
Para 6-8 personas

Lleva más preparación que el asado típico. Es un plato casero que se cuece en un recipiente herméticamente cerrado con hortalizas y aromatizantes y el vino fuerte del país. Si es posible, cuézalo en el horno a la temperatura mínima durante toda la noche y a la mañana siguiente se verá premiado con el más suculento estofado que jamás haya probado.

2 kg de redondo de buey
900 g de zanahorias
110 g de perejil finamente picado
4 dientes de ajo finamente picados
4 cucharadas de aceite
450 g de cebollas tiernas peladas
unas ramitas de tomillo y orégano
1 hoja de laurel
1 botella de vino tinto fuerte

una pizca de azúcar
sal y pimienta

Para acabar:
3-4 pimientos rojos y amarillos, sin semillas y troceados
900 g de patatas nuevas raspadas (o maduras, peladas y troceadas)

Para acompañar:
salsa chimichurri (véase pág. 199)

Con ayuda de un cuchillo afilado, practique un corte a lo largo del centro del redondo y de uno a otro extremo. Ralle un cuarto de las zanahorias y mézclelas con el perejil y el ajo; introduzca esta fragante pasta en la incisión. Si fuese necesario, sujete el asado con un bramante.

Caliente el aceite en una cacerola; dore la carne en toda su superficie. Retírela y reserve. Sofría las cebollas y el resto de las zanahorias cortadas a trozos del mismo tamaño que las cebollas. Devuelva la carne a la cacerola, agregue los aromatizantes, vierta el vino y el azúcar, y salpimente.

Lleve a ebullición, tape herméticamente (puede utilizar una tapa o papel de aluminio) y métalo todo en el horno a temperatura mínima. Deje cocer la carne en su propio jugo toda la noche (no es demasiado tiempo). Cuando la carne esté del todo tierna, retírela y déjela reposar. Agregue el resto de hortalizas a los fondos de cocción de la cacerola y cuézalas hasta que estén tiernas. Trinche la carne y colóquela sobre un lecho de hortalizas fragantes.

Acompañe con salsa chimichurri: tomillo, perejil, ajo y cebolla finamente picados, macerados con aceite de oliva y un poco de vinagre.

carnes exóticas y silvestres

charqui, carne secada al aire

Cuando no existían las neveras o los sistemas de conservación en frío eran deficientes, la mayoría de las carnes procedentes de animales salvajes aparecía en el mercado en forma de charqui, carne seca deshidratada de forma natural. Este antiguo método de conservación consiste simplemente en carne desprovista de grasa y tendones, cortada a tiras finas, que se deja colgar al aire sin sal, conservantes o aromatizantes para que se cure con la fría brisa de las montañas de Los Andes. Una vez deshidratada, puede conservarse casi indefinidamente y rehidratarse cuando se precise.

Este proceso, conocido por todos los pueblos primitivos, se empleaba antiguamente y en la actualidad para conservar y transportar la tan preciada carne, procedente tanto de la caza como de las llamas y vicuñas andinas, que se alimentan de forma natural.

Entre los animales exóticos, tanto aquellos criados para el consumo humano como los silvestres, se incluyen el cuy o conejillo de indias, un prolífico roedor domesticado por los incas y todavía muy apreciado en la actualidad. En Perú se sorprenderá al observar estas pequeñas criaturas correteando bajo las mesas de las casas rurales como si fueran pollos o conejos, cuya carne es muy similar. En Argentina y Chile se encuentra el agutí, un pequeño roedor que se cría para el consumo, así como la paca, la viscacha y la capibara, la rata de agua más grande del mundo, que fue clasificada como pez por los primeros misioneros para poder consumirla durante los días de ayuno. Entre los pueblos indígenas del Amazonas, las tortugas se degustan asadas en sus conchas o bien horneadas en tierra.

Tanto la carne como los huevos de las iguanas y las serpientes se comen todavía en el campo. Los niños las ofrecen en las carreteras con la esperanza de que los turistas liberen a la infortunada criatura, a la que no tardan en capturar de nuevo y vuelven a poner a la venta.

Aspecto y sabor

La carne de los roedores se parece a la del conejo silvestre: es tierna y suave cuando es joven y dura en su madurez. La carne de reptil tiene una consistencia filamentosa, cercana en textura y sabor al cuello de pollo; de hecho, no se distingue del pollo en los rellenos de tacos o empanadas, que es como aparece generalmente.

Empleo y usos medicinales

La carne silvestre es magra, baja en colesterol y tiene todos los nutrientes necesarios. No se suele ofrecer a niños ni ancianos puesto que se considera difícil de digerir y demasiado fuerte.

El conejillo de Indias forma parte del banquete en este cuadro de la Santa Cena de la catedral de Cuzco, Perú

Usos culinarios

La carne seca debe usarse con moderación (es preferible la calidad que la cantidad). Si puede cocinar un roedor, piense en las preparaciones del conejo. Los roedores sudamericanos son herbívoros y tienen una carne aromatizada.

Conejitos ajimaní

Para 4 personas

En Perú se utiliza esta preparación con cualquier roedor comestible, pero es particularmente buena con los conejillos de Indias, el conejo del Nuevo Mundo. Empiece la preparación la víspera para que la carne pueda adobarse.

900 g de conejo troceado o carne de un roedor de tamaño medio como el cuy

Para el adobo:
1 cucharada de chile desmenuzado
2 cucharadas de aceite
2 cucharadas de vinagre de vino blanco
1 cucharadita de achiote picado
2 dientes de ajo pelados y finamente picados
150 ml de crema de leche
2 cucharadas de cacahuetes tostados y picados
sal y pimienta

Trocee la carne en trozos pequeños. Póngala a macerar con los ingredientes del adobo, tape y deje reposar toda la noche. Escurra la carne y séquela. Filtre y reserve el adobo.

Ase los trozos a la parrilla o la barbacoa dispuesta a fuego medio durante 5 minutos por lado, o más si los quiere más hechos. Para asarlos en el horno cueza durante 15-20 minutos a 200 °C. Déjelos reposar 20 minutos junto al fuego o en el horno a temperatura mínima. Ponga a hervir el adobo reservado con la crema para obtener una salsa; pruébela y rectifique la condimentación. Esparza los cacahuetes tostados.

Charquicán

Para 4 personas

Se trata de una versión sofisticada de un guiso de hortalizas chileno que se acaba con charqui, tiras de carne de caza secada a la antigua. Si no puede encontrar esta carne, utilícela asada a la barbacoa.

1 rodaja gruesa de calabaza cortada en trozos regulares
1-2 zanahorias cortadas a trozos
4-5 patatas pequeñas
300 ml de granos de maíz frescos
300 ml de guisantes tiernos
600 ml de caldo o agua
sal

Para acabar:
225 g de charqui o cualquier carne secada al aire
2-3 cucharadas de aceite
2-3 cebollas a tiras finas
1 cucharadita de orégano desmenuzado
1 cucharadita de pimentón o chile seco suave, finamente picado
1 cucharadita de comino
sal y pimienta

Para servir:
cebollitas encurtidas
pebre chileno (véase texto principal)

Ponga los ingredientes en una cacerola amplia junto con el caldo o el agua; sazone, lleve a ebullición, baje el fuego, tape y deje cocer 15 minutos, hasta que casi esté tierno.

Mientras, retire los restos fibrosos de la carne y píquela o córtela a tiritas. Caliente el aceite en una sartén pequeña y sofría las cebollas hasta que se ablanden y adquieran un poco de color. Agregue la carne seca y los aromatizantes, sazone y prosiga la cocción 5 minutos más, hasta que estén bien mezclados. Mezcle el contenido de la sartén con las hortalizas y deje hervir con el recipiente destapado para que el líquido se evapore. El guiso debe quedar jugoso, pero sin parecer una sopa.

Sirva en platos hondos con cebollitas encurtidas y pebre chileno o salsa de chile chilena. Para ello maje 3 chiles frescos picantes con 2 cucharadas de hojas de cilantro, 1 de aceite, 1 cucharada de cebolla picada y 1 diente de ajo picado.

embutidos y despojos

La salazón y la salmuera son los métodos más utilizados para conservar la carne de cerdo allí donde el clima es demasiado caluroso y húmedo como para permitir otro método de conservación. Hubo un tiempo en que todas las casas que disponían de un patio trasero cebaban un cerdo para alimentarse, que proporcionaba a la familia una amplia selección de carnes curadas como salchichas, morcillas, tocino y jamón. Esta tradición continúa vigente en algunas regiones. La salmuera es también el lugar donde acaban los cortes menos apetecibles del carnicero, que constituyen el alimento de la población más pobre. En aquellas tierras en que los indígenas fueron diezmados o simplemente considerados poco cooperantes, y fueron reemplazados por los traficantes de esclavos por trabajadores de origen africano, como en Brasil y el Caribe, los platos se preparaban con despojos, pues éstos no se consideraban aptos para el consumo de los amos. La estupenda *feijoada* brasileña y el cocido caribeño, creaciones que no sólo deleitan el paladar sino que se han convertido en un hábito culinario, son el fruto de estos tristes orígenes.

chorizo

morcilla

tocino ahumado

Compra y conservación

El chorizo fresco, blando, de color vivo y jugoso, es adecuado para freír o asar a la parrilla. El curado, de carne firme, puede comerse crudo cortado a rodajas o bien entrar a formar parte de guisos. Si el chorizo está envasado al vacío o envuelto en plástico, retírelo del embalaje y cuélguelo en un lugar fresco y seco, pero no lo guarde nunca en la nevera.

Empleo y usos medicinales

Las carnes curadas con sal tienen mucho sodio y son ricas en proteínas, por lo que deben consumirse con moderación.

Usos culinarios

Las salchichas y las carnes curadas son algunos de los ingredientes básicos de la cocina rural, y se agregan en pequeñas cantidades para realzar el sabor y enriquecer las propiedades de tubérculos, calabazas, legumbres y cereales. Al igual que con los despojos, en la variedad estriba el gusto.

Anticuchos peruanos
Para 6-8 personas

Estos suculentos trozos de corazón especiados con chile, ensartados en broquetas y asados al gusto del consumidor, se preparan en cualquier rincón de Perú. El nombre procede del quechua y significa «comida andina ensartada en una broqueta». El chile adecuado para su adobo es el fiero ají mirasol, la versión amarilla y seca del ají amarillo, un chile de forma puntiaguda, carne fina y muy picante que puede sustituir por jalapeños o serranos.

1 corazón de buey (1,8 kg aproximadamente) sin grasa ni fibra

Para el adobo:
4 cucharadas de vinagre de vino
4 cucharadas de aceite
2-3 chiles frescos, sin semillas y finamente picados
2 cucharadas de cilantro picado
2 dientes de ajo finamente picados
1 cebolla pequeña finamente picada
1 cucharada de comino molido
1 cucharada de orégano seco
sal y pimienta

Para cocinar:
6-8 broquetas largas (de bambú o metálicas)

Lave el corazón de buey y séquelo. Córtelo en trozos pequeños regulares y mézclelo en un cuenco con los ingredientes del adobo; tápelo con una película de plástico y déjelo reposar en un lugar frío varias horas para que se macere; para ello es preferible dejarlo toda la noche en la nevera.

Prepare la barbacoa o caliente el grill. Si utiliza broquetas de bambú, remójelas de 1 a 2 horas.

Retire la carne del adobo y escúrrala bien. Filtre el adobo y reserve el líquido. Ensarte la carne en las broquetas y ásela a fuego vivo hasta que el exterior quede bien caramelizado, unos 2 minutos por lado, rociándolo con el adobo a medida que se asa. Acompañe con arepas calientes o bolillos recién horneados (panecillos de costra crujiente y carne densa ideales para comer con las manos).

Selección de quesos y embutidos en un mercado de Montevideo

Feijoada

Para 12 personas

El plato nacional de Brasil es ideal para celebrar una fiesta. Las carnes pueden variarse, por lo que no debe preocuparse si no dispone de toda la selección. El rabo de buey puede sustituirse por carne seca. Empiece este plato el viernes para servirlo como almuerzo del sábado.

900 g de judías negras
2 hojas de laurel, 1 cebolla cuarteada,
  2-3 dientes de ajo

Las carnes:
1 lengua de buey salada y ahumada
450 g de carne seca (tiras de buey secado
  al aire)
900 g de cerdo salado (preferentemente
  costillar)
450 g de tocino graso
2 orejas de cerdo (chamuscadas y raspadas)
2 pies de cerdo (chamuscados y partidos)
2-3 rabos de cerdo
1 codillo de cerdo
4-6 chorizos o linguiça
4-6 morcillas

Para acabar:
2 cucharadas de aceite de oliva
2 cebollas finamente picadas
2 dientes de ajo finamente picados
2-3 tomates rallados
1-2 pimientos malagueta picados

Para acompañar:
acelga o berza sofrita en un poco de aceite
  de oliva
arroz blanco hervido
harina de mandioca tostada (farofa, véase
  pág. 60) para espolvorear
pimientos de malagueta encurtidos
naranjas cuarteadas

Ponga a remojar las judías desde la víspera cubiertas con agua fría. Remoje la lengua al mismo tiempo en caso de que estuviera salada.

Al día siguiente, ponga en una cacerola grande el buey seco y la lengua junto con el cerdo salado, el tocino, las orejas, los pies de cerdo y los rabos. Cubra con agua, tape y deje cocer durante 2-3 horas hasta que todo esté tierno. Transfiera las carnes a una fuente grande.

***Feijoada*, el plato típico de Brasil para los domingos**

Tan pronto como se hayan enfriado lo suficiente para poder manipularlas, pele la lengua y retire las membranas y ternillas.

Mientras, escurra las judías y póngalas a hervir en abundante agua limpia con el laurel, la cebolla y los ajos, baje el fuego y prosiga la cocción 30 minutos. Añada el codillo de cerdo a las judías y prosiga la cocción 1 $1/2$ horas.

Corte el chorizo y la morcilla a rodajas y fríalas en el aceite (puede hervirlas aparte, pero quedan mejor fritas y crujientes). Reserve los embutidos mientras prepara la salsa.

Sofría la cebolla y el ajo en la grasa de freír los embutidos hasta que estén blandos y dorados; agregue luego los tomates y el chile mientras va aplastando la mezcla. Deje hervir la salsa hasta que se concentre, mézclela con un cucharón de judías cocidas y aplaste bien. Incorpore esta mezcla al resto de las judías junto con los embutidos y las carnes

reservadas. Cueza a fuego lento otra hora, añada agua hirviendo cuando sea necesario para que ésta cubra todos los ingredientes. Separe las carnes de las judías, ponga ambas en fuentes diferentes y reserve toda la noche en la nevera o un lugar frío.

Al día siguiente, recaliente la preparación con más agua hirviendo durante una hora. Coloque en una fuente grande o en varias pequeñas las carnes cocidas y cortadas a lonchas, el tocino sin corteza y cortado a dados, la carne desprovista de membranas, los pies deshuesados y los rabos a rodajas, y humedézcalas con un poco del fondo de cocción. Sirva aparte las judías en un pote con su fondo de cocción y coloque alrededor los acompañamientos para que cada comensal se sirva al gusto. Una jarra de *caipirinha* preparada con zumo de lima recién exprimido, ron blanco o *cachaça* y endulzado con azúcar de caña (*véase* pág. 183) contribuirá al éxito de la fiesta.

cordero y cabrito

Los rebaños de ovejas se encuentran en el extremo sur del continente (la Patagonia y el altiplano andino), mientras que las cabras pastan en las tierras áridas de todo el continente. Las recetas con que se cocinan proceden del repertorio andino para la preparación de llamas, alpacas, vicuñas y guanacos, domesticados desde tiempos remotos.

Aspecto y sabor

La carne de los animales que pastan en el altiplano andino es magra y dulce. Si oliera un poco fuerte, lávela a fondo antes de cocinarla.

Compra y conservación

La carne no tiene una larga vida de conservación en las llanuras, particularmente la de los animales jóvenes. Es preferible comprarla lo más fresca posible y consumirla enseguida. En los Andes su conservación durante el invierno no implica ningún problema, pues la carne se mantiene congelada y a salvo siempre que se cuelgue al abrigo de los predadores.

Usos culinarios

La carne de cordero de las montañas es dura y fibrosa si se compara con la de los valles. Píquela finamente a no ser que vaya a someterla a una cocción prolongada. La carne de cabrito joven tiene una textura algo viscosa, adecuada para las cocciones largas. Al asar, hágalo a fuego moderado.

La señalada (marcado de las ovejas para identificarlas), Argentina

Ropa vieja
Para 4-6 personas

La ropa vieja no es más que un picadillo realizado con carnes sobrantes. Esta versión se prepara en Venezuela y consiste en la transformación de algo soso y blando en un plato crujiente

y sabroso. La clave estriba en la paciencia, concretada en una fritura lenta y prolongada.

450 g de carnes cocidas (cordero, cabrito, o lo que disponga)
4-5 cucharadas de aceite de oliva
1-2 cebollas a rodajas finas y luego a medias lunas
1 cucharada de mejorana u orégano fresco
2-3 chiles frescos, sin semillas y picados
sal y pimienta

Desmenuce la carne y la grasa. Fríalas en el aceite con la cebolla, el ajo y el resto de los aromatizantes. Sazone y prosiga friendo y dando vueltas a la mezcla hasta que se dore (adquirirá una costra exquisita y una maravillosa fragancia). Acompañe con patatas hervidas, arepas o aquello que más le apetezca.

Pastel de choclo

Para 4-6 personas

En esta preparación a la manera chilena, la mezcla de una o varias carnes picadas realzadas con aromatizantes (denominada pino) se recubre con una capa de maíz reducido a puré que se dora bajo el grill. Se cuece en un recipiente de barro no vidriado procedente de la población de Pomaire, situada en las montañas al este de Santiago.

Pino:
700 g de cordero o cabrito finamente picado
900 g de cebollas a rodajas finas
3 dientes de ajo finamente picados
4 cucharadas de aceite o mantequilla
2 cucharadas colmadas de pimentón
1 cucharadita de comino molido

1 cucharadita de orégano seco
600 g de carne de calabaza a dados
3 cucharadas de pasas
una docena de aceitunas verdes deshuesadas,
  finamente picadas
sal y pimienta

Para la cobertura:
1 kg aproximadamente de maíz dulce en grano
600 ml de leche entera
1 huevo batido con un tenedor

Para acabar:
3 huevos duros cuarteados a lo largo
azúcar lustre y copos de chile

Prepare el pino. Ponga la carne, las cebollas, el ajo y el aceite en una cacerola de fondo grueso, añada un cucharón de agua y deje cocer a fuego lento y con el recipiente tapado durante una hora, hasta que la carne esté tierna. Agregue el resto de los ingredientes y prosiga la cocción otros 30 minutos. Deje hervir para reducir los fondos. Mézclela con las pasas y las aceitunas y salpimente.

Mientras, reduzca a puré el maíz con la leche. Cueza 5 minutos, hasta que la mezcla se haya espesado un poco. Deje enfriar. Mezcle con el huevo y sale ligeramente.

Precaliente el horno a 180 °C. Extienda la mezcla de pino en una fuente para gratinar, ponga encima los huevos duros y recubra con el puré de maíz. Espolvoree con el azúcar lustre y los copos de chile. Hornee media hora hasta que la mezcla esté dorada y burbujeante. Para caramelizar la superficie, gratine bajo el grill.

pescados y mariscos

Los pescadores del continente, como puede confirmar una simple ojeada al mapa, tienen acceso a las aguas del Pacífico, el Atlántico y el Caribe. Unos pocos, aquellos que habitan las tierras de los antiguos mayas y aztecas, tienen acceso a las tres. Sin embargo, las más ricas se encuentran en la corriente de Humboldt, donde las frías aguas del Antártico confluyen con las más cálidas del Pacífico, en el litoral chileno. Aquí las grandes masas de pláncton alimentan las aguas poco profundas que jalonan la línea costera chilena, con lo que atraen moluscos y otros mariscos. Estos bajíos al abrigo de los predadores oceánicos se convierten en una especie de vivero de pequeños animales marinos. La denominación de los peces es a veces confusa, pues mientras la dorada adopta este nombre en las aguas chilenas, en los mercados caribeños un dorado es una lampuga, que a su vez se conoce en el Pacífico con el nombre de *mahi-mahi*. Por esta razón, no doy el nombre de la especie exacta, sólo indico si se trata de un pescado redondo o plano y la forma de corte deseada (rodajas, entero, etc.). Recuerde que hay muchos más peces en el mar que espacio en este libro para reseñarlos.

moluscos

almejas, navajas y otros moluscos

A lo largo de las costas del continente se encuentran toda clase de almejas y bivalvos. Puesto que ningún bivalvo es móvil, a excepción de las vieiras, se encuentran concentrados allí donde disponen de alimento. Todos son comestibles y muy apreciados en la zona, mientras que otros pocos tienen valor comercial y se destinan a la exportación.

Hábitat

Se encuentran a lo largo de la línea costera, desde el frío estrecho de Magallanes a las arenas tropicales de Brasil.

Aspecto y sabor

Tamaño, color y sabor son muy variables: existen literalmente miles de moluscos, unos más deliciosos que otros. Puesto que los bivalvos se alimentan ingiriendo agua a través de sus conchas, los peligros potenciales proceden de aquello que han ingerido. Por lo que respecta a sus virtudes culinarias, el precio es el mejor indicativo de calidad. Su sabor es yodado, aunque los más exquisitos recuerdan al sabor de las ostras.

Compra y conservación

Si los compra frescos, asegúrese de que están todavía vivos en sus conchas. Para comprobarlo, tóquelos: si están vivos, las conchas se cerrarán. Si hay demasiados abiertos o, peor, rotos y secos, significa que no están del todo frescos. Tire aquellos que estén sucios o rotos.

Empleo y usos medicinales

Los moluscos constituyen una buena fuente alimenticia desde la época prehistórica. Se sabe que proporcionaron todas las necesidades alimenticias de los habitantes de las costas de Chile, quienes subsistieron confortablemente gracias a una dieta de navajas y algas.

Usos culinarios

Los bivalvos pueden degustarse crudos o cocidos. Debe tener en cuenta que las almejas crudas son más difíciles de abrir que las ostras (para abrirlas utilice un cuchillo corto de hoja doble, que insertará entre ambas conchas o en la charnela). Si va a consumirlos cocidos, es preferible abrirlos en una cacerola tapada con un mínimo de agua y durante la mayor brevedad posible. Si los cuece demasiado o los recalienta, quedarán gomosos. Si los recolecta usted mismo, lávelos en un recipiente con abundante agua fría salada para obtener la misma salinidad que el agua de mar (100 g de sal por 4 l de agua) y déjelos reposar un día o unas horas en la nevera para que desprendan la arena. Si va a incluirlos en guisos, los de mayor tamaño deben picarse, pero los pequeños pueden dejarse enteros.

Cazuela del pescador

Cazuela del pescador

Para 4 personas

Se trata de un plato de pescadores y, por lo tanto, nada sofisticado. Simple y sencillo. Remoje las almejas toda la noche en agua fría y deseche las rotas, cuarteadas y aquellas demasiado ligeras para su tamaño, signo de que no están vivas. Los moluscos se mantienen vivos siempre que puedan conservan el agua entre sus conchas.

*1,8 kg de almejas u otros moluscos frescos
  de su elección*
2 cucharadas de aceite de oliva
2 dientes de ajo finamente picados
1 chile verde para freír, sin semillas y picado
1 chile rojo fresco, sin semillas y picado
1 cucharada de perejil picado

Deseche las almejas que no estén en condiciones y lave el resto. Caliente el aceite; fría el ajo y los chiles durante 2-3 minutos. Agregue las almejas, suba el fuego y cueza 3-4 minutos (déles la vuelta de forma que las que estén encima queden abajo y puedan abrirse por la acción del calor). Cuando se abren, ya están listas. Retire la cacerola del fuego, pues las almejas se endurecen enseguida si se cuecen en exceso. Espolvoréelas con perejil.

Empanadillas de mariscos al horno

Para 6-8 personas

Estas empanadillas se cuecen en un horno de leña que en Chile ocupa el lugar del antiguo horno de barro o curanto.

Para el relleno:
*900 g de moluscos, como navajas, almejas
  y mejillones*

1 vaso de vino blanco
450 g de gambas o langostinos
2 cucharadas de aceite de oliva
2 cebollas finamente picadas
2 dientes de ajo finamente picados
1 pimiento rojo, sin semillas y a dados pequeños
1 cucharadita de tomillo desmenuzado
1 chile sin semillas y picado
sal y pimienta

Para la pasta:
275 g de harina con levadura incorporada
1/2 cucharadita de sal
4 cucharadas de aceite de oliva
2 cucharadas de vino blanco
150 ml de agua caliente

Coloque los moluscos en una cacerola con una cucharada de vino; tape, lleve a ebullición y sacuda el recipiente hasta que se hayan abierto. Retírelos y déjelos enfriar. Cueza las gambas o langostinos en su fondo de cocción con el resto del vino, remueva hasta que adquieran un color escarlata. Retire la carne de las conchas y píquela (puede dejar entera la carne de las almejas pequeñas). Pele las gambas o langostinos y píquelos un poco. Sofría la cebolla, el ajo y el pimiento hasta que se ablanden. Esparza por encima el tomillo y el chile, salpimente, agregue los fondos de cocción de moluscos y gambas, lleve a ebullición y reduzca la salsa hasta que esté bien aromática y concentrada. Mézclela con las conchas y gambas antes preparadas y deje enfriar mientras prepara la pasta.

Precaliente el horno a 200 °C. Prepare la pasta. Tamice la harina con la sal. Caliente el aceite en un cazo junto con el vino y el agua hasta que pueda soportar la temperatura. Vierta el líquido caliente sobre la harina y amase hasta obtener una masa blanda y elástica. Forme una bola con ella, extiéndala formando un cilindro fino y divídalo en 20 trozos. Extienda cada trozo sobre la superficie de trabajo bien enharinada y forme un círculo del tamaño de un platito de café. Ponga en el centro una cucharadita del relleno, humedezca los bordes de la pasta con agua y doble una mitad sobre la otra para esconder el relleno; presione luego los contornos con un tenedor para sellarlos. Prepare así el resto de las empanadillas. Transfiéralas a una placa de hornear aceitada. Hornee las empanadillas durante 15-20 minutos, hasta que estén doradas y crujientes.

ostras

Las ostras son bivalvos de conchas fuertes, rugosas y de carne delicada, dulce y suculenta. Las reinas indiscutibles de los bivalvos.

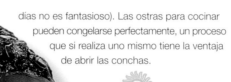

Barcos de pesca en Valparaíso, Chile

días no es fantasioso). Las ostras para cocinar pueden congelarse perfectamente, un proceso que si realiza uno mismo tiene la ventaja de abrir las conchas.

Empleo y usos medicinales

Se dice que las ostras son afrodisíacas. Algo relacionado sin duda por su aspecto y aroma, pero ahí ya es cosa de cada uno.

Hábitat

La ostra se siente a gusto en las aguas dulces y saladas de los estuarios y desembocaduras de los ríos.

Usos culinarios

Para abrirlas, sosténgalas firmemente sobre un paño limpio, introduzca la punta de un cuchillo corto y robusto alrededor de la charnela. Se abrirán suavemente. Para abrirlas con mayor seguridad es preferible disponer de un cuchillo con guarda destinado a este uso. Deslice la hoja en sentido paralelo a la valva plana superior y corte a través del músculo conector (cuidando no perder sus jugos deliciosos). Luego, pase el cuchillo por debajo de la ostra y seccione el músculo inferior. Si desea degustarlas crudas, deje la ostra en la concha más profunda y no tire su agua bajo ningún concepto. Al cocerlas, guarde dicha agua y utilícela para aromatizar la salsa.

Aspecto y sabor

La familia de las ostras se divide en dos especies principales: *Crassostrea,* de cuerpo largo y estrecho, entre cuyas variedades se incluye la portuguesa *angulata* y la gigante *gigas* del Pacífico, y *Ostrea* spp., pequeña, más lisa y redonda, más conocida como ostra plana o *belon.* Se considera que estas variedades son las de sabor más delicado. Una ostra fresca recuerda a la brisa marina, pero sin el toque a pescado.

Compra y conservación

Un proveedor en quien pueda confiar es la mejor garantía de frescura. Guárdelas en la nevera cubiertas con un paño húmedo. Las ostras se conservan vivas mientras puedan mantener el agua dentro de sus conchas (un plazo de diez

Chupe de ostras con elote

Para 4 personas

Una sopa delicada en la que el sabor dulce del maíz aparece complementado por la frescura de las ostras. Para preparar el caldo, ponga a hervir 1 kilo de recortes

y espinas de pescado en 1 litro de agua junto con 1 cebolla cuarteada, 1 o 2 tallos de apio, 1 hoja de laurel, pimienta en grano y sal. Al cabo de 20 minutos, filtre el caldo y redúzcalo rápidamente hasta concentrarlo a 850 ml.

850 ml de caldo de pescado
24 ostras

Para acabar:
2 yemas de huevo
2 cucharadas de crema de leche espesa
300 ml de maíz en grano fresco
sal y pimienta
unas hojas de albahaca desmenuzadas

Si utiliza ostras frescas (las congeladas son perfectamente aceptables), ábralas con cuidado y reserve el líquido. Ponga a hervir el caldo de pescado con el vino y déjelo reducir unos 5 minutos, hasta que el aroma a alcohol se haya rebajado. Añada el líquido de las ostras y el maíz, y cueza a fuego lento 5 minutos, hasta que aquél esté tierno.

Lleve las ostras con su líquido a la cacerola. Cueza a fuego lento 3-4 minutos y luego retire del fuego.

Para acabar, bata las yemas con la crema e incorpore un cucharón del caldo caliente. Vierta esta mezcla en la sopa y recaliente suavemente. Pruebe, rectifique la condimentación si fuese necesario y esparza por encima las hojas de albahaca. No hierva la sopa de nuevo, pues el huevo cuajaría y las ostras se endurecerían.

Ceviche de ostras

Para 4 personas

Este ceviche se prepara a la manera de Guatemala. En el vecino México se incluyen a menudo langostinos, mientras que el presupuesto disponible dicta la presencia de ingredientes como aguacate, pimientos verdes y tomate, dispuestos a menudo sobre medio aguacate. En Ecuador y para curar la resaca se prepara un ceviche de moluscos aliñado con zumo de naranjas amargas.

2 docenas de ostras retiradas de sus conchas y picadas en trozos no muy pequeños
2 chiles verdes o amarillos, sin semillas y finamente picados
2-3 cebollas tiernas preparadas y picadas en trozos no muy pequeños
4 cucharadas de zumo de lima o limón o vinagre de vino blanco
sal

Para servir:
cilantro picado
chiles encurtidos
limas o limones cuarteados

Mezcle los ingredientes y déjelos marinar 3-4 horas. Coloque la mezcla escurrida en las conchas vacías de las ostras o en cuencos de cristal. Esparza por encima el cilantro y sirva bien frío con chiles encurtidos y limas cuarteadas.

Ceviche de ostras

mejillones

Puede observar por sí mismo la diferencia entre los mejillones
de roca y los de cultivo por las adherencias de lapas
y pequeños moluscos situados sobre las conchas de
los primeros y por su forma (los de roca son más pequeños
y anchos).

Mejillones dorados de cultivo

Hábitat

El mejillón es un molusco prolífico que se
adhiere con fuerza a cualquier superficie
bañada por el mar y alcanzan su plena
madurez al cabo de 3 o 4 años. Coloniza
estuarios, promontorios rocosos y cualquier
lugar donde pueda adherirse y alimentarse
de desechos. Por lo tanto, si los recolecta
usted mismo debe hacerlo en una costa limpia
y lejos de aguas contaminadas.

Aspecto y sabor

La concha oscila del negro azulado al miel
dorado. La carne, del color marfil al naranja
intenso. Los pequeños son más tiernos que los
grandes (los de más de 8 cm es probable que
sean duros). Su sabor es dulce, recuerda a la
brisa marina y tiene un suave aroma a pescado.

Compra y conservación

Los mejillones pueden conservarse vivos
mientras mantengan agua en sus conchas.
Guárdelos tapados con un paño húmedo
salado en la nevera, preferiblemente
no más de un día.

Empleo y usos medicinales

Mejillones, almejas y ostras pueden
concentrar organismos tóxicos unicelulares
que proliferan en las aguas cálidas durante
el verano. La toxina, que no se destruye
mediante la congelación ni la cocción,
puede ser fatal. Los mejillones de cultivo
están depurados, por lo que pueden
considerarse seguros durante todo el año.

Usos culinarios

Los mejillones lucen espectaculares en sus
conchas negras azuladas de reflejos irisados,
sobre todo si se sirven sobre un lecho de hielo.
No raspe ni arranque las barbas a los
mejillones hasta el momento de cocinarlos,
pues mueren al hacerlo.

Mejillones gratinados

Para 4 personas

**Mejillones grandes y carnosos realzados
con queso y perejil**

900 g de mejillones vivos en sus conchas
2 dientes de ajo finamente picados
4 cucharadas de pan rallado
2 cucharadas de perejil finamente picado
4 cucharadas de aceite de oliva
salsa tabasco o de chile
2 cucharadas de virutas de parmesano
* u otro queso duro*

Raspe y desbarbe los mejillones. Lávelos
y transfiéralos a una cacerola grande con un
poco de agua. Tape y disponga el recipiente a
fuego vivo, agitándolo de vez en cuando hasta
que los mejillones se hayan abierto.

Abra los mejillones dejando la carne en una
mitad y desechando la otra. Colóquelos sobre
la placa del grill. Esparza por encima un poco
de ajo, perejil y pan rallado, rocíe con el aceite
y un poco de la salsa, y acabe con las virutas
de queso. Gratine los mejillones bajo el grill
hasta que la superficie esté dorada y crujiente
y el queso se haya derretido.

Mariscada de Bahía
Para 6-8 personas

En Bahía, donde proliferan los mejillones grandes y carnosos, éstos se sirven sobre un delicioso arroz caldoso enriquecido con crema de coco.

2 kg de mejillones raspados y desbarbados
2 vasos de vino blanco
1 hoja de laurel
3 cucharadas de aceite de oliva virgen
1 cebolla grande, pelada y picada
2 dientes de ajo finamente picados
350 g de arroz blanco de grano largo
450 g de tomates frescos pelados y picados
  o enlatados

la cáscara finamente rallada de 1 naranja
1 cucharada de perejil picado
1 cucharada de albahaca picada
1 cucharada de cilantro picado
150 ml de leche de coco sin endulzar
sal y pimienta

Para servir:
salsa malagueta (véase pág. 51)

Ponga el vino y la hoja de laurel en una cacerola amplia y lleve a ebullición. Agregue los mejillones, tape y déjelos cocer al vapor a fuego vivo hasta que se abran (serán suficientes de 5 a 6 minutos). Retírelos de la cacerola y deseche los que no se hayan abierto.

Filtre y reserve el fondo de cocción. Caliente el aceite en una cacerola de fondo grueso dispuesta a fuego medio, y sofría la cebolla y el ajo hasta que estén translúcidos. Agregue el arroz y déle unas vueltas en el aceite caliente. Incorpore los tomates y deje hervir un par de minutos. Finalmente, incorpore la cáscara de naranja, el líquido de los mejillones y agua hirviendo. Lleve el contenido de la cacerola a ebullición, tape y cueza a fuego lento unos 10 minutos, y remueva de vez en cuando.

Agregue las hierbas y salpimente. Deje cocer otros 5 minutos a fuego lento y vierta la leche de coco. Lleve de nuevo a ebullición, agregue los mejillones y cueza hasta que el arroz esté tierno pero caldoso. Sirva la salsa de malagueta aparte.

gambas, cigalas, langostinos y langostas

Los crustáceos como gambas, langostinos, langostas y bogavantes abundan en las aguas de la región, sobre todo las de Brasil y el Caribe donde se ha llevado a cabo una pesca controlada. Los bogavantes, aunque escasos en la costa atlántica, son el sustento de los pescadores de Juan Fernández, un archipiélago volcánico situado a unos 400 kilómetros de la costa de Chile, el mismo donde recaló el naufrago Alexander Selkirk, *alter ego* de Robinson Crusoe.

Aspecto y sabor

En su estado crudo, las gambas y los langostinos de la zona tienen un color verde grisáceo casi transparente; algunas especies de aguas profundas presentan un bonito color carmesí. Todos adquieren un tono de marrón rosáceo a rojo al cocerse. La carne es dulce, fragante y, cuando está perfectamente fresca, un poco correosa. Los bogavantes crudos de aguas profundas tienen un tono azulado más oscuro que los de aguas más superficiales. Las langostas son de un rojo anaranjado y no cambian tanto de color en la cazuela.

Compra y conservación

Cómprelos frescos, si es posible vivos y recién capturados: en las langostas y bogavantes, la cola debe estirarse hacia atrás al aplanarla; en el caso de las gambas, los langostinos y las cigalas, observe que estén firmes y brillantes, que sus ojos tengan un color negro y huelan a fresco. Las langostas y los bogavantes cocidos deben tener la cola curvada; las gambas y los langostinos, deben tener un aspecto rollizo y carnes prietas.

Usos culinarios

Para cocer gambas, langostinos y cigalas, sumérjalos en una cacerola con abundante agua hirviendo salada, llévelos a ebullición, espere un minuto o dos hasta que los caparazones se vuelvan de color rojo y escúrralos bajo un chorro de agua fría. Para preparar bogavantes y langostas vivos, inserte un cuchillo afilado en el espacio entre la parte inferior de la cabeza y el caparazón, y luego póngalos en agua hirviendo, manteniéndolos sumergidos hasta que el caparazón se vuelva rojo y el agua vuelva a hervir. Cuente 15 minutos para un ejemplar de 500 g, 20 para uno de 1 kilo y así sucesivamente, añadiendo 10 minutos por cada 500 g de peso o 20 por kilo. Déjelos enfriar en el agua en la que se cocieron y luego córtelos a lo largo con un cuchillo afilado. Retire cuidadosamente la bolsa intestinal situada a lo largo de la cola y las pequeñas branquias de la cabeza.

Croquetas de gambas
Para 6-8 personas

Aunque necesitará tiempo para prepararlas, su paciencia se verá recompensada por estas croquetas de exterior deliciosamente crujiente e interior blando y cremoso. Es preferible que prepare su propio caldo. Para ello, cueza las cabezas y caparazones de las gambas con agua, cebolla, zanahoria y apio, aunque un caldo de cubito le facilitará la preparación.

450 g de gambas o langostinos cocidos y picados
$^1/_2$ cebolla suave rallada o 4-5 cebollas tiernas finamente picadas
1 cucharada colmada de perejil picado

Para la salsa:
4 cucharadas de mantequilla
4 cucharadas de harina (más si no confía en sus habilidades)
600 ml de caldo de pescado caliente
sal y pimienta de Cayena

Para acabar:
1 plato con harina sazonada
1-2 huevos ligeramente batidos con un poco de leche
1 plato con pan rallado
aceite para freír

Mezcle las gambas o langostinos picados con la cebolla y el perejil.

Derrita la mantequilla en un cazo de fondo grueso y tan pronto como empiece a formar espuma mézclela con la harina. Baje el fuego y remueva 1 o 2 minutos, hasta que parezca arenosa, pero no la deje dorar. Incorpore batiendo el caldo caliente en forma de chorrito fino y remueva hasta obtener una salsa lisa y espesa. Salpiméntela. Prosiga la cocción durante 5 minutos para cocer la harina. Mezcle la salsa con las gambas, extienda la mezcla en una fuente y déjela enfriar en la nevera tapada con una película de plástico un mínimo de dos horas o preferentemente toda la noche. Forme croquetas pequeñas con las manos trabajando a la mayor brevedad posible y tenga a mano un cuenco con agua caliente listo para lavarse las manos. Enharine las croquetas, páselas luego por la mezcla de huevo y leche y por último por el pan rallado. Si las croquetas no están enteramente recubiertas, repita la operación.

Caliente el aceite suficiente para sumergir las croquetas. Cuando esté caliente, deslice una dentro: si se abre, el aceite está demasiado caliente; si no se dora, está demasiado frío. La primera croqueta es simplemente de prueba.

Una vez haya ajustado el fuego, fría las croquetas por tandas, unas pocas a la vez. Retírelas de la sartén y póngalas a escurrir tan pronto como estén doradas y crujientes. Acompáñelas con salsa chile para remojar o un platillo con chiles encurtidos.

Moqueca de camarão, un sabroso guiso de gambas enriquecido con leche de coco

Moqueca de camarão

(Gambas o langostinos guisados a la manera de Bahía)

La salsa en la que se cuece el pescado, la *moqueca*, toma su nombre y modo de cocción al vapor de la *pokeka*, el horno de tierra guaraní. Siguiendo el mismo principio, los ingredientes son los que se encuentran más a mano, y se mezclan en cualquier combinación. Las gambas pueden sustituirse por pollo y también por langosta o bogavante para una versión más festiva. También puede prepararse sólo con hortalizas. Las dos constantes del plato son el arroz y el acabado con aceite de *dendé* o aceite coloreado con pimentón o achiote.

700 g de gambas o langostinos frescos
2 cucharadas de aceite vegetal
225 g de chorizo a rodajas
1 cebolla grande finamente picada
2 dientes de ajo pelados y finamente picados
1 pimiento rojo sin semillas y picado

1-2 chiles rojos
450 g de tomates pelados y picados
150 ml de leche de coco
sal

Para acabar:
1 cucharada de aceite de dendé *o vegetal coloreado con achiote o pimentón*
arroz blanco hervido

Lave las gambas o langostinos. Pélelos o déjelos enteros. Fría las rodajas de chorizo hasta que desprendan la grasa; retírelas y resérvelas.

Agregue el resto del aceite a la grasa de la sartén y sofría la cebolla, el ajo, el pimiento y los chiles hasta que se ablanden. Añada los tomates, lleve a ebullición y aplástelos. Agregue la leche de coco y cueza a fuego lento 10 minutos, hasta que la salsa espese. Pruébela y sálela. Coloque encima las gambas para que se cuezan 1-2 minutos al vapor. Coloque el guiso de gambas sobre el arroz hervido y rocíe con el aceite de *dendé* o de pimentón.

cangrejo

buey de mar, centolla, cangrejo, *caranguejo* (cangrejo brasileño de los manglases), siri (buey de mar común)

Los cangrejos tienen un cuerpo redondo provisto de pinzas. Su color cuando está vivo oscila del verde pálido casi translúcido al rojo vivo, pero siempre se vuelve rojo al cocerse. Al igual que todos los crustáceos los cangrejos son carroñeros.

Hábitat

Los cangrejos, voraces y oportunistas, se encuentran allí donde exista una buena fuente de desechos comestibles, ya sea en playas, rocas o aguas poco profundas. Algunos, como el cangrejo brasileño de los manglases, viven en la misma costa. Los pescadores de langostas los odian porque devoran todo aquello que encuentran en sus cestas. Los pescadores de aguas cercanas a la costa los utilizan como cebo y llevan a casa las pinzas que quedan atrapadas en sus redes. Los bueyes de mar de aguas profundas se refugian en los pecios durante las tormentas.

Aspecto y sabor

De todas las diferentes especies de buey de mar, el más interesante gastronómicamente hablando es el buey de mar, *Cancer* sp., como el *dungeness*, originario de las costas del Pacífico y que llega hasta Alaska, el azul; una especie del Atlántico que se encuentra en el Caribe, también conocido como cangrejo de caparazón blando, y la centolla de carne dulce, muy popular en Chile. En Brasil, los cangrejos de los manglases, denominados *caranguejo*, son muy apreciados. Todos los cangrejos, una vez cocidos, tienen una carne delicada ligeramente dulce, de color blanco cremoso, que se extrae con facilidad.

Cangregos a la venta en un puesto junto a la carretera de São Francisco do Sul, Brasil

Compra y conservación

Los cangrejos se compran vivos (no tire el dinero por una carne muerta), hervidos y en su caparazón, con la carne extraída y vendida al peso, o bien sólo sus pinzas.

Usos culinarios

Para cocer bueyes de mar y cangrejos vivos cuente 12 minutos por kilo de cangrejo. Llévelos lentamente a ebullición en agua no salada (agregue la sal tan pronto como hierva el agua), y cuente el tiempo de cocción a partir del momento en que el agua vuelva a hervir. Si los cuece al vapor, cuente 15 minutos. Una vez cocidos, separe el cuerpo del caparazón, retire las pinzas y déjelo escurrir y enfriar. Desprenda el peto del caparazón y retire las agallas grises situadas a los lados. Saque ahora la carne. Para ello, puede utilizar una broqueta o una de las patas para llegar a los sitios más escondidos. Retire cuidadosamente la carne blanca así como la más oscura que se encuentra dentro del caparazón (no la tire, incorpórela a su plato). La carne de cangrejo recién extraída es ideal para sopas, platos salseados y croquetas. Los cangrejos de caparazón blando quedan mejor fritos enteros, pues no hay necesidad de extraer su carne. Los cangrejos de los manglases tienen la carne más delicada y no necesitan salsa: hiérvalos y degústelos con un chorrito de limón y un poco de salsa malagueta.

Pil-pil de cangrejo
Para 4 personas

**A los chilenos les gusta el marisco, así
como las angulas y las ancas de rana,
cocinado en una salsa de aceite, chile
y ajo y que se sirve tan caliente que
necesitará una cuchara de madera
para degustarla.**

*1 buey de mar grande de 1 kg (dará unos
    450 g de carne)*
4 dientes de ajo a rodajas
*1 cucharadita de chiles pequeños secos
    o 2 chiles frescos, sin semillas y picados*
150 ml de aceite de oliva
1 vaso pequeño de brandy
sal

Si el buey de mar está vivo, llévelo lentamente
a ebullición en abundante agua salada.
Cuente 15 minutos para el primer $^1/_2$ kilo
y 10 para los subsiguientes. Retire la carne
del caparazón y las pinzas; la única parte no
comestible son las agallas grises y la boca.
Caliente el aceite en una cazuela pequeña,
añada el ajo y los chiles y fríalos un momento.
Incorpore la carne de cangrejo y el brandy,
y lleve rápidamente a ebullición para que el
alcohol se evapore. Así de sencillo.

Empanadillas de cangrejo jamaicanas
Para 6 personas

**Un aperitivo delicioso que se puede comer
con las manos acompañado de un ponche
de ron.**

La carne de 1 buey de mar grande o 2 pequeños
2-3 cucharadas de aceite
4 cebollas tiernas enjuagadas y picadas
*1 cucharadita de pimienta en grano picada
    en trozos no muy pequeños*
1 cucharadita de cúrcuma
$^1/_2$ cucharadita de sal
1 tomate picado en trozos grandes
450 g de pasta hojaldrada
1 huevo batido

Retire la carne de cangrejo y deseche las
membranas y los restos del caparazón.
Caliente el aceite en una sartén y agregue
la cebolla, las especias y la sal. Mezcle
un momento. Agregue el tomate y lleve a
ebullición, aplástelo de vez en cuando hasta
obtener una salsa. Añada la carne de cangrejo,
prosiga la cocción a fuego moderado unos
minutos y deje enfriar.

Extienda la pasta y córtela con un cortapastas
o vaso de vino formando círculos de 8 cm
de diámetro. Ponga un poco de la mezcla de
cangrejo sobre cada redondel, humedezca
el contorno y doble la pasta por encima hasta
obtener una especie de empanadilla. Pincele
la superficie con huevo batido. Hornee de
15 a 20 minutos, hasta que las empanadillas
estén hinchadas y doradas.

Pil-pil de cangrejo

gambas secas

camarón seco, *camarão* (Brasil)

Estas gambas y camarones se extienden para secarse bajo el sol al abrigo de las cálidas brisas marinas de costas e islas para que puedan disfrutarlas aquellos que no tienen acceso a las costas. Las gambas secas son un producto importante en Brasil y México, donde constituyen un recurso útil para la numerosa población católica en los días de ayuno.

Compra y conservación

Las gambas secas se encuentran a la venta en los comercios especializados en alimentación africana y oriental empaquetadas en bolsas de plástico. Las gambas orientales pueden ser un poco más duras que las de Bahía, adolecen del color del aceite de *dendé*, pero son perfectamente aceptables. Guárdelas en un frasco en un lugar fresco y seco, donde se conservarán casi indefinidamente.

Empleo y usos medicinales

Su prolongada conservación es su mayor ventaja. Proporcionan proteínas, minerales y vitaminas.

Usos culinarios

Son ideales para esparcir sobre una ensalada de judías y para enriquecer un arroz caldoso, al que aportan a la vez textura y sabor. Si desea emplearlas en una receta con gambas frescas, remójelas en agua caliente $1/2$ hora para hidratarlas.

Pescador del lago Vittoria Espíritu Santo, Brasil

Preparación

En Brasil, las gambas secas las preparan los mismos pescadores, quienes las frotan con aceite de *dendé* y las extienden bajo el sol para que se sequen. Si desea prepararlas usted mismo, úntelas con aceite de *dendé* (o cualquier aceite con achiote) y séquelas en el horno. Póngalas bajo el grill para que la cáscara quede crujiente; luego, espolvoréelas con sal. Se conservan una semana en la nevera.

océano. El proceso se repite dos días más hasta que los caparazones están crujientes y la carne tierna y crujiente. A veces se ahuman para alargar su tiempo de conservación.

Aspecto y sabor

Tienen un color rojo vivo, una carne crujiente y un sabor a la vez dulce y salado que recuerda al del parmesano y la miel. Las gambas secas definen la cocina de Bahía, la provincia más populosa de Brasil. En los pueblos de pescadores de la costa puede verse a éstos manipulando montañas de gambitas con aceite de *dendé*, que extienden bajo el sol ardiente. Por la noche, las gambas se cubren con un lienzo encerado para protegerlas de la brisa del

Camarón seco con frijoles blancos

Para 4 personas

Las gambas secas y secadas parcialmente, jugosas y de color anaranjado, desempeñan una parte importante en la cocina de Cuaresma de toda Latinoamérica. Este plato procede en concreto del hermoso valle de Oaxaca, en el centro de México, donde el pescado escaseaba antiguamente.

175 g de gambas secas
2 tomates grandes pelados (o 1 lata de tomates pera)
1 cebolla pequeña picada en trozos grandes
4-5 dientes de ajo picados
3 cucharadas de aceite de semillas
450 g de judías blancas cocidas y escurridas
3-4 hojas de epazote o frondas de eneldo

Ponga a remojar las gambas secas en un poco de agua caliente durante 10 minutos y escúrralas a continuación. Reduzca los tomates a puré con la cebolla, el ajo y un poco de agua. Caliente el aceite en una sartén, agregue el puré de tomate y cueza unos 15 minutos a fuego lento, hasta que la salsa se espese.

Mezcle la salsa con las judías y el epazote o eneldo. Añada las gambas y una taza de agua hirviendo y cueza a fuego lento unos 10 minutos, no más, hasta que las gambas alcancen el punto de ebullición.

Acompañe con tortillas blandas para remojar a la manera mexicana. Un aguacate maduro aplastado y aliñado con sal y azúcar constituirá la guarnición adecuada.

Camarón seco con frijoles blancos, una ensalada de judías blancas coronada con gambas crujientes

Vatapá

(Condimento de gambas secas de Bahía)
Para 4-6 personas

El *vatapá* se prepara con una mezcla de frutos secos picados, leche de coco, gambas secadas al sol y pan, y se utiliza para acompañar los mariscos de forma parecida a la mayonesa. Esta comida callejera se acompaña con *acarajé*, unos buñuelos de judías de careta (*véase* pág. 77); o, si se trata de una comida más formal, con una broqueta de gambas asadas a la barbacoa, un pescado guisado o una langosta a la parrilla. El *vatapá* también se emplea para espesar el fondo de cocción de un guiso bahiano de cerdo y gambas, o ave y gambas. También es indispensable en la *moqueca* de gambas (*véase* pág. 139) o para espesar el fondo de cocción de un *xinxim* de pollo y gambas (*véase* pág. 173).

225 g de pan del día anterior
300 ml de leche de coco
110 g de gambas secas
110 g de anacardos y cacahuetes tostados
1 trozo de jengibre rallado del tamaño de una nuez
sal y salsa malagueta (véase página 51)

Para acabar:
el zumo de $^1/_2$ lima
1 cucharada de aceite de dendé o cualquier aceite coloreado con achiote

Desmenuce el pan, póngalo a remojar en la leche de coco y déjelo hinchar 1 hora como mínimo.

Ponga las gambas y los frutos secos en un mortero o robot y redúzcalos a polvo. Mézclelos con el pan remojado, transfiera la mezcla a un cazo de fondo grueso y colóquelo sobre el fuego. Agregue el jengibre, sazone con sal y la salsa malagueta, diluya con un vaso de agua y lleve a ebullición; baje el fuego y deje cocer a fuego lento unos 10 minutos, hasta que la mezcla se haya espesado. Incorpórele el zumo de media lima y un poco de aceite. La consistencia debe ser ligera y blanda en vez de densa; añada un poco de leche de coco si fuese necesario. Sirva con limas cuarteadas, arroz hervido y *farofa* (*véase* pág. 60), para espolvorear.

pescados grandes

Entre los pescados de este grupo podemos incluir al atún, el pez espada, el tiburón y la lampuga, todos ellos predadores presentes en las aguas de todo el mundo.

filete de atún

Hábitat

Estos peces migratorios se encuentran allí donde disponen de alimento, particularmente cerca de las grandes ciudades costeras, donde los peces pequeños encuentran comida.

Aspecto y sabor

Su carne firme y densa oscila entre el color blanco rosado del pez espada y el rojo oscuro del atún.

Compra y conservación

Cuanto más grande sea el pescado, más prolongado es su tiempo de conservación, lo que presenta una ventaja y un inconveniente: los filetes se venden en el mercado más frescos que los pescados de menor tamaño, pero es difícil distinguir lo bueno de lo pasado. Utilice la nariz y los dedos. Los filetes deben tener un olor dulce, nunca amoniacado, y ser firmes al tacto.

Empleo y usos medicinales

El atún y la lampuga o *mahi-mahi* contienen histidina, un aminoácido que se convierte en histamina cuando el pescado se captura en aguas tropicales, no se enfría y se conserva adecuadamente. La intoxicación por histidina, que causa dolor de cabeza y desvanecimiento, puede tratarse con antihiestamínicos, que hacen desaparecer los síntomas rápidamente.

Usos culinarios

En todo el territorio, y particularmente en la costa del Pacífico, el pescado fileteado y cortado a dados se come crudo en forma de ceviche. Para ello, los trozos de pescado se marinan en un baño ácido, un proceso notablemente rápido. En época precolombina, antes de que los españoles plantaran cítricos, la marinada se preparaba con el zumo de la granadilla indígena.

Barcos de pesca de junquillo se secan en una playa peruana

Ceviche de atún a la peruana
Para 6 personas

**En Perú, el ceviche se sirve a modo
de plato completo acompañado de varias
guarniciones.**

*450 g de atún fresco, despellejado y cortado
a dados
1 cucharadita rasa de sal marina*

*Para el aliño:
6 cucharadas de zumo de lima o naranjas
agrias
1 cebolla suave picada
3 cucharadas de aceite de cacahuete
2 cucharadas de cacahuetes tostados picados
en trozos grandes
1 chile rojo fresco, sin semillas y finamente picado*

Corte el pescado y frótelo con la sal en un
cuenco. Mezcle los ingredientes del aliño y
agréguelos al pescado, frótelo bien. Tape y deje
reposar en un lugar frío durante 1 hora como
mínimo para que el pescado absorba los
sabores. Pruébelo, rectifique la condimentación
y agregue un poco más de aceite. Acompañe
con rodajas de boniato y maíz, tiras de lechuga,
chiles frescos o encurtidos o anillos de cebolla
remojados en un poco de agua salada para
ablandarlos.

Budín de cazón
Para 6-8 personas

**La carne de cazón capturada en las aguas
azules del golfo de México es la favorita
de las amas de casa de Campeche, que
lo preparan como sopa seca. Aquí se ha
horneado de forma parecida a la lasaña.
Puede sustituir el cazón por otro pescado
de carne blanca y firme.**

*450 g de cazón, tiburón o cualquier pescado
de carne blanca y firme
1 cebolla, a rodajas gruesas
1 hoja de laurel
1 tallo de epazote o eneldo (opcional)
1 cucharada de vinagre de vino blanco
sal*

*Para acabar;
6-8 tortillas de trigo, cortadas a cuadrados
6 cucharadas de mantequilla*

Ceviche de atún a la peruana

*6 chiles poblanos, chamuscados, sin semillas
y cortados a tiras
600 ml de salsa de tomate
300 ml de crema agria
4 cucharadas de queso rallado como gruyere*

Precaliente el horno a 200 °C.

Escalfe el pescado en agua aromatizada con la
cebolla, el laurel, el epazote, el vinagre y la sal
(debe quedar justo cubierto). Cuando al cabo
de 8-10 minutos el pescado esté firme y opaco,
retírelo y hierva el líquido en que se escalfó,
hasta reducirlo a un par de cucharadas. Pélelo,
retire las espinacas, desmigaje la carne y
humedézcala con el líquido de cocción reducido.

Mientras, fría por tandas los trozos de tortilla
en un poco de mantequilla hasta que estén
dorados y crujientes, y resérvelos. Caliente
la salsa de tomate con el resto de la
mantequilla; déjela reducir para espesarla
y resérvela.

Monte el budín. Cubra la base de una fuente
para gratinar con la mitad de los trozos de
tortilla y éstos con una capa de pescado
desmenuzado, tiras de chile y la mitad de la
salsa de tomate. Siga con otra capa de tortillas,
el resto de la salsa y acabe con la crema agria
y el queso. Hornee de 20 a 25 minutos, hasta
que la superficie esté dorada y burbujeante.

pescados enteros redondos

Tanto la lubina como el congrio, el pardete y el mero poseen una carne blanca y pueden cocinarse enteros.

Aspecto y sabor

La lubina y los miembros de la familia de los serránidos, que se comunican entre sí con un estrepitoso sonido semejante al del tambor que produen al chasquear las vejigas llenas de aire, es un pescado de cuerpo redondo plateado, espinas visibles y carne cremosa. El congrio no es una anguila, como en España, sino un miembro de la familia de los meros, de cabeza grande y cuerpo estrecho de aspecto y carne firme, blanca y densa, parecida a la del rape.

Compra y conservación

Una boca abierta y unas agallas brillantes indican que el pescado es muy fresco. Las variedades más apreciadas de este grupo

se encuentran muy diezmadas. Entre ellas destaca la corvina *(Dissostichus eleginoides)*, que se encuentra casi al borde de la extinción. En otras palabras, no la incluya en su lista de la compra.

Empleo y usos medicinales

El pescado es el alimento ideal: no tiene grasa, sus proteínas no están adulteradas y es fácil de digerir; tiene, en otras palabras, todo lo que se precisa para vivir. La única parte del pescado que puede ser tóxica es el hígado, aunque en algunos es un apetitoso bocado, como en el caso del rape, la raya y los miembros de la familia del bacalao. A no ser que conozca las especies, es preferible evitar su consumo.

Usos culinarios

Todos los pescados comparten la misma anatomía, por lo que un conocimiento básico de la misma le ayudará a manipular especies no familiares. La espina dorsal, o espina central flexible que recubre el cuerpo, está flanqueada a ambos costados por pequeñas espinas que sujetan la carne y proporcionan un apoyo para las aletas dorsales. En el caso del pescado crudo, si lo presiona a lo largo de la espina dorsal, facilitará su fileteado. Cuando se cuece entero, la carne puede separarse de la espina dorsal sin romperla, aunque debe trabajar suavemente. Las cocochas son una delicadeza, una razón de más para cocer el pescado entero con su cabeza.

Barcos pesqueros en Ciudad del Carmen, México

Causa a la chiclayana
Para 6 personas

Un plato de pescadores peruano preparado con el producto de sus capturas más patatas, queso, huevos y hortalizas. Todos los ingredientes son bienvenidos, aunque ninguno es indispensable.

700 g de filetes de rape o congrio
1 cucharada de harina sazonada
4 cucharadas de aceite de oliva
900 g de patatas de carne amarilla, peladas
  y troceadas
2 cucharadas de perejil finamente picado
1 diente de ajo finamente picado
sal

Hortalizas para acompañar:
2 mazorcas de maíz frescas, cada una
  en 3 trozos
450 g de boniato pelado y a rodajas gruesas
450 g de mandioca pelada y a rodajas gruesas
2 plátanos macho maduros, pelados y cortados
  a lo largo y luego en sentido horizontal

Aliño:
3 cebollas a rodajas finas
2 chiles rojos picantes, sin semillas y a tiras
1 vaso de vino de vinagre blanco
1 vaso de vino de aceite de oliva

Para acompañar:
hojas de lechuga crujientes
3 huevos duros cuarteados
6 lonchas de queso blanco fresco
un puñado de aceitunas negras

Sale ligeramente los filetes de pescado, páselos por la harina sazonada y fríalos rápidamente en 2 cucharadas de aceite de 1 a 2 minutos, dándoles una vuelta, hasta que estén ligeramente dorados. Retírelos de la sartén, póngalos a escurrir sobre papel de cocina y resérvelos. Hierva las patatas unos 20 minutos en abundante agua salada, hasta que estén tiernas. Escúrralas, aplástelas con el perejil, el ajo, el resto del aceite y colóquelas en el centro de una fuente de servicio.

Mientras, prepare el acompañamiento. Hierva el maíz sin sal durante 5 minutos; hierva también los boniatos y la mandioca unos 30 minutos hasta que estén tiernos y fría los plátanos en un poco de aceite hasta que se doren. Ponga todas estas guarniciones alrededor de la patata aplastada.

Para el aliño, coloque en un cazo pequeño las cebollas y las tiras de chile, cúbralas con agua salada y lleve a ebullición. Escúrralas, póngalas de nuevo en el cazo y añada el vinagre y el aceite. Hierva de nuevo y vierta el aliño caliente sobre el puré de patatas. Coloque las hojas de lechuga alrededor de la fuente y distribuya encima los filetes de pescado, los huevos duros, el queso y las aceitunas.

Corvina a la colombiana

Corvina a la colombiana
Para 4-6 personas

Un plato sencillo aunque delicioso: la leche de coco mantiene el pescado jugoso y confiere cremosidad a la salsa. Puede utilizar cualquier pescado de tamaño medio y cuerpo redondo (la lubina constituye una elección excelente). Elija siempre un pescado muy fresco y con ojos brillantes.

1 pescado entero de 1,2-1,8 kg, corvina
  o lubina, por ejemplo
sal
1 chile amarillo o rojo, sin semillas y finamente
  picado
1 ramita de tomillo
2-3 hinojos, cortados por la mitad a lo largo
1 cebolla grande, a rodajas finas
600 ml de leche de coco

lubina

Lave el pescado por dentro y por fuera, sale la cavidad e introduzca dentro el chile picado y el tomillo.

Precaliente el horno a 180 °C. Coloque el pescado sobre un lecho de hinojo dispuesto en el fondo de una fuente refractaria con tapa, o bien utilice papel de aluminio. Tape el pescado con la cebolla, sazónelo con sal y el resto del chile, luego vierta la leche de coco alrededor. Hornee de 45 a 55 minutos, hasta que la carne esté firme al presionarla. El tiempo de cocción está dictado más por la consistencia de la carne que por su peso.

pescados medianos de cuerpo aplanado

dorada

En esta categoría encontramos la dorada, el pargo, el *red snapper*, y el besugo.

Hábitat

Estos pescados se encuentran en bahías, estuarios y aguas profundas. De niña pescaba doradas de medio kilo una vez traspasado el puerto de Punta del Este, una playa de moda en la actualidad pero que en los años cincuenta no era más que un pueblo de pescadores situado en la boca del Río de la Plata.

Aspecto y sabor

Estos pescados de tamaño medio y cuerpo aplanado comparten una característica culinaria importante: al ser aplanados, pueden cocerse rápidamente sin necesidad de filetearlos o cortarlos a rodajas. Son excelentes, suculentos y de carne suave.

Compra y conservación

Elija pescados de ojos vivos, firmes al tacto y con un limpio aroma dulce marino.

Empleo y usos medicinales

Aunque casi toda la fauna marina es comestible, algunas especies tienen toxinas en el hígado o los ovarios como protección frente a los predadores. El cabezón y el pez caimán de la costa del Pacífico tienen huevas tóxicas.

Usos culinarios

Gracias a que estos pescados tienen un cuerpo aplanado, incluso los de mayor tamaño pueden escalfarse, cocerse al vapor, hornearse o freírse en no más de 10 minutos.

Patacones del pescador
Para 4-6 personas

Estos buñuelos de pescado son deliciosos, económicos y fáciles de hacer. Se pueden preparar con restos o pescado congelado si no se dispone de fresco.

Red snapper a la venta en el muelle de La Libertad, Salvador

Para los pastelitos:
225 g de pescado cocido desmigajado
700 g de patatas troceadas
1 cebolla mediana rallada
2 cucharadas de queso rallado
3 huevos
1 cucharada de pimentón
1 cucharadita de copos de chile
aceite de oliva para freír

Para la salsa:
1 chile verde, sin semillas y finamente picado
1 cebolla suave finamente picada
2 dientes de ajo finamente picados
6 cucharadas de perejil finamente picado
2 limones (zumo y cáscara)
1 cucharadita de azúcar

Hierva las patatas en agua salada. Escúrralas y redúzcalas a puré con el queso y la cebolla. Bata los huevos y mézclelos con el pescado desmigajado, sazone con pimentón, chile y un poco de sal. Refrigere durante $^1/_2$ hora.

Mientras, combine los ingredientes de la salsa y déjelos macerar en un lugar fresco, pues los sabores necesitan tiempo para amalgamarse.

Caliente abundante aceite de oliva en una sartén y cuando esté caliente deje caer unas pocas cucharadas de la mezcla de pescado. Espere a que los buñuelos estén hinchados y dorados, déles una sola vuelta y retírelos con una espumadera. Déjelos escurrir sobre papel de cocina. Sírvalos enseguida acompañados de la salsa.

Brótola al horno

Para 4 personas

Esperanza, la cocinera de mi madre en Uruguay, preparaba de esta forma el pescado del día. Como familia de diplomáticos, éramos los orgullosos propietarios del primer horno eléctrico de Montevideo, del que Esperanza explotaba todas sus posibilidades. Puede dar el mismo tratamiento a cualquiera de los pescados de este grupo y acompañarlos con cualquier tubérculo, aunque el elemento dulce es esencial.

1 brótola o dorada de 1 kg peso ya preparada, con la cabeza
450 g de boniatos pelados y troceados
450 g de patatas peladas y troceadas
450 g de cebollas pequeñas amarillas, peladas y cuarteadas
450 g de tomates firmes troceados
1 vaso de vino blanco
4 cucharadas de aceite de oliva
sal gruesa y copos de chile

Lave y seque el pescado, sale la cavidad interna y déjelo a temperatura ambiente.

Precaliente el horno a 180 °C.

Coloque las hortalizas en una fuente para asar, vierta dentro el vino, rocíe con el aceite y por último añada la sal y los copos de chile. Cubra con papel de aluminio (con la cara brillante hacia abajo) y hornee 20 minutos, hasta que las hortalizas estén casi tiernas. Retire el papel. Coloque el pescado sobre las hortalizas, sazónelo con la sal y el chile, vuelva a tapar con el papel y hornee 10 minutos, hasta que esté cocido. Estará listo cuando lo sienta firme al tacto. Retírelo y déjelo reposar 10 minutos para que el calor pueda penetrar en su interior. Las cocochas son deliciosas.

pescaditos

Sardinas, anchoas, arenques, pejerreyes y los alevines de los pescados grandes son el alimento diario de las flotas pesqueras de aguas poco profundas. Su corto período de conservación y su tamaño relativamente pequeño implica que las capturas que no se salan o se conservan de cualquier otra forma se consuman el mismo día.

anchoas frescas

Hábitat

Los pescados pequeños, cuya estrategia de supervivencia estriba en la formación de grandes bancos, proporcionan alimento a los pescados de mayor tamaño. Quizás por esta razón sus movimientos son notoriamente impredecibles, aunque cuando se capturan son muy abundantes. Generalmente, estos pescados de tamaño pequeño proceden del mar, aunque el pejerrey pequeño y plateado se encuentra tanto en el mar como en los lagos y ríos chilenos.

Aspecto y sabor

Las sardinas tienen un cuerpo plateado con escamas visibles que el pescado va perdiendo a medida que pierde frescor. La cabeza es pequeña y roma; y los ojos, oscuros y brillantes. Las cabezas adquieren un aspecto sanguinolento a medida que transcurre el tiempo desde la captura. Su tamaño oscila desde unos pocos centímetros hasta el doble de la longitud de una mano. Las anchoas tienen una tira oscura a lo largo del lomo y un singular brillo de color esmeralda.

Compra y conservación

Los pescados pequeños grasos se estropean con más facilidad, por lo que deben comprarse siempre muy frescos y, si es posible, cerca de donde se han capturado.

Empleo y usos medicinales

Las virtudes de los pescados grasos son conocidas: ricos en proteínas, vitaminas, minerales e importantes ácidos omega grasos que previenen enfermedades coronarias.

Usos culinarios

Los pescados pequeños con un alto contenido graso se deterioran con rapidez, en cuestión de horas en vez de días. Cuando no había neveras, los pescadores debían ingeniárselas para conservar estas capturas hasta el momento de llevarlas al mercado. Una solución consistía en salarlos o conservarlos en salmuera, lo que en su momento llevó a la industria conservera. Las fábricas conserveras de la Baja California, que John Steinbeck inmortalizara en *Cannery Row*, se establecieron para sacar partido de las grandes capturas de sardinas y anchoas de los pescados del mar de Cortés. Un día los peces desaparecieron, nadie sabe adónde ni por qué, y con ellos la industria conservera.

Elija métodos de preparación adecuados en función del tamaño. Enharine y fría los más pequeños. Limpie y destripe las anchoas y las sardinas, y lávelas bajo un chorro de agua fría. Los pescados de tamaño medio pueden abrirse por la mitad; retire con el dedo pulgar la espina dorsal y las tripas, y corte o arranque la cabeza. Las sardinas grandes quedan mejor asadas a la parrilla o al grill.

Redes pesqueras en el lago Janit-Zio, México

Pescaítos fritos
Para 4 personas

Para freír pescaditos, una mezcla de harina de trigo y maíz produce unos resultados muy crujientes, especialmente si los fríe dos veces. El secreto estriba en el frescor absoluto de la materia prima: cuanto más pequeño sea el pescado, más corta será su vida. Este tratamiento es apropiado para cualquier pescado no mayor que la longitud de una mano, como sardinas, pejerreyes, calamares, anchoas e incluso filetes de pescados de mayor tamaño.

450 g de anchoas muy frescas
4 cucharadas de harina
1 cucharada colmada de harina de maíz
1 cucharada colmada de sal gruesa
un poco de orégano seco (opcional)
aceite de oliva o de semillas para freír

Para acompañar:
limones cuarteados

Destripe los pescados (es innecesario si son muy pequeños) y deje las cabezas si no son más largos que el dedo pulgar. Si son más largos, deslice éste a lo largo de la espina dorsal para desprenderla y arránquela dejando ambas mitades unidas. Retire las cabezas. Lave y escurra los pescados, pero no los seque.

Mezcle la harina de trigo y maíz con la sal y el orégano en un plato hondo.

Caliente abundante aceite en una sartén hasta cubrir los pescados. Cuando el aceite esté bien caliente, enharine los pescados de uno en uno y déjelos caer en el aceite caliente. Fríalos por tandas para evitar que la temperatura del aceite baje y retírelos tan pronto como adquieran un tono pálido. Transfiéralos a papel de cocina para que se escurran. Continúe friéndolos hasta terminarlos. Repita el proceso para que queden bien dorados y crujientes.

Sírvalos calientes acompañados de gajos de limón, un plato de patatas chips y una ensalada de tomate, cebolla y pepino, tal como se degustan en los restaurantes del puerto de Valparaíso.

Pescaítos fritos

Pejerreyes en vinagre
Para 4 personas como entrante

Esta receta es apropiada para los pescados pequeños de mayor tamaño. Mediante un ligero escabeche se conservan hasta una semana en una alacena fría sin necesidad de nevera. Empiece la preparación con 48 horas de antelación.

450 g de pejerreyes pequeños (o anchoas o sardinas)
150 ml de vinagre de vino blanco
2 cucharadas de agua
1 cucharadita de sal
2-3 dientes de ajo cortados a rodajas finas
1 chile verde, sin semillas y finamente picado

Para acabar:
1 cucharada de aceite de oliva
2 cucharadas de perejil

Lave los pescados y escúrralos bien. Aplánelos ligeramente para separar la carne de las espinas. Sostenga firmemente la cabeza entre dos dedos y arránquela tirando de ella hasta la cola. La espina dorsal y las laterales se desprenderán de la carne con facilidad, abriendo y vaciando los pescados en un solo movimiento. Corte la espina al llegar a la cola, dejando ésta unida al cuerpo. Continúe con esta operación hasta que todos los pescados estén abiertos y destripados.

Aplane los pescados y colóquelos en una fuente formando una sola capa con la carne hacia arriba. Mezcle el vinagre con el agua y la sal y viértalo sobre el pescado, que deberá quedar bien cubierto. Esparza el ajo y el chile por encima, cubra con papel de aluminio y deje marinar en la nevera 48 horas (se conservan una semana en la nevera). En el momento de servir, escúrralos y vierta por encima un poco de aceite de oliva y espolvoree con el perejil.

pescados planos

La platija, el lenguado, el rémol, el rodaballo, el fletán, la solla y la limanda conforman una familia variopinta. Su cabeza es plana, propia de unos peces que se alimentan en el fondo marino.

Hábitat
Los pescados planos tienen una dieta basada de criaturas que se esconden en la arena.

Aspecto y sabor
Algunos pescados planos, como el lenguado y la platija, tienen la cara en el lado derecho del cuerpo, mientras que otros la tienen en la izquierda, como es el caso del rodaballo y el rémol. La carne de todas las especies es blanca y magra, y puede separarse en láminas. Sin embargo, la consistencia, firmeza y delicadeza del sabor varían de una a otra especie.

Compra y conservación
Compre los pescados enteros y asegúrese de que la carne sea firme y que la piel no tenga un aspecto viscoso. En cuanto a la calidad, el precio es determinante: cuanto más firme, dulce y gruesa sea su carne, más cara.

Usos culinarios
Los pescados planos tienen un esqueleto largo y plano que facilita la separación de la carne de las espinas una vez cocidos. Algunos se filetean con facilidad en estado crudo; las variedades más económicas son difíciles de separar. Por razones de camuflaje, la piel superior es oscura y con bonitos motivos; la inferior es pálida. La piel superior es fácil de arrancar, la inferior es más dura. Esto no importa si el pescado va a cocinarse; entero, sí si va a filetearlo.

Buñuelos de pescado
Para 4-6 personas como entrante

Una solución fácil para el problema de qué puede hacerse con los miembros menos relevantes de la familia de los peces planos, casi todo piel y espinas y poco más. Necesitará 1 kilo de pescado para obtener unas 4 cucharadas de carne. No se preocupe por la tarea de destriparlo y pelarlo: simplemente, escálfelo u hornéelo envuelto en papel de aluminio y separe a continuación la carne del resto.

Unas 4 cucharadas de carne de pescado cocido desmenuzada
1 kg de patatas harinosas raspadas
1 cebolla pequeña muy finamente picada
2 cucharadas de perejil finamente picado
1 chile sin semillas y finamente picado
3 huevos
sal
un poco de leche (opcional)
aceite para freír

Hierva las patatas en abundante agua salada. Escúrralas, péleles y aplástelas. Incorpore el pescado a las patatas junto con la cebolla, el perejil y el chile. Añada los huevos uno a uno y bata bien tras cada adición. La mezcla debe ser bastante densa, de forma que al insertar una cuchara ésta permanezca de pie. Añádale un poco de leche si estuviera demasiado seca y deje enfriar por completo.

Precaliente abundante aceite en una sartén: estará caliente cuando al sumergir un taquito de pan éste se dore enseguida.

Forme con la mezcla buñuelos del tamaño de un huevo y déjelos caer por tandas en el aceite caliente (deben caber confortablemente sobre la superficie). Déles la vuelta varias veces hasta que estén bien hinchados y dorados. Retírelos y escúrralos sobre papel de cocina. Prepare el resto de la misma forma y sirva los buñuelos bien calientes con una salsa para remojarlos de cacahuetes, chile, tomate o aquello que más le guste.

lenguado, el rey de los pescados planos

El biche

Para 4-6 personas

Una delicada sopa de pescado adornada con cacahuetes picados y enriquecida con patatas nuevas y bolitas de plátano.

450 g de filetes de pescado plano
sal
1,2 l de caldo de pescado (preparado con una cabeza de pescado)
4 cucharadas de aceite
2-3 cebollas blancas finamente picadas
1 cucharadita de semillas de comino
1 cucharadita de chile picante
450 g de patatas nuevas

Bolitas de patata:
2 plátanos verdes o plátanos macho rallados
3 cucharadas de cacahuetes tostados picados
2-3 cucharadas de caldo de pescado
1 cucharada de cilantro picado

Para acabar:
3-4 pimientos verdes picados en trozos grandes
100 g de guisantes
4 cucharadas de cacahuetes tostados picados
1 limón (cáscara rallada y zumo)
2 cucharadas de cilantro picado

Sale los filetes de pescado y resérvelos. Filtre el caldo de pescado. Caliente el aceite en una cacerola grande y añada las cebollas. Cueza a fuego lento hasta que se ablanden. Espolvoree con las semillas de comino y el chile. Añada el caldo y las patatas, y cueza a fuego lento 20 minutos.

Mientras, mezcle el plátano rallado con los cacahuetes, el cilantro y el caldo suficiente para obtener una pasta, con la que formará 12 bolitas pequeñas. Déjelas caer en el caldo caliente junto con los pimientos y los guisantes.

Cuando todo esté tierno, agregue los cacahuetes y remueva. Agregue los filetes de pescado al caldo y cuézalos de 3 a 4 minutos, hasta que estén firmes y opacos. Pruebe y rectifique la condimentación. Por último, añada el zumo y la cáscara de limón y un poco de cilantro picado.

pescado azul

caballa, bonito, salmón, arenque

La caballa del Pacífico, también denominada sierra, es abundante en la costa del Pacífico, mientras que en el Atlántico proliferan el bonito y la caballa atlántica. Entre los salmones nativos se encuentra el *chinook* del Pacífico y el de aguas dulces, de tamaño más pequeño. Como consecuencia de la sobreexplotación, el salmón de piscifactoría se ha convertido en un producto importante para la exportación y una fuente de ingresos para los pescadores chilenos. Las poblaciones que habitan en el altiplano andino disponen a su vez de truchas, con las que preparan sus platos de pescado.

caballa

Aspecto y sabor

La caballa tiene un cuerpo largo y fino y una piel plateada; no tiene escamas visibles y sus flancos tienen impresos unos bonitos motivos verdoso azulados. El salmón tiene una piel plateada y carne rosada, buen sabor y una fragancia que recuerda a las gambas. El salmón fresco tiene una sustancia cremosa entre la carne, que es rosada y se separa en láminas grandes una vez cocida; una carne demasiado roja en un salmón de piscifactoría significa que se le han proporcionado demasiados aditivos (cuanto más pálida sea hay más posibilidades de que se haya pescado en libertad). El de piscifactoría puede tener una carne blanda si no se le ha proporcionado espacio para nadar contracorriente. La caballa tiene una carne compacta y filamentosa y un sabor que recuerda al del hígado de bacalao.

Compra y conservación

Si compra el pescado entero, compruebe que los ojos sean bien brillantes y que las agallas tengan un color carmesí. El olor debe ser suave y fresco.

Empleo y usos medicinales

El pescado azul es una fuente muy importante de ácidos grasos Omega-3, buenos para el corazón, el cerebro y la vista. El salmón, ya sea salvaje o de piscifactoría, se encuentra a veces infestado de gusanos, por lo que no pueden prepararse ceviches a no ser que se tomen las precauciones necesarias. Si desea utilizar salmón para preparar ceviche, congélelo durante de 24 horas.

Usos culinarios

El pescado azul puede hornease, cocerse al vapor, escalfarse o incluirse en una sopa, pero lo mejor es la fritura y la cocción a la parrilla. El pescado congelado queda excelente ahumado al calor, un tratamiento apropiado para el salmón, y otros pescados de río grandes.

Salmón ahumado
Para 6 personas

El proceso de ahumado mediante la aplicación de calor y humo a un alimento introducido en un horno o en un recipiente cerrado es una técnica familiar a las poblaciones ribereñas del Amazonas. En ausencia de cualquier forma de refrigeración, la técnica del ahumado al calor se utilizaba por razones prácticas para alargar la vida de los pescados de río. Puesto que los ribereños no disponían de sal, ésta constituye un refinamiento moderno.

1 salmón entero pequeño de 1,5 kg aproximadamente, vaciado, descamado y con la cabeza
4-5 cucharadas de sal
serrín para ahumar (en tiendas para cámping) o arroz seco y té verde

Necesitará también una besuguera o una fuente grande para asar pavo con una rejilla en la base.

Lave y seque el pescado. Retire el conducto rojo oscuro que corre a lo largo de la espina, dentro de la cavidad. Espolvoree el pescado con sal por dentro y por fuera. Déjelo reposar en la nevera dos horas. Deje que vuelva a temperatura ambiente y retire el exceso de sal. Forre el interior del recipiente elegido con papel de aluminio, colocando el lado brillante hacia abajo. Esparza por encima una capa del material para ahumar, ya sea serrín o arroz y té, de $^1/_2$ cm de grosor. Coloque encima la rejilla y ponga el pescado sobre ésta. Tape herméticamente o con un papel de aluminio doblado.

Coloque el recipiente a fuego vivo (probablemente necesitará dos quemadores) y espere a oler el humo. Baje a fuego moderado, abra la ventana y salga de la cocina. Cuente 15 minutos para que el vapor pueda penetrar en el interior del pescado. Retire el recipiente del fuego y déjelo reposar, mejor en el exterior. El pescado continuará cociéndose mientras se enfría. Obtendrá una carne jugosa y suculenta con un sabor delicado. Sirva el pescado a temperatura ambiente con una salsa de chiles y cacahuetes, plátanos macho horneados y boniatos asados.

Sierra en escabeche
Para 4 personas

Un escabeche especiado que antes de la existencia de las neveras no sólo era útil, sino que aportaba variedad a la dieta. Esta receta mexicana sigue la tradición española.

2 caballas grandes o 4 pequeñas destripadas
  y descabezadas
sal
1 cucharada colmada de harina
2 cucharadas de aceite de oliva
$^1/_2$ cebolla pelada y a rodajas finas
1 diente de ajo pelado y picado
1 chile verde suave a rodajas
1 cucharada de perejil picado
1 hoja de laurel desmenuzada
6 granos de pimienta un poco molidos
4 cucharadas de vinagre de Jerez (o cualquier
  otro de calidad)
2 cucharadas de agua

Corte cada caballa en 4-6 rodajas gruesas, o solicítelo a su pescadero. Espolvoréelas con sal y enharínelas. Caliente el aceite en una sartén, agregue el pescado y fríalo hasta que esté firme y dorado (de 4 a 8 minutos, dependiendo del grosor). Transfiéralo a una fuente amplia.

Agregue la cebolla, el ajo y el chile al aceite de la sartén, y fríalos a fuego moderado un momento para que los sabores se amalgamen. Agregue el resto de los ingredientes y deje hervir. Vierta el líquido obtenido directamente sobre el pescado,

Sierra en escabeche

sin filtrarlo. Tape con un lienzo limpio y deje reposar como mínimo toda la noche en un lugar fresco. El plato estará mejor al cabo de dos días.

cefalópodos

La cabeza de los cefalópodos está rodeada de tentáculos largos. Dos miembros de la familia, el calamar y el pulpo, se encuentran en toda la región (no así la sepia). El calamar tiene 10 tentáculos y el pulpo 8, y ambos son unos depredadores muy inteligentes. Mientras que el calamar actúa en grupo, el pulpo acecha en solitario en rocas y ensenadas.

Aspecto y sabor

El calamar puede comerse en sus diferentes estadios de madurez, desde un tamaño minúsculo hasta más de un metro de longitud. Ocasionalmente se capturan ejemplares gigantes en las profundidades marinas. Los calamares más pequeños pueden enharinarse, freírse y comerse enteros, incluidas las bolsas de tinta negra. Cuando son más maduros, la carne es gomosa, dulce y blanca (retire las bolsas de tinta, que puede utilizar para cocer arroz y teñirlo de negro). El pulpo, que posee un pico duro en vez de la pluma interna de los calamares, debe golpearse a fondo para ablandarlo, aunque una estancia en el congelador surte el mismo efecto.

Calamar limpio, Panamá

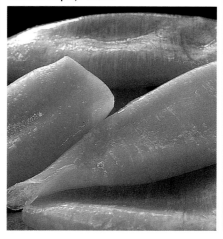

Compra y conservación

Los calamares se capturan en aguas cercanas a la costa, los pulpos, demasiado prudentes para acercarse a las redes de los pescadores, se capturan con botes de remos. Los pescadores los golpean contra las paredes para ablandarlos. Cómprelos frescos y cuézalos enseguida, o vacíelos, trocéelos y congélelos.

Empleo y usos medicinales

Prácticamente tanto pulpos como calamares no tienen grasa.

Usos culinarios

La anatomía es importante al preparar cefalópodos. El calamar no tiene pluma, como la sepia, sino un cartílago interno de consistencia plástica, y sus tentáculos están provistos de ventosas. Para prepararlo, tire de los tentáculos y arranque la cabeza, con la que se desprenderán las entrañas. Córtelas por debajo de los ojos y deséchelas. Retire la membrana violeta que cubre el cuerpo y lávelo. Corte el cuerpo en anillos y pique los tentáculos en función del tamaño. Lávese las manos con agua fría para que no huelan a pescado.

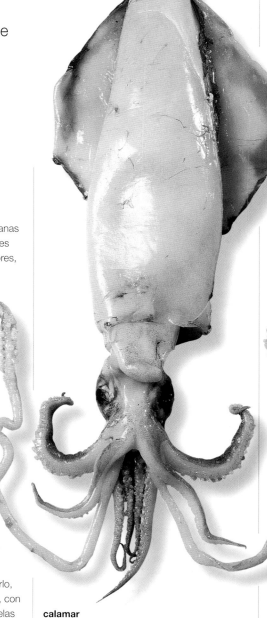
calamar

Pulpo en escabeche
Para 6-8 personas

Los pescadores raramente confiesan sus secretos, pero ahí va eso: «Capture primero el pulpo. Cuando lo haya pescado, golpéelo 40 veces contra una roca. Necesitará golpearlo menos veces si es pequeño, y más si es grande. Primero la carne está dura, pero luego va ablandándose. Lávelo a continuación con agua de mar hasta que forme espuma. Si no lo hace, no se ablandará; sabrá que está listo cuando los tentáculos se curven. No retire la piel tal como hace mucha gente (la piel se vuelve roja al cocerse, confirmándole que la carne es buena y fresca). Para prepararlo en escabeche, póngalo en una cacerola y cuézalo a fuego lento con agua de mar hasta que esté perfectamente tierno. Como alternativa, déjelo varias días en el congelador.

1 kg de pulpo ablandado
300 ml de agua
1 cucharada de sal

Para aliñar:
6 cucharadas de aceite de oliva virgen
el zumo de 2 limones
un manojo de orégano (sólo las hojas)
1 chile rojo seco picado
sal y pimienta

Cueza el pulpo en agua salada de 30 a 40 minutos, hasta que se ablande. Deje que el agua apenas se agite, pero no la deje hervir. Deje enfriar el pulpo en el líquido de cocción, escúrralo, píquelo en trozos regulares y mézclelo con el aliño.

Cazuela de calamar
Para 4-6 personas

Una receta chilena para preparar los cefalópodos. Uno de aquellos platos para los que existe un momento perfecto: aquel en que se descubre un banco de calamares y se pescan en gran cantidad. Puede prepararse con pulpo, aunque éste debe haberse ablandado antes.

750 g de calamares
3-4 cucharadas de aceite de oliva

4-5 dientes de ajo pelados y picados
2-3 tallos de apio, picados
1 pimiento rojo y 1 verde sin semillas, y picados
1-2 chiles amarillos frescos, sin semillas y finamente picados
4 cucharadas de guisantes frescos
450 g de patatas pequeñas amarillas raspadas y a dados
1 cucharadita de orégano
2-3 hojas de laurel
1/2 botella de vino blanco seco
4 cucharadas de crema de leche espesa
sal

Prepare y leve los calamares (*véase* Usos culinarios).

Cazuela de calamar

Caliente el aceite en una cacerola amplia y ponga dentro el ajo picado. Cuando empiece a chisporrotear, agregue los calamares. Remueva unos minutos, hasta que la carne se vuelva opaca y se ablande.

Incorpore las hortalizas, hierbas y vino, lleve a ebullición, baje el fuego, tape herméticamente y deje cocer a fuego lento unos 40 minutos, hasta que el calamar esté bien tierno y el fondo de cocción se haya reducido. Pruebe, rectifique la condimentación y añada la crema de leche.

gasterópodos

Entre los gasterópodos, unas extrañas criaturas marinas de un solo pie, se encuentran el abalone u oreja de mar, las caracolas, los erizos de mar, las navajas y los bígaros. Todos ellos crecen rápidamente y poseen una carne dulce gracias a una dieta basada en las minúsculas gambas que se desplazan desde el estrecho de Magallanes hasta las heladas aguas de la corriente de Humboldt.

Hábitat

La accidentada costa chilena, repleta de montañas rocosas que llegan directamente al mar, proporciona un refugio precario a toda clase de criaturas marinas, como el preciado abalone u oreja de mar, que acaba generalmente en los bares de *sushi* de Japón.

Aspecto y sabor

Entre los gasterópodos chilenos más apreciados se encuentran los locos u orejas de mar gigantes; los choritos, unos mejillones de conchas negras; las machas; las navajas; los picorocos, unas lapas gigantes con sabor a langosta, y las ostras de aguas frías, pequeñas y deliciosas. Sin embargo, la estrella de todos ellos es el erizo. El erizo chileno alcanza un tamaño sorprendente (algunos son tan grandes como una pelota de fútbol); uno por persona es más que suficiente. Sólo los erizos hembra tienen interés gastronómico, pues se comen sus cinco ovarios. Las caracolas, también conocidas como *lambi*, son muy apreciadas en el Caribe. Se trata de un caracol marino grande de color rojizo que vive dentro de un caparazón rosáceo. Su carne, aunque debe golpearse para ablandarla, es más dulce que la de las almejas.

Compra y conservación

El frescor es importantísimo. Cómprelos vivos y guárdelos en la nevera el mínimo tiempo posible. No deguste aquellos que estén muertos antes de cocerlos.

Empleo y usos medicinales

Los náufragos pueden subsistir años con una dieta de moluscos, como durante siglos lo han hecho muchos habitantes de zonas costeras. Algunas personas tienen alergia a los mariscos, provocadas por toxinas inherentes a los mismos o producidas por parásitos. Estas alergias difícilmente remiten.

Usos culinarios

El abalone u oreja de mar, cuya carne debe golpearse para ablandarla, puede comerse crudo o ligeramente cocido (una cocción prolongada lo endurece). Es delicioso cortado en lonchas finas, pasado por huevo y pan rallado, y frito en aceite muy caliente. Las mismas reglas pueden aplicarse al resto. Degústelos crudos con un poco de zumo de limón.

Mariscal
Para una fiesta

Se trata de una selección de mariscos que van directos del mar a la mesa. Se escogen según la demanda del cliente en las picadas, los pequeños restaurantes del puerto de Valparaíso y de cualquier ciudad costera que albergue un puerto de pesca. La selección depende de las variedades autóctonas y el único requisito que debe cumplir es que sean exquisitamente frescas.

Marisco, elija entra una selección de:
abalone (golpeado para ablandarlo)
navajas o machas (al vapor o crudas)
mejillones abiertos
ostras abiertas
vieiras abiertas, sin la bolsa de arena
gambas y langostinos cocidos y pelados
*lapas gigantes (picorocos) cocidas un poco
  en agua salada*

Las navajas tienen un aspecto extraño, pero su sabor es delicioso

pinzas de cangrejo rotas
erizos de mar abiertos para exponer sus cinco
    huevas pequeñas

Para la salsa (4 personas):
4 cucharadas de cebolla o escalonia finamente
    picada
4 cucharadas de cilantro picado
4 cucharadas de perejil picado
1-2 chiles verdes, sin semillas y finamente
    picados
6 cucharadas de zumo de limón
4 cucharadas de aceite
$^1/_2$ cucharadita de sal

Para acompañar:
algas marinas comestibles, cocidas para
    ablandarlas y picadas

Los moluscos crudos pueden abrirse
insertando un cuchillo corto y fuerte de doble
hoja en la charnela, o bien deslizándolo a
lo largo de la concha. Separe las conchas
y sirva la carne y su jugo en la concha más
honda. Los crustáceos deben cocerse en
abundante agua salada hasta que cambien
de color uniformemente. Los erizos de mar
se abren por la mitad para exponer sus cinco
huevas pequeñas (vaya con cuidado porque
pinchan). El abalone u oreja de mar debe
ablandarse primero aplastándolo hasta que
forme espuma y luego se corta a lonchas.

Mezcle los ingredientes de la salsa, pruébela y
rectifique la condimentación incorporando un
poco más de sal, zumo de limón o azúcar, si lo
desea.

Coloque los ingredientes en una fuente grande
y sirva la salsa por separado. Si lo prefiere,
vierta un poco de la misma sobre cada concha.
Acompañe con servilletas y cuencos para
lavarse los dedos.

Curanto en olla
Para 8-10 personas

**El curanto, una especie de barbacoa
practicada en un hoyo, se utilizaba ya
en época precolombina como método
de conservación de alimentos
perecederos en tiempos de abundancia,
particularmente cuando se disponía**

Mariscal, un sabroso plato de mariscos servido con una salsa picante

**de pescados y mariscos que no podían
consumirse enseguida. Los chilenos
mantienen la tradición preparando
barbacoas enterradas en la arena de la
playa. El curanto chileno incluye, además,
alimentos más sustanciales, como
cochinillo, patatas y maíz. Aquí, una
mezcla de mariscos, pollo, cerdo y patatas
se cuece en una olla de barro refractario
que no se cuartea al colocarla
directamente sobre las llamas.**

2 kg de mariscos frescos: navajas, abalone
    preparado, lapas, etc.
6 cucharadas de aceite
450 g de paletilla de cerdo a dados
1 pollo pequeño troceado
2-3 chorizos pequeños a rodajas
1 cebolla finamente picada
1 pimiento rojo dulce, sin semillas y picado
24 patatas nuevas
1 botella de vino blanco seco
2 cucharadas de chile finamente picado,
    en pasta o copos de chile
2 dientes de ajo finamente picados
2 cucharadas de cilantro picado
sal y pimienta

Raspe los moluscos y póngalos en un cuenco
con agua helada para que suelten la arena.

Caliente el aceite en una cazuela de barro
amplia y refractaria o una cacerola amplia, y fría
las carnes hasta que se doren ligeramente.
Agregue la cebolla y el pimiento rojo picado,
y sofría un poco más.

Añada una capa de hinojo picado y patatas,
vierta el vino y el agua suficiente para cubrir el
conjunto, y esparza por encima el chile, el ajo
y el cilantro. Sazone, lleve a ebullición, ponga
encima una tapa o una fuente al revés para que
todo quede cubierto y cueza a fuego lento unos
20 minutos, hasta que las patatas estén casi
cocidas. Coloque encima los mariscos, tape
de nuevo y cueza otros 5 minutos, hasta que
las conchas se abran.

Sirva en platos hondos con el fondo de cocción
y abundante pan para remojar.

bacalao

bacalhão (Brasil)

El bacalao salado fue el alimento de los navegantes que realizaron las primeras y peligrosas incursiones árticas. Más tarde fue el alimento preferido en la época de Cuaresma. Antaño abundante y económico, en la actualidad es un ingrediente de lujo que se vende tanto seco como remojado y envasado al vacío.

Aspecto y sabor

Un bacalao salado, secado, abierto y plano parece una lámina de pescado dura como una roca. En este estado es extremadamente salado. Al desalarlo en varios cambios de agua durante un mínimo de tres días, se hidrata y alcanza tres veces su volumen y pierde gran parte de la sal. Es un error desalarlo en exceso, pues queda mejor con cierta consistencia.

Compra y conservación

La carne debe presentar un color más marfil que blanco nieve, signo de un blanqueado artificial. Compruebe si aparecen restos de color rosado en la espina dorsal: significa que ha pasado poco tiempo en sal. Lomo y filete son los mejores cortes, aunque con el resto también se preparan platos suculentos.

Empleo y usos medicinales

Por razones obvias no es apropiado para aquellas personas que deban reducir su ingesta de sal. Es una excelente fuente de proteínas.

Usos culinarios

El bacalao salado puede usarse en cualquier receta que emplee bacalao fresco, pero queda delicioso en compañía de sabores agridulces, como el de los tomates y los pimientos. El *ackee* de bacalao jamaicano combina el sabor salado del pescado con la suavidad del *ackee*, el fruto de un árbol nativo de África occidental introducido en la isla por el capitán Bligh, del *Bounty*, y cuya textura y sabor recuerdan a los huevos revueltos. El bacalao encamisado de la República Dominicana, con huevos revueltos, confirma la popularidad de dicha combinación. En Brasil, cuyos hábitos culinarios proceden de Portugal, experto el tratamiento del bacalao salado, se cocina de tantas formas como días tiene el año.

Pescado salado a la venta en El Salvador

Fanesca
Para 10-12 personas

Este plato familiar ecuatoriano de habas, maíz en grano, hortalizas y bacalao seco se degusta durante la semana de Pascua, que en el hemisferio sur cae en otoño, época de cosecha. Es tradicional compartir parte del plato con los vecinos.

700 g de habas frescas desgranadas
700 g de mazorcas de maíz frescas
700 g de judías blancas secas
450 g de guisantes frescos desgranados
450 g de arroz de grano redondo
2 l de leche y agua en proporciones iguales
450 g de calabaza confitera a dados
450 g de calabaza común a dados
1/2 col pequeña, a tiras finas
225 g de bacalao salado, remojado y pelado

Refrito:
2 cucharadas de mantequilla o aceite
3 cebollas finamente picadas
2 dientes de ajo finamente picados
1 cucharada de color chileno (véase achiote, pág. 186), o aceite coloreado con pimentón
1 cucharadita de comino en polvo
pimienta (no sal)

Para acabar:
1-2 chayotes o calabacines a dados
150 ml de crema de leche espesa
125 g de cacahuetes tostados, picados

Para servir (opcional):
un puñado de altramuces
maíz tostado y salado (masitas fritas)
Huevos duros (pelados y cuarteados)
perejil picado
chile fresco picado
queso blanco cortado a tiras

Cueza las habas en agua hirviendo sin sal durante 20 minutos. Escúrralas y pélelas tan pronto como pueda manejarlas, pues se desmenuzan si se hace esta operación cuando están frías. Cueza las judías y los guisantes en otra cacerola hasta que estén tiernos (unos 20 minutos aproximadamente). Escúrralos y reserve el líquido. Cueza el arroz en la mitad de la leche y el agua hasta que esté tierno. Estas preparaciones pueden realizarse la víspera.

Al día siguiente cueza las calabazas y la col de 10 a 15 minutos en una cacerola tapada con muy poca agua. Cueza el bacalao en el resto de la leche y agua. Escúrralo, reserve el líquido de cocción y sepárelo en láminas.

Mientras, prepare el refrito. Caliente el aceite en una cacerola grande o de barro y sofría la cebolla y el ajo hasta que estén tiernos y caramelizados. Agregue el color chileno (o 1 cucharada de pimentón mezclado con un poco de aceite), espolvoree con el comino y la pimienta, y fría otros 5 minutos para amalgamar los sabores. Agregue el líquido de cocción de las judías y lleve a ebullición, incorpore las judías, los guisantes, el maíz y el arroz con las hortalizas reservadas, y cueza a fuego lento unos 10 minutos, removiendo sin cesar para amalgamar los sabores. Agregue el líquido de cocción del bacalao y cueza otros 10 minutos.

Incorpore por último el chayote, la crema, el bacalao y los cacahuetes.

Sirva bien caliente en platos soperos con los acompañamientos opcionales.

Bacalao colorado. Las láminas de bacalao salado contrastan con el sabor dulce de los pimientos y la cebolla

Bacalao colorado
Para 4 personas

Un sabroso plato mexicano de Cuaresma. No desale el bacalao más de tres días (no realizando más de tres cambios de agua), pues perdería todo su sabor.

225 g de bacalao salado desalado
150 ml de aceite de oliva
6 pimientos rojos suaves, sin semillas
  y cortados a tiras
2-3 chiles rojos, sin semillas y finamente
  picados
1 cebolla grande a rodajas finas
4 dientes de ajo picados
4 cucharadas de perejil picado o cilantro

Pele el bacalao salado y sepárelo en láminas. Si está demasiado duro, blanquéelo 5 minutos en agua.

Caliente 4 cucharadas de aceite en una cacerola de fondo grueso y sofría los pimientos y el chile. Cuando estén blandos y caramelizados por los extremos, retírelos y resérvelos. Sofría la cebolla y el ajo, pero no los dore. Retírelos y resérvelos.

Fría el bacalao remojado en los fondos de cocción de la cacerola. Mezcle el bacalao con las mezclas de pimiento y cebolla, y agregue el perejil o el cilantro. Sirva a temperatura ambiente.

Para obtener un plato más sustancioso, acompáñelo con huevos duros cuarteados y tortillas blandas.

frutos secos

Los cocineros latinoamericanos utilizan los frutos secos para espesar salsas, aportar proteínas a tubérculos y cereales, enriquecer sopas y guisos y preparar postres. De todos los frutos secos empleados, dos son nativos, dos se comparten con otros continentes y uno procede de fuera.

Las nueces de Brasil y los cacahuetes son originarios de América, y eran desconocidos en el resto del mundo hasta la llegada de los colonizadores al Nuevo Mundo. El cacahuete, nativo de Perú en el Nuevo Mundo, ya se cultivaba en África desde la más remota antigüedad, y los piñones, un alimento tradicional de los indios mapuches del sur de Chile, también formaban parte de la dieta de los aborígenes del norte de Australia. El coco, por otra parte, es un cultivo de importación. Aunque probablemente llegó a la costa del Pacífico desde las islas de los mares del Sur gracias a las corrientes oceánicas, las circunstancias en las que se estableció en la costa atlántica fueron formidables. Los cocoteros que bordean las hermosas playas de Río y Bahía, así como las costas de Cuba y el Caribe, son consecuencia del tráfico de esclavos, pues llegaron a dichos lugares en los mismos barcos que proporcionaban mano de obra a las plantaciones de azúcar. Los esclavos, hacinados en los barcos, llevaban consigo su mismo peso en cocos, los cuales debían servirles tanto de alimento y de bebida. Al finalizar la travesía, el número de cocos restantes en el barco proporcionaba una idea de la tasa de mortalidad durante el viaje. Los cocos sobrantes (sin duda junto con los cuerpos) se arrojaban por la borda y acababan germinando en la orilla.

Nuez de Brasil

Castanhas do Pará (Brasil)
(*Bertholettia excelsa*)

Las nueces de Brasil son las semillas de uno de los árboles amazónicos más espectaculares, capaces de alcanzar los 50 m de altura y con una copa de hasta 30 m de diámetro.

Cultivo

Se trata de una especie silvestre, pues ha resistido cualquier intento de cultivo. El fruto que contienen las nueces es redondo y de piel lisa, de un tamaño y peso aproximado al de un coco. Cae a tierra cuando está maduro, por lo que conviene tener cuidado.

Aspecto y sabor

Cada fruto contiene hasta veinte nueces dispuestas como los gajos de una naranja. Una vez lo abra, la carne, que debe retirar de la cáscara, es blanda y crujiente, rica y mantecosa gracias a su alto contenido en aceite. Las nueces del árbol del paraíso o *sapucaya* son de una especie cercana y aunque no se venden comercialmente se consideran más exquisitas.

Compra y conservación

Un cuarto de la cosecha que se exporta desde la ciudad amazónica de Pará se descascarilla antes de embarcarla, pero es preferible comprarlas con cáscara. Deben tener un aspecto satinado y un poco aceitoso, por lo que conviene evitar aquellas que parezcan secas o polvorientas. Guárdelas en la nevera, descascarilladas o con cáscara.

Empleo y usos medicinales

Las nueces de Brasil son ricas en proteínas y tienen un contenido en aceite cercano al 70 %. Son una fuente muy importante de aminoácidos y están particularmente indicadas para equilibrar una dieta vegetariana, así como para los deportistas y las personas que realicen actividades físicas. Las nueces de Brasil no forman parte de la dieta nativa del Amazonas, pues son demasiado fuertes y grasas para el clima.

Usos culinarios

Casque sólo las que necesite: una vez sin cáscara, se vuelven rancias rápidamente.

Crema de castanhas do Pará
(Sopa de nueces de Brasil)
Para 6-8 personas

Una sofisticada crema enriquecida con nueces de Brasil y rematada con gambas y aguacates. Toda la sofisticación de Río en un plato.

450 ml de nueces de Brasil descascarilladas (mídalas en el vaso medidor)
1,8 l de caldo de pollo
50 g de mantequilla o aceite
50 g de harina
un poco de macís rallada
300 ml de crema de leche espesa
sal y pimienta

Para acabar (opcional):
1 aguacate maduro a dados
125 g de gambas cocidas peladas
 o un puñado de gambas secas

Extienda las nueces sobre una placa de hornear y hornéelas 10 minutos; a media cocción, déles la vuelta y tuéstelas de forma homogénea. Déjelas enfriar y luego frote el hollejo. Muélalas en el robot hasta reducirlas a polvo fino. Reserve 2 cucharadas y deje el resto en el vaso del robot. Caliente el caldo, vierta un cucharón del mismo sobre las nueces del robot y accione éste de nuevo.

Mientras, derrita la mantequilla en una cacerola ancha, esparza la harina por encima, remueva pero no la deje dorar y agregue lentamente el resto del caldo evitando la formación de grumos. Lleve a ebullición, baje el fuego y cueza 10 minutos a fuego lento para que la harina no tenga sabor a crudo.

Incorpore el caldo de nueces, la macís y la crema y recaliente. Pruebe la crema y rectifique la condimentación si fuese necesario (puede añadirle un poco de pimienta malagueta). Si lo desea, adorne la crema con dados de aguacate, unas gambas y las nueces molidas reservadas.

**Galletas de chocolate
con nueces de Brasil**

Galletas de chocolate con nueces de Brasil
Para unas 18 galletas

Galletas crujientes con sabor a chocolate, deliciosas con un vaso de café helado. El secreto radica en la calidad de los ingredientes básicos. Elija cacao en polvo de la máxima calidad y casque usted mismo las nueces.

125 g de nueces de Brasil
125 g de harina
1 cucharada colmada de cacao en polvo
$\frac{1}{2}$ cucharadita de levadura en polvo
$\frac{1}{2}$ cucharadita de sal
125 g de mantequilla ablandada
125 g de azúcar moreno
1 huevo batido

Reserve las 18 nueces más bonitas. Muela el resto en trozos grandes y mézclelas con la harina tamizada con el cacao, la levadura y la sal.

Bata la mantequilla con el azúcar hasta que blanquee y esté espumosa. Incorpórele el huevo batido, la harina y las nueces. La mezcla debe ser lo suficientemente blanda para caer de la cuchara, por lo que quizás deba agregarle un poco de leche.

Precaliente el horno a 190 °C. Engrase con mantequilla una placa para hornear y enharínela ligeramente. Deje caer la mezcla de galletas a cucharadas sobre la placa. Presione las nueces enteras con ayuda de los dedos mojados sobre cada galleta. Hornee de 10 a 12 minutos. Déjelas entibiar un poco antes de enfriarlas sobre una rejilla. Quedan crujientes al enfriarse.

cacahuete

maní (Perú) (*Arachis hypogaea*)

El cacahuete es originario de Perú, donde ya lo cultivaban los incas. Se cree que también es originario de África ecuatorial. Es uno de los alimentos más importantes del mundo. No se trata de un fruto seco sino de una legumbre, pues pertenece a la familia de los guisantes.

Galletas de maní con canela
Para unas 2 docenas

Unas galletas fáciles y deliciosas preparadas con una masa básica batida. Sírvalas acompañadas de un exótico sorbete de chirimoya o lucuma.

350 g de harina
110 de cacahuetes picados o mantequilla de cacahuete
175 g de mantequilla
110 g de azúcar blanquilla
1 cucharada de canela en polvo
1 huevo
sal

Para acabar:
2 cucharadas de cacahuetes enteros partidos

Tamice la harina y la canela con una pizca de sal sobre un cuenco y mezcle con los cacahuetes. Bata la mantequilla con el azúcar hasta que la mezcla esté ligera y esponjosa, y luego incorpore el huevo sin dejar de batir. Agregue la harina y los frutos secos, y amase hasta obtener una masa blanda; quizás deba añadir un poco más de harina. Tápela con película de plástico y deje reposar en la nevera durante una hora. Precaliente el horno a 220 °C. Extienda la masa sobre la superficie de trabajo ligeramente enharinada. Corte redondeles de la misma con un cortapastas o un vaso y colóquelos sobre la placa de hornear rebañada con mantequilla. Pincele las superficies con agua y esparza por encima los cacahuetes partidos presionándolos un poco contra la masa. Hornee de 15 a 20 minutos.

Cultivo
El hábito de crecimiento del cacahuete es muy interesante: los capullos aparecen de la forma usual, pero las ramitas con las flores enraizan en la tierra tan pronto como la vaina empieza a desarrollarse, con lo que asegura que las semillas (los cacahuetes) estén plantados en la tierra en el momento en que maduran.

Empleo y usos medicinales
Con un 30 % de proteínas y un 50 % de grasa, es un alimento perfecto, digestivo y fortificante. Desgraciadamente, cada vez son más las personas que sufren alergia a este fruto, que puede ser fatal en el peor de los casos.

Usos culinarios
Para tostarlos, descascaríllelos, extiéndalos sobre una placa para hornear formando una sola capa y tuéstelos a 170 °C de 15 a 20 minutos. Para pelarlos, agítelos en un colador mientras retira la membrana en forma de papel que los recubre, o frótelos con un trazo limpio.

Aspecto y sabor
La piel que cubre los frutos oscila del crema pálido al marrón rojizo. El cacahuete es un fruto seco aceitoso del que se extrae aceite y, crudo, su sabor es feculento y desarrolla un delicioso sabor a nuez una vez tostado.

Compra y conservación
Los cacahuetes con cáscara no deben presentar manchas polvorientas: indican la presencia de gusanos. Si los compra tostados, pruébelos para comprobar su frescor.

Chupe de maní

Para 4 personas

Se trata de una sencilla sopa muy popular en Ecuador y Bolivia. Puede utilizar mantequilla de cacahuete fina si no desea moler sus propios cacahuetes.

2 cucharadas de aceite de cacahuete
1 cebolla finamente picada
1 patata harinosa pelada y a dados

1 pimiento rojo, sin semillas y finamente picado
2 chiles rojos secos, sin semillas y desmenuzados
1,2 l de caldo de pollo fuerte o de buey
4 cucharadas de cacahuetes tostados finamente molidos
sal y pimienta

Para acabar:
2 cucharadas de cilantro picado
tomate a dados
cacahuetes extra para espolvorear

Caliente el aceite en una cacerola de fondo grueso. Fría la cebolla, la patata y el pimiento hasta que se ablanden, pero sin dorarlos. Agregue el chile y vierta el caldo. Lleve a ebullición, baje el fuego y cueza a fuego lento 20 minutos, hasta que la sopa esté fragante y bien amalgamada. Reduzca la mitad de la sopa a puré en la batidora con los cacahuetes y mézclela con el resto. Pruébela, recaliéntela y sírvala en platos soperos. Adorne con hojas de cilantro, tomate y cacahuetes picados.

anacardo

castanha-de-cajú (Brasil),
marañón (México)
(*Anacardium occidentale*)

El anacardo está emparentado con el mango
y el pistacho. Es el fruto comestible y la nuez de un arbusto
brasileño tropical. Era denominado *acajú* por los tupíes,
la población indígena para la cual era, y continúa siendo,
un alimento importante, de ahí el nombre dado por
los colonizadores portugueses.

Cultivo

El fruto que contiene la semilla (el anacardo)
se encuentra suspendido bajo una manzana
grande y carnosa que se come fresca o
reducida a pulpa, y que también queda deliciosa
en budines. Desgraciadamente, la manzana
se pudre al cabo de dos días por lo que sólo
puede consumirse al momento.

Aspecto y sabor

La nuez es tóxica en estado crudo, por lo que
debe calentarse y luego descascarillarse.
Se trata de un proceso largo en el que
los indígenas del Amazonas, acostumbrados
a la necesidad de retirar la toxicidad de frutas
y raíces, son unos consumados expertos. La
cáscara de la nuez contiene un aceite que irrita
la piel, pero que es útil como impermeabilizante;
también se utiliza en la industria química.
La nuez, que tiene el tamaño y la forma de
una judía arriñonada grande, es dulce, blanca y
de sabor mantecoso, y tiene un 45 % de grasa
y un 20 % de proteínas; además, es muy
agradable tostada, de ahí su popularidad
como tentempié.

Compra y conservación

Puesto que la nuez es tóxica cruda, nunca se
venden con cáscara. Para comprobar su frescor,
elija nueces de color claro y limpio, sin restos
de polvo.

Empleo y usos medicinales

El zumo de la manzana del anacardo es un remedio
local para el dolor de garganta y los trastornos
estomacales. Las nueces tienen un elevado
contenido en ácido oleico y están recomendadas
para el fortalecimiento de los dientes y las
encías, así como los trastornos alimentarios
(aunque no están recomendadas en combinación
con féculas, sobre todo con el pan).

Usos culinarios

En Bahía se muelen las nueces para espesar
salsas, o se hierven con agua para preparar
una leche de nueces refrescante, para entrar en
la preparación de pastas y pasteles. La manzana
puede conservarse en almíbar, única forma en
que está en el mercado para la exportación.

Sango de quinoa y marañón
Para 6 personas

**Una combinación de cereales y frutos
secos de las tierras altas amazónicas de
Ecuador, perfecto para un plato de fiesta
vegetariano.**

350 g de quinoa preparada y lavada
1,2 l de agua
2-3 cucharadas de aceite de cacahuete
225 g de anacardos
1 cebolla finamente picada
2 dientes de ajo finamente picados
1 chile amarillo, sin semillas y picado
sal y pimienta
2-3 cucharadas de crema de leche

Para acabar:
*Hojas de quinoa o espinacas, ligeramente
cocidas en un poco de aceite en una cacerola
tapada*
Sal y copos de chile

Enjuague la quinoa en un colador bajo un
chorro de agua fría hasta que el agua salga
limpia. Transfiérala a una cacerola de fondo
grueso con el agua, lleve a ebullición, disminuya
el fuego para que el agua apenas se agite
y cueza unos 20-30 minutos, hasta que el agua
se haya evaporado por completo y los granos
estén blandos y esponjosos.

Frutos secos en un mercado de Ciudad de México

Mientras, caliente una cucharada de aceite en una sartén, y fría un poco los anacardos removiéndolos hasta que estén ligeramente dorados; retírelos y resérvelos. Agregue el resto del aceite, la cebolla y el ajo a la cacerola, y fría hasta que se ablanden, pero no los deje dorar. Agregue el chile picado y fría un minuto; luego, mezcle con la crema y hierva. Mezcle con la quinoa y los anacardos picados en trozos no muy finos, excepto una cucharada, y mezcle a fuego lento otros 5 minutos. Sazone.

Para servir, cubra cada porción con unas hojas y esparza por encima los anacardos reservados mezclados con sal y los copos de chile.

Horchata de cajú
Para 1,2 l

Esta bebida refrescante está inspirada en la horchata española, legado a su vez de la presencia árabe.

Horchata de cajú

225 g de anacardos molidos
1,2 l de agua
2 cucharadas de azúcar (o más si lo desea)
1 trozo pequeño de canela en rama

Mezcle los anacardos molidos con el agua y deje reposar toda la noche. Al día siguiente, filtre el líquido lechoso sobre una cacerola y mézclelo con el azúcar y la canela. Lleve a ebullición y deje enfriar. Refrigere y retire la canela en rama antes de servir. Sirva bien frío en vasos altos.

piñón

(*Araucaria araucaria*, *A. angustifolia*, *Pinus cembroides*)

Los piñones nativos de América son las semillas extraídas de las piñas de la araucaria, un pariente cercano del *bunya-bunya* australiano. Este parentesco provoca que, junto con el cacahuete, sea uno de los pocos representantes botánicos que sustentan la teoría de que hubo un tiempo en que todos los continentes estuvieron unidos.

Compra y conservación

Recurra al olfato: su olor debe ser dulce y resinoso, y no deben presentar trazas de polvo, pues esto indica la presencia de huéspedes indeseados. El sabor se deteriora si están descascarillados; consérvelos en un frasco hermético en la nevera y consúmalos lo antes posible.

Empleo y usos medicinales

Es un alimento milagroso. Olvídese del solomillo: un puñado de piñones diario proporciona al cuerpo todas las proteínas y grasas que necesita. Las variedades latinoamericanas son particularmente ricas en vitaminas y minerales.

Usos culinarios

Todos los piñones, incluidos los mediterráneos, procedentes de *Pinus pinea*, son intercambiables culinariamente hablando. Por lo general se utilizan en todqa la región para espesar salsas tanto de origen mediterráneo como precolombinas.

Araucarias en el Parque Nacional de Cani, Chile

Cultivo

La araucaria es un pino que alcanza un tamaño notable. Es originaria del sur de Chile y puede llegar a vivir 1.500 años, lo que la convierte en uno de los organismos vivientes más longevos del mundo. Los piñones constituyen todavía un alimento importante para los mapuches del sur de Chile, para quienes estos árboles son sagrados. Desgraciadamente, sólo quedan vestigios de lo que antaño fueran vastos bosques e incluso éstos van desapareciendo con alarmante rapidez.
En Brasil se encuentra un árbol similar, el pino del Paraná (*A. angustifolia*). En México, las piñas de *P. cembroides* proporcionaron a los mayas una buena fuente de proteínas.

Aspecto y sabor

Los piñones se venden descascarillados, pues para abrirlos se requiere tiempo. Como bien recuerdo de la época de mis vacaciones infantiles en los Andres, se necesitan dos piedras pesadas y mucha paciencia para poder abrir incluso un puñado pequeño. Los mapuches del sur de Chile recolectan las piñas en otoño y las guardan bajo tierra todo el invierno para disponer de una fuente de proteínas durante los meses fríos; los descascarillan cuando los necesitan y los comen crudos o bien tostados. También los muelen o los cuecen y dejan fermentar la pulpa para preparar una especie de chicha.

Locro con piñones

Torta de piñones
Para 6-8 personas

Al moler los piñones, no los reduzca a polvo fino, pues quedarían aceitosos. Aunque le parezca que hay demasiado azúcar, el relleno adquiere así una buena consistencia. Puede realizar esta preparación con avellanas chilenas, emparentadas con las macadamias y que crecen silvestres cerca de las nieves. Se venden ya tostadas como los cacahuetes.

Para la pasta:
225 g de harina
1 cucharadita de canela en polvo
50 g de azúcar
175 g de mantequilla
1 yema de huevo mezclada con 1 cucharada
  de agua fría

Para el relleno:
110 g de piñones, picados en trozos
  no muy pequeños
75 g de azúcar granulado
$^1/_2$ cucharadita de pimienta de Jamaica aplastada
1 clara de huevo batida a punto de nieve
3 dl de crema de leche semibatida

Primero prepare la pasta: mezcle la harina con la canela y el azúcar, frote esta mezcla con la mantequilla, y luego incorpore el huevo y el agua suficiente para que al amasar obtenga una masa blanda y firme. Para ello utilice las yemas de los dedos y no trabaje la masa en exceso; una vez amasada, déle forma de bola. Cúbrala con película de plástico y déjela reposar 30 minutos.

Precaliente el horno a 200 °C.

Extienda la pasta formando un disco y forre con él un molde para tarta de 18 cm de diámetro. Pinche la base con un tenedor y hornee 10 minutos (no hay necesidad de hornearla en seco con papel de aluminio y judías secas).

Mientras, mezcle los ingredientes del relleno. Extienda la mezcla en el molde, devuélvalo al horno y hornee otros 30 minutos, hasta que el relleno haya cuajado y la pasta esté crujiente.

Locro con piñones
Para 4-6 personas

Esta sopa de invierno procede del altiplano andino y está enriquecida con piñones autóctonos, aunque puede emplear cualquier otro tipo. Al otro lado de los Andes se prepara un caldo con los huesos del asado, aunque también hay una versión sólo con agua.

1 kg de patatas viejas, peladas y a rodajas
  gruesas
2,5 l de caldo de huesos o agua
1 diente de ajo grande picado
2 cebollas pequeñas finamente picadas
sal y pimienta

Para acabar:
100 g de piñones
1 cucharada de ajo finamente picado
cilantro o cebolla tierna

Cueza las patatas con el caldo o agua, la sal, el ajo y la cebolla durante 30 minutos, hasta que estén tiernas. Aplástelas, pero no las bata con el robot o la batidora. Mientras, tueste ligeramente los piñones en una sartén sin grasa, agregue el ajo y aplaste la mezcla si utiliza agua, o déjela entera si emplea caldo. Mezcle esta preparación con la sopa y prosiga la cocción otros 10 minutos. Pruebe y rectifique la condimentación si fuese necesario. Sirva bien caliente en platos hondos con ramitos de cilantro o cebolla tierna.

COCO

(Cocos nucifera)

El coco es la fruta y la semilla del cocotero, un cultivo originario probablemente de Malasia y las islas de la Polinesia. Es un alimento básico, a veces el único en los trópicos, que llegó a América desde África flotando a la deriva.

Cultivo

El cocotero, al igual que otros árboles autóctonos de los trópicos, da frutos constantemente y florece y germina a lo largo de todo el año.

Aspecto y sabor

A pesar de las circunstancias mediante las que se introdujo en el Nuevo Mundo, el coco es una mina: la fibra se utiliza para tejer cestos y esteras; la cáscara externa, una vez seca y dura, proporciona combustible para cocinar; los pimpollos jóvenes se comen a modo de verdura; las hojas pueden utilizarse como abanicos y para cubrir techos; la nuez puede comerse tanto madura como tierna, y proporciona un aceite claro y perfumado; los capullos se hierven y se fermentan para preparar una bebida alcohólica; la cáscara, cuando está verde, está repleta de un agua ligeramente aromatizada, muy apreciada como refresco; mientras que la carne tierna tiene una consistencia parecida a la gelatina blanda y es de sabor neutro, y la nuez, cuando está madura, puede comerse enseguida o conservarse. Una vez abierto, es preferible guardarlo en la nevera.

Compra y conservación

Si compra un coco maduro entero, agítelo. Debe oír un sonido que le indica que está fresco y lleno de líquido. Compruebe que los tres «ojos» que recuerdan la cara de un mono no estén húmedos ni mohosos. Para abrir un coco, introduzca un instrumento puntiagudo en los «ojos» y escurra el líquido interior. Luego, rómpalo con un martillo pesado trabajando alrededor de la circunferencia hasta que se cuartee, déjelo caer sobre un suelo de hormigón, o bien caliéntelo en el horno a 180 °C durante media hora, transcurrida la cual se abrirá con un solo golpe. Retire la carne de la cáscara, envuélvala y resérvela en la nevera. Cómala en el curso de una semana, o rállela y deshidrátela en el horno a la temperatura más baja y guárdela en un frasco hermético.

Empleo y usos medicinales

Los cocos son ricos en yodo, por lo que están recomendados en el tratamiento de las tiroides. Su leche es comparable a la materna. El aceite extraído de la carne madura se ha venido utilizando para cocinar desde hace siglos; en su estado natural la grasa de coco es muy digestible y parece que no engorda. Cuando está refinada, tiene más del 90 % de grasa saturada, más incluso que la mantequilla y la manteca de cerdo. En esta forma se utiliza extensivamente en la preparación de helados, blanqueadores «lácteos» y batidos, y provoca colesterol. El aceite de coco no refinado se enrancia rápidamente, pero es muy apreciado para preparar cosméticos, sobre todo como acondicionador del cabello y para reparar las estrías tras el embarazo.

Productos derivados

Leche y crema de coco se venden enlatadas o en bloques compactos. Para preparar leche de coco, mezcle 8 cucharadas de coco rallado con 6 dl de agua caliente pero no hirviendo; bata la mezcla en el robot y fíltrela. Repita la operación. Mezcle los dos líquidos filtrados para obtener la leche de coco; del primero se obtiene la crema de coco. Para obtener una crema consistente, deje reposar el líquido y retire la capa superior que se forma.

Usos culinarios

La piña colada de Puerto Rico se prepara con leche de coco fresca, zumo de piña, almíbar de azúcar y ron. La leche queda deliciosa en budines de arroz y postres de leche. En Brasil y Colombia la crema de coco se emplea para enriquecer sopas y salsas, particularmente las de pollo o pescado.

Enyucado de coco
Para 8-10 personas

Un delicioso y jugoso pastel de coco de la costa caribeña colombiana. Hornéelo en un molde en forma de anillo. Queda delicioso acompañado de una ensalada de frutas frescas tropicales, como papaya y lima o plátano y granadilla.

1,3 kg de mandioca pelada
1 coco grande
450 g de queso blanco
un poco de sal
2 yemas de huevo
250 ml de leche
225 g de azúcar
4 cucharadas de mantequilla ablandada

Enyucado de coco, un jugoso pastel de coco y mandioca

1 cucharada de anís en grano, ligeramente tostado y picado

Ralle la mandioca, el coco y el queso sobre un cuenco. Agregue el resto de ingredientes y mezcle bien hasta obtener una masa blanda y homogénea. Déjela reposar una hora.

Precaliente el horno a 150 °C.

Transfiera la masa a un molde (uno para pan es perfecto) y hornee una hora hasta que el pastel esté firme al tacto, hinchado y dorado. Este pastel, sorprendentemente ligero y jugoso, es delicioso acompañado de piña fresca.

Ximxim
(Pollo y gambas con leche de coco a la bahiana)

Es el clásico plato completo de Bahía, la provincia brasileña más populosa. La combinación de ave y gambas con leche de coco es particularmente deliciosa y muy indicada para una fiesta.

1 pollo ecológico, cortado en trozos pequeños
2 limas
450 g de gambas frescas o langostinos grandes
8 cucharadas de aceite (oliva y dendé es perfecto)
2 cebollas suaves a dados pequeños
2 dientes de ajo finamente picados

1 pimiento rojo suave, sin semillas y picado
1 pimiento verde, sin semillas y picado
450 g de tomates maduros y picados
1 chile malagueta o habanero, sin semillas y picado
2 cucharadas colmadas de anacardos tostados
2 cucharadas colmadas de gambas secas (véase pág. 142)
sal y pimienta

Para acabar:
4 cucharadas de cilantro finamente picado
150 ml de leche de coco sin endulzar
2 cucharadas de aceite de dendé o vegetal coloreado con achiote (véase pág. 186)

Desgrase los trozos de pollo, recorte los alones y chamusque la piel. Salpimente y sazone con el zumo de una de las limas. Deje reposar media hora.

Prepare las gambas, pélelas si son largas, retire las cabezas pero no las colas ni el conducto intestinal que corre a lo largo del lomo. Salpiméntelas, mézclelas con el zumo de la mitad de la lima restante y deje marinar media hora.

Caliente la mitad del aceite y fría los trozos de pollo hasta que estén dorados. Póngalos a un lado y añada las gambas, que se cocerán en uno o dos minutos. Retire y reserve las gambas y el pollo. Fría la cebolla, el ajo y los pimientos rojo y verde en el resto del aceite que habrá añadido a los fondos de cocción del pollo y las gambas. Déjelos sofreír, pero no dorar. Agregue los tomates y el chile; lleve a ebullición y aplaste el contenido del recipiente hasta obtener una salsa. Vierta un vaso de agua, deje hervir de nuevo y devuelva el pollo al recipiente. Tape herméticamente y deje cocer a fuego lento de 20 a 30 minutos, hasta que el pollo esté del todo tierno. Añada los frutos secos y las gambas secas majadas. Deje hervir de nuevo, agregue el jengibre y cueza 5 minutos a fuego lento. Mezcle con el cilantro picado, la leche de coco y el aceite de dendé, coloque encima las gambas y recaliente suavemente.

Es delicioso acompañado de arroz blanco, un poco de *farofa* y unas gotas de salsa malagueta, así como acompañado con una caipirinha.

la alacena

Al considerar los productos de la alacena latinoamericana, vale la pena recordar que antes de la llegada de los europeos la sal no se encontraba disponible, ni la de mina ni la de las salinas. Durante muchos siglos, el principal método de conservación consistía en una cocción prolongada en un horno de tierra (con o sin la incorporación del ahumado), y a veces la inclusión de una sustancia bactericida vegetal, como la pimienta de Jamaica o la casarepa. El secado por congelación ya era conocido por los incas, quienes empleaban este método para conservar las patatas. La carne, en aquellas zonas cuyo clima era demasiado húmedo para evitar la rápida deshidratación indispensable sin el salado, se conservaba secándola al aire.

La dieta, que adolecía del sabor de la sal, debía realzarse con chiles, chocolate, vainilla y otros aromatizantes autóctonos. También se empleaban aditivos vegetales, como las semillas de achiote, que se utilizaban a modo de colorante; la pimienta de Jamaica, muy aromática, y la angostura, valorada tanto por sus propiedades medicinales como por su sabor amargo, que estimula el apetito.

Por lo que respecta a aquellos productos con propiedades curativas, estimulantes o sencillamente placenteras, se utilizaban una amplia variedad de infusiones. El mate, una infusión realizada con las hojas de un miembro de la familia del acebo, es una de las más populares y ocupa el lugar del chocolate en el sur del continente. En las zonas tropicales, el café, importado por los europeos, encontró las condiciones ideales para su cultivo, convirtiéndose muy pronto en una infusión popular y un producto importante para la exportación.

Los pueblos de la época precolombina estaban perfectamente familiarizados con las bebidas fuertes, que preparaban a partir de una amplia variedad de materiales. Entre éstos se encuentra el pulque, obtenido a partir del zumo de un cactus del desierto y que se destila para obtener el tequila, un aguardiente incoloro e inodoro.

cacao

(Theobroma cacao)

El árbol tropical que produce esta valiosa cosecha es muy temperamental. Depende de un pequeño mosquito para polinizarse y no florece a no ser que disfrute durante todo el año de humedad y una temperatura no inferior a los 18 °C, viéndose confinado a una temperatura de no más de 20 °C a ambos lados del ecuador. El árbol aprovecha una pequeña parte de su floración, pues tan sólo una de cada cien flores produce el fruto.

Cultivo

El *Theobroma cacao* es un árbol bajo de amplia copa originario de la América ecuatorial. Sus cápsulas, que crecen preferentemente a lo largo del tronco y algunas en las ramas, varían de color a medida que maduran, pasando del ocre al rojo. En su interior se encuentran hileras de pepitas o granos rodeadas de una pulpa blanca mucilaginosa. Los cosechadores parten los frutos y los dejan fermentar bajo hojas húmedas, un proceso natural que realza su sabor y evita que formen brotes. Los granos de cacao se exportan para manufacturarse en su destino, donde se transforman en chocolate y cacao en polvo.

Compra y conservación

Entre las diferentes variedades, se considera que la criolla original de los mayas es la mejor. Es afrutada y fragante, con un toque de delicada acidez. El forastero, natural de las selvas brasileñas, y que en la actualidad se cultiva extensamente en África ecuatorial, no es tan valorado, y debe tostarse para intensificar su sabor. El trinitario del Caribe es un híbrido de ambos: es suave y su olor recuerda al roble, la miel y el heno. La mayoría de los chocolates son una mezcla de estos tres granos. Cuando desee comprobar la calidad de un chocolate negro para cocinar, lea la etiqueta: el contenido en cacao será como mínimo del 70 %. Al abrir el embalaje, la superficie del chocolate debe ser lisa y brillante. Un toque rojizo indica calidad: el chocolate negro debe emitir un tono caoba oscuro, pero nunca negro. Al romperlo debe hacer un ruido crujiente. Para comprobar su sabor derrita un trozo pequeño en la lengua: debe ser limpio (con aromas parecidos al vino, como heno, caramelo, frutas, especias); su textura, cremosa en vez de aceitosa (si se derrite rápidamente indica que tiene un elevado contenido en manteca de cacao), el toque final será largo, como el vino. Guárdelo en un lugar fresco y seco.

Empleo y usos medicinales

Entre los aztecas y sus predecesores el cacao se utilizaba como una medicina para todo. Como afrodisíaco, su consumo estaba reservado al emperador, a quien se le suponía la capacidad de engendrar la nación. Los sacerdotes lo utilizaban como una panacea para los dolores estomacales, antídoto para cualquier tipo de intoxicación, desinfectante para los cortes y bálsamo para las heridas. Para los mortales ordinarios constituía una especie de moneda de cambio en todo el Imperio para intercambiar bienes y servicios. En esta forma lo encontraron por primera vez los colonizadores españoles.

Hojas frescas de cacao, Perú

Usos culinarios

El cacao crudo tiene un sabor amargo y, al igual que el café, debe fermentarse y tostarse. En las civilizaciones maya y azteca, los granos se preparaban de forma parecida a la actualidad: se secaban bajo el sol y se fermentaban en sus cápsulas; luego, se molían sobre un fuego hasta reducirlos a polvo y se les daba forma de píldoras para su conservación. En esta forma su sabor es amargo y debía equilibrarse con el dulzor de la miel, espesarse con harina de maíz dulce y aromatizarse con vainilla o chile, o ambos. Esta aromática mezcla se combinaba luego con agua hirviendo y se batía hasta que formaba espuma. En la actualidad, la manteca de cacao se extrae mediante calor y las cáscaras se muelen para obtener cacao, o bien se añade a la cáscara manteca de cacao extra y endulzantes para obtener un bloque sólido de chocolate. Es preferible emplear cacao sin endulzar en platos salados, aunque también se puede emplear chocolate amargo de calidad.

Mole negro de guajalote

Mole negro de guajalote
Para 10-12 personas

Uno de los grandes platos de la cocina mexicana, ideado según parece por las monjas de un convento de Oaxaca. No se preocupe por el número de ingredientes de la receta, pues la preparación es fácil.

1 pechuga de pavo con el hueso
1 cebolla grande troceada
3 clavos y 3 granos de pimienta de Jamaica
6 granos de pimienta
2-3 ramitas de tomillo
2-3 ramitas de orégano seco
sal

Para la salsa:
250 g de chiles secos poco picantes
6 cucharadas de manteca o aceite
6 dientes de ajo picados en trozos grandes
1 cebolla a rodajas finas
1 tortilla de maíz desmenuzada
4 cucharadas de cacahuetes picados en trozos grandes
2 cucharadas de pepitas de calabaza
2-3 tomatillos (o tomates normales)
4 cucharadas de pasas

60 g de cacao sin endulzar o chocolate negro rallado
1 cucharadita de cáscara de naranja
1 cucharadita de canela molida
sal

Coloque la pechuga de pavo en una cacerola con los aromatizantes, cúbrala con agua, sale y cueza con el recipiente tapado de 1 ½ a 2 horas, hasta que esté perfectamente tierna. El líquido de cocción apenas debe agitarse. Corte la carne a tiras separándola del hueso y resérvela. Filtre el caldo y guárdelo.

Tueste los chiles en una sartén seca durante 1 minuto, hasta que cambien de color; luego, póngalos en un cuenco con el agua hirviendo suficiente para cubrirlos.

Caliente la mitad de la grasa en una sartén y fría los trozos de tortilla hasta que estén crujientes y dorados. Tueste los frutos secos y las pepitas en la grasa hasta que estén ligeramente tostados y añádalos al vaso del robot o batidora. Fría los tomates (quizás necesite más aceite) hasta que se ablanden, mézclelos con las pasas, lleve a ebullición y agréguelos a la batidora. Vierta en ésta unos 300 ml del caldo reservado y bata hasta obtener un puré.

Fría el ajo y la cebolla en el resto de la manteca o del aceite hasta que se doren. Agregue el contenido de la batidora y lleve a ebullición, baje el fuego y deje cocer a fuego lento unos 15 minutos.

Mientras, vierta los chiles remojados con su agua en el vaso de la batidora y redúzcalos a puré. Agréguelos a la salsa y lleve a ebullición. Mezcle la salsa con el chocolate, la canela y la cáscara de naranja. Agregue otros 600 ml de caldo y deje hervir de nuevo. Incorpore la carne de pavo reservada y deje cocer 20 minutos, hasta que la salsa se ligue. Pruébela y sale si fuese necesario.

Sirva el mole en una fuente y esparza por encima las pepitas de calabaza y un poco más de cáscara de naranja a tiras finas. Acompañe con judías negras, arroz blanco, guacamole recién preparado y tortillas frescas.

Chocolate con vainilla
Para 4 personas

Una taza de chocolate caliente aromatizado con vainilla es el mejor reconstituyente tras una noche de juerga.

50 g de chocolate negro de la mejor calidad (con el 70 % de cacao)
600 ml de agua caliente (no hirviendo)
las semillas de un trozo de 2,5 cm de una vaina de vainilla
1 yema de huevo o 1 cucharadita de maicena mezclada con un poco de agua fría
4 cucharadas de leche evaporada sin endulzar (o crema de leche ligera)
miel para endulzar
chile molido o en copos (opcional)

Parta el chocolate en trozos pequeños y déjelo derretir a fuego muy lento con 150 ml de agua. Tan pronto como se licue incorpore batiendo el resto del agua caliente, las semillas de vainilla y bata hasta obtener un líquido homogéneo. Retire del fuego e incorpore removiendo con un tenedor la yema o la mezcla de maicena con la leche evaporada o la crema. Bata la mezcla sobre el fuego hasta que esté sedosa y lisa y retírela antes de que el líquido empiece a hervir. Añada miel al gusto y esparza por encima el chile si lo desea.

vainilla

(Vanilla planifolia, V. fragans)

La vaina de la vainilla alberga las semillas de una orquídea trepadora originaria de Centroamérica que ya era conocida por los mayas y aztecas, quienes la empleaban para aromatizar el chocolate. Las primeras vainas fueron exportadas a la corte española por Hernán Cortés, quien al entrar en la capital azteca fue recibido como un dios.

Cultivo

La planta de la vainilla es una orquídea trepadora de copa alta con flores de color crema parecidas a las azucenas y que florece a 50 metros por encima del bosque tropical. Cuando se cultiva comercialmente se trata como una trepadora y se guía por medio de varas en largas hileras. Cada flor se abre una sola vez al año y si no las polinizan los insectos deben polinizarse a mano. Las vainas se recolectan todavía amarillas e inmaduras, cuando no tienen fragancia ni sabor. Luego, se someten a una especie de fermentación que provoca el desarrollo de las enzimas que desarrollan la fragancia característica de las vainas. El método tradicional para conseguirlo consiste en secarlas varias semanas bajo una cubierta; luego, se extienden sobre mantas de lana para que se calienten bajo el sol y por la noche se envuelven en las mantas y se ponen bajo techo para que suden. Cuando han pasado del color marrón al negro, se dejan secar otros dos o tres meses antes de almacenarlas o venderlas para la exportación. El proceso de curado tarda de 3 a 6 meses. Los principales países productores latinoamericanos son México, Guayana, Puerto Rico, Guadalupe y la República Dominicana. La vainilla de las Antillas se extrae de una especie diferente, la *Vanilla pompona*.

Aspecto y sabor

Las vainas de vainilla debidamente tratadas tienen un color marrón oscuro brillante y están salpicadas de pequeños cristales de vainillina, un elemento químico que se desarrolla como resultado del proceso de curado. Su sabor es complejo y se utiliza tanto en repostería como en perfumería. Es tanto una fruta como una flor, como las tuberosas y el mango, y su aroma es fragante pero nunca pesado. La vainilla mexicana tiene un agradable toque ácido que no se encuentra en otras variedades.

Compra y conservación

La mejor vainilla se vende envasada en un tubo de plástico o vidrio al vacío que permite observar su apariencia. Busque los característicos cristales de vainilla esparcidos sobre las vainas. Las frescas tienen siempre mejor sabor que la esencia mejor preparada, la cual se obtiene macerando las vainas en alcohol varios meses. El precio y el embalaje le indicarán si compra vainilla auténtica. Puede utilizar la vaina más de una vez si sólo la ha sumergido en una crema; para ello, lávela cuidadosamente, séquela y guárdela enterrada en un frasco con azúcar para perfumarlo. Por otro lado, sus minúsculas semillas son irresistibles en un postre cremoso gracias a su atractivo visual y su sabor crujiente. Deseche la vainilla sintética, basada generalmente en euguinol, una sustancia que aparece de forma natural en el aceite de clavo y también en la pulpa de madera blanda empleada para fabricar papel. Es pegajosa, poco sabrosa, nada fresca y muy poco sutil, así como de autenticidad.

Empleo y usos medicinales

La vainilla estimula el hígado y facilita la producción de las enzimas digestivas. Tiene también la reputación de ser afrodisíaca, una virtud que no puede separarse de sus propiedades digestivas.

Usos culinarios

La vainilla proporciona dulzor y fragancia. Aunque se utiliza generalmente en combinación con azúcar, éste no siempre resulta evidente.

Chucula de vainilla
Para 4-6 personas

Un delicioso postre cremoso ecuatoriano perfumado con semillas de vainilla deliciosamente fragante, sobre un fondo de guayaba y plátano.

1 vaina de vainilla corta
2 plátanos maduros a rodajas gruesas
150 ml de agua
2-3 guayabas maduras, cuarteadas, peladas y descorazonadas
3-4 cucharadas de azúcar blanquilla (o almíbar de caña de azúcar)
300 ml de crema de leche espesa y batida

Raspe las semillas de la vaina de vainilla y resérvelas. Ponga los plátanos en un cazo, cúbralos con el agua, agregue las semillas y póngalas a cocer. Retire el recipiente del fuego al cabo de unos 5 minutos, tan pronto como el plátano se ablande. Agregue las guayabas, tape de nuevo y prosiga la cocción 5 minutos. Retire la vaina de vainilla, reduzca a puré la fruta con el azúcar y las semillas de vainilla e incorpore luego cuidadosamente la crema batida. Deje enfriar o introdúzcalo un rato en el congelador. Sirva en cuencos o copas de cristal.

Chucula de vainilla

Ponche de vainilla
Para 6 personas

El clásico ponche que se toma como remedio tras una resaca. Encontrará diferentes variantes del mismo en toda la región. Esta versión procede en concreto de México.

600 ml de leche cremosa o crema de leche ligera
4 cucharadas de azúcar blanquilla
$^1/_2$ vaina de vainilla
6 yemas de huevo
300 ml de ron blanco

Ponga la leche, el azúcar y la vaina de vainilla en un cazo de fondo grueso, caliente lentamente hasta casi alcanzar el punto de ebullición, y remueva hasta que el azúcar se disuelva. Baje el fuego y cueza a fuego lento 15 minutos, hasta que la vainilla desprenda su fragancia a leche. Retire la vaina.

Bata las yemas hasta que blanqueen y estén espumosas. Incorpore la leche y cueza a fuego lento 15 minutos, hasta que la crema se espese y cubra el dorso de una cuchara de madera. Déjela enfriar antes de mezclarla con el ron. Embotelle el ponche y tápelo con un corcho. Estará listo al cabo de uno o dos días.

miel

La miel es el alimento de las abejas. Aunque es un edulcorante natural, se utiliza en toda la región para sazonar la carne y otros alimentos salados.

miel líquida

bresca

Preparación

Las abejas sudamericanas tienen una bien ganada reputación de ferocidad e irritabilidad. Afortunadamente, su miel es deliciosa, sobre todo la silvestre que se vende con la bresca.

Aspecto y sabor

Tanto la bresca como la miel son muy apreciadas. El sabor de la bresca recuerda al caramelo y la crema. Las mieles de bosque de México y Guatemala son especialmente oscuras y ricas en vitaminas y minerales. Las mieles de pino del altiplano andino son deliciosas y ricas en minerales.

Compra y conservación

La miel es fiel reflejo de la dieta de las abejas que la producen; no tiene toxinas, antibióticos ni pesticidas, es fragante y posee otros muchas virtudes. Tenga en cuenta que algunas son muy fuertes, de sabor casi medicinal, mientras que otras, si las abejas han polinizado ciertas flores, pueden ser incluso tóxicas. Se conserva casi indefinidamente; cristaliza en el curso de un año, pero puede volver a su estado original si se calienta al baño maría. Una miel calentada hasta los 63 °C todavía puede etiquetarse como no cocida, aunque su sabor y contenido vitamínico empiezan a alterarse a partir de los 40 °C.

Empleo y usos

La miel sin tratar es antiséptica y laxante. Tomada en una infusión de tomillo, combate la sinusitis; en combinación con vinagre o limón, suaviza la garganta y, aplicada tópicamente, ayuda a cicatrizar las heridas. Desde el punto de vista nutritivo, la miel se asimila más lentamente que el azúcar, y las variedades más oscuras suelen contener más minerales que las claras. Los apicultores elaboran un licor con miel fermentada y con la cera fabrican los cirios que se ofrecen a los santos de las iglesias, cuyo temperamento resulta tan caprichoso como el de los antiguos dioses de época precolombina. En cualquier caso, es indudable que los santos tienen un apetito insaciable de cirios.

Usos culinarios

Se necesita un 30 % menos de miel que de azúcar para endulzar una preparación. El sabor de una miel que no se ha mezclado con otras se aprecia mejor en su forma más sencilla, es decir, mezclada con la infusión preferida de la región: chocolate en las tierras de mayas y aztecas, y mate en el sur de Brasil, Uruguay, Paraguay y Argentina. La miel puede hervirse para obtener una salsa espesa parecida al *toffee*, deliciosa sobre un helado de vainilla o como relleno para los churros. Puesto que el dulzor se asocia con el placer, los dulces elaborados con miel tienen su lugar en bodas y celebraciones religiosas, particularmente aquellas asociadas con la Vírgen.

Apicultor de San Martín, México

Turrón de miel de abejas
Para 6 personas

Este postre chileno está inspirado en el turrón español, que a su vez procede de las halvas de origen árabe. Es ligero y exquisito, particularmente si se sirve con algo ácido, como un sorbete o una ensalada de frutas frescas con piña y fresas. Si se encuentra en Chile, acompáñelo con murtillas, unas jugosas bayas negras brillantes que recuerdan al sabor de las guindas.

6 cucharadas de miel
6 cucharadas de vino blanco seco
4 claras de huevo grandes
una pizca de sal
2 cucharadas de piñones tostados

Ponga a hervir la miel y el vino en un cazo esmaltado sin dejar de remover. Pare de remover tan pronto como la mezcla hierva, baje el fuego y deje cocer de 5 a 10 minutos a fuego lento, hasta que el almíbar se espese al punto de bola blanda y alcance la temperatura de 130 °C.

Mientras, bata las claras con la sal hasta que estén a punto de nieve, pero no en exceso, pues podrían quedar granulosas. Vierta el almíbar caliente en forma de chorrito fino sobre las claras y sin dejar de batir hasta que la preparación esté fría y brillante. Repártala en cuencos o vasos, y esparza por encima los piñones tostados.

Cachapas con miel
Para una docena

Deliciosas tortitas venezolanas preparadas con maíz fresco y harina de maíz, y acompañadas con miel de bosque oscura.

350 g de granos de maíz raspados de la mazorca
50 g de harina de maíz (o polenta fina)
50 g de harina para pan
1 cucharadita rasa de levadura en polvo
una pizca de sal
175 ml de suero de leche
1 huevo grande

Las cachapas con miel se sirven para el desayuno

Para acompañar:
Una jarrita de miel caliente

Vierta todos los ingredientes de las tortitas en el vaso de la batidora y bata hasta obtener una masa homogénea. Caliente una plancha o sartén de hierro de fondo grueso y úntela ligeramente. Tan pronto como esté lo suficientemente caliente para tostar un poco de harina en el plazo de 10 segundos, ya está lista para cocinar.

caña de azúcar

(Saccharum officinarum)

La caña de azúcar se introdujo en Brasil y el Caribe como cultivo comercial, para el que se empleó la mano de obra procedente del tráfico de esclavos. En la actualidad, continúa siendo la fuente de azúcar más importante a pesar de la proliferación de la remolacha azucarera.

Azúcar moreno crudo a la venta en un mercado quechua en el altiplano peruano

Cultivo

La caña de azúcar crece en grupos densos de forma parecida al bambú. Está lista para cortar con tan solo un año. Transcurrido este tiempo, las plantas dan cosechas sucesivas de cañas denominadas serpollos, aunque su productividad decrece cada estación.

Aspecto y sabor

Cuanto más oscuro sea un azúcar, menos se habrá manipulado y mejor será su sabor: el azúcar crudo que se importa para procesar en las refinerías azucareras está repleto de muchas cosas que nadie desearía comer.

Compra y conservación

La caña de azúcar era una golosina de la que disfrutaba de pequeña. Cómprela cortada en trozos pequeños a principios de la estación, cuando aparece en el mercado. Pele la piel verde y succione las fibras para extraer el zumo.

Empleo y usos medicinales

El azúcar es apreciado en todo el mundo tanto procesado como masticado directamente de la caña. Proporciona energía rápida, aunque poco más. Es este aporte rápido de energía lo que le hace tan adictivo.

Productos derivados

El ron, el principal derivado de la industria azucarera, fue en un principio una industria casera en la que se destilaban los desechos de la extracción del azúcar de caña. El ron es un licor incoloro e inodoro que necesita cierta ayuda para adquirir distinción. Con el ron jamaicano se elabora el *Planter's punch*, que incluye naranja, pomelo y piña endulzados con granadina y forticados con ron. El daiquiri, que contiene proporciones iguales de zumo de limón y ron y que se sirve bien helado, fue bautizado con el nombre de una pequeña ciudad minera del norte de Cuba, donde se popularizó.

Usos culinarios

Los habitantes de las Antillas agregan azúcar a la carne al freírla en aceite, y le proporcionan un delicioso sabor caramelizado. Otra receta peculiar de la región consiste en hervir leche y azúcar hasta que la mezcla queda grumosa y caramelizada (*véase* dulce de leche, pág. 104).

azúcar sin refinar

ron

caña de azúcar

Cazuela de Trinidad

Sírvalo como plato de fiesta, preferentemente el día siguiente de haberlo preparado

Un guiso caribeño agridulce sazonado con azúcar, vinagre y chile. La cazuela puede mantenerse durante meses cociendo al lado de la lumbre, añadiéndosele cada día algo nuevo en forma de carne o ave. Sírvala con arroz, patatas hervidas o ñames, quizás unas rodajas de mango encurtido y plátano macho aliñado con zumo de lima. La cazuela de Trinidad lleva casarepa, una preparación almibarada de mandioca amarga, cuyo valor para ablandar la carne era particularmente útil cuando se cocinaba caza, la única carne disponible antes de que los europeos introdujeran los animales domésticos.

Cazuela de Trinidad: especiada, dulce, picante

900 g de cuartos de pollo
1 pie de cerdo chamuscado y partido (opcional)
1,3 kg de cerdo o buey para guisar a dados
2-3 pimientos rojos, sin semillas y a rodajas
2 cebollas a rodajas gruesas
1-2 chiles habaneros, sin semillas y picados
1 trozo pequeño de canela
3-4 clavos
1 ramita de tomillo
1-2 cucharadas de vinagre
1 cucharada de salsa Worcester
2 cucharadas de azúcar moreno
sal

Coloque todos los ingredientes en una cazuela grande con el agua suficiente para cubrirlos por completo. Lleve a ebullición, baje el fuego, tape y cueza a fuego lento 2 horas como mínimo, o más si lo desea, hasta que la carne esté del todo tierna. Agregue más agua si fuese necesario. Si prefiere utilizar el horno cuente el mismo tiempo y hornee a 150 °C.

Pruebe el guiso y rectifique la condimentación; añada más azúcar o vinagre si fuese necesario. Mejora al día siguiente.

Caipirinha

Para 1 persona

La *caipirinha* es la bebida nacional brasileña. Cuando se prepara con ron blanco en vez de *cachaça* (ron de caña de azúcar), se convierte en *caipirissimia*. Prepárela de una en una.

1 lima cortada a trozos pequeños
azúcar blanquilla al gusto
un chorro de cachaça o ron blanco
cubitos de hielo

Ponga la piel con la carne hacia arriba en un vaso corto y ancho, antes que en uno alto. Añada el azúcar y aplástelo con las limas con ayuda de una mano de mortero, pero no machaque la piel de la lima, pues la bebida quedaría amarga. Agregue el ron, mezcle y por último incorpore los cubitos de hielo.

malagueta

malagueta (*Pimenta dioica/P. officinalis*)

La malagueta o pimienta de Jamaica es una pequeña baya cuyo tamaño no supera al de un grano de pimienta. Tiene un aroma complejo, a mezcla de especias, y es el fruto de un pequeño árbol tropical que también crece en Centroamérica central y Sudamérica.

Cultivo

El pequeño pimentero donde crece la malagueta es originario del Caribe y particularmente prolífico en Jamaica, donde se cultiva la mayoría de la producción mundial. Al igual que con cualquier sustancia aromática, como la pimienta negra en grano y las vainas de vainilla, las bayas se recolectan cuando están verdes y se extienden bajo el sol para que se sequen y oscurezcan, con el fin de intensificar su sabor.

Aspecto y sabor

A diferencia de la pimienta en grano, los granos de la malagueta tienen un tamaño variable. Son muy fragantes, con un toque a nuez moscada, canela, clavo y pimienta; por tanto, apropiada para platos dulces y salados.

Compra y conservación

Elija bayas limpias de tono no demasiado oscuro y sin restos de polvo. Son más aromáticas cuando están recién molidas, por lo que es preferible comprarlas enteras y no en polvo. Guárdelas en un frasco hermético no más de un año.

Empleo y usos medicinales

La pimienta de Jamaica es digestiva y realiza las mismas funciones que la menta: evita la formación de gases en el tracto intestinal superior. Una infusión de sus bayas machacadas sirve para atenuar los dolores musculares y su aceite se aplica tópicamente para aliviar el dolor de muelas.

Una plantación de pimienta de Jamaica en Belice

Usos culinarios

La pimienta de Jamaica es una especia caliente que proporciona equilibrio y profundidad cuando se emplea en platos salados en combinación con chile. Sin embargo, se usa principalmente en la preparación de postres y pasteles a los que aporta un tono a pimienta y una compleja mezcla de fragancias.

Pollo con pimienta de Jamaica
Para 4-6 personas

Este condimento para sazonar se vende ya preparado en las tiendas de alimentación caribeña bajo el nombre de *jerk seasoning*. Es perfecto para el cerdo y delicioso frotado sobre una paletilla deshuesada para asar a la barbacoa, que se dejará adobar toda la noche. Para preparar una marinada para pescado, mezcle el condimento con el mismo volumen de leche de coco en vez de zumo de lima y marine el pescado tan sólo una hora en la mezcla.

Para el condimento *jerk*:
1 cucharada de pimienta de Jamaica molida
1 cucharada de jengibre molido
1 cucharada de tomillo seco desmenuzado
1 cucharada de cebolla seca finamente picada
1 cucharadita de sal marina
1 cucharadita de pimienta de Cayena o chile en polvo
1 cucharadita de azúcar
$^1/_2$ cucharadita de pimienta blanca molida
$^1/_2$ cucharadita de canela molida

El pollo:
unos 900 g de muslos y alas de pollo
el zumo de 2 limas
2 dientes de ajo picados
2 cucharadas de aceite

Mezcle los ingredientes del condimento. Retire los plumones al pollo y lávelo. Mezcle dos cucharadas del condimento con el zumo de lima, el ajo picado y el aceite, y frote el pollo con esta mezcla. Déjelo reposar de 3 a 4 horas en un lugar frío. Precaliente el grill o encienda la barbacoa. Ase los trozos de pollo 7-15 minutos, dórelos uniformemente y piense que los muslos necesitan el doble de tiempo que las alas. Sirva con plátanos horneados (*véase* pág. 206).

Batido de plátano a la pimienta de Jamaica

Para 3-4 personas

El toque pimentado de la malagueta realza el sabor suave de la vainilla y combina bien con la cremosidad del plátano, presente todo el año en los mercados jamaicanos.

4 plátanos maduros
4 bolas de helado de vainilla de calidad
600 ml de leche cremosa
azúcar al gusto
$^{1}/_{2}$ cucharadita de pimienta de Jamaica recién molida

Coloque todos los ingredientes en el vaso de la batidora y accione el aparato hasta que todo esté bien mezclado. Sirva en vasos altos y espolvoree con un poco de pimienta de Jamaica.

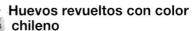

achiote

urucu (Brasil), *roucou* (Antillas)
(*Bixa orellana*)

Achiote es el nombre genérico que se da a las bayas de un pequeño árbol que recolectaban los indios de la selva amazónica para decorar sus cuerpos. Cuando los esclavos africanos llegaron a Brasil, encontraron un nuevo uso para este tinte. Como añoraban los sabores y olores de su tierra, empleaban las bayas para proporcionar al aceite ordinario el mismo color que su apreciado aceite de palma o *dendé*.

Aspecto y sabor

Las bayas, cuando están frescas son de un rojo brillante y huelen a pétalos de rosa.

Compra y conservación

Cómprelo en pequeñas cantidades, preferentemente en tiendas especializadas en productos caribeños. Cuando las semillas envejecen, se vuelven de color marrón y pierden tanto su aroma como la propiedad de teñir.

Empleo y usos medicinales

En tanto que colorante natural, el achiote se utiliza profusamente en la industria alimentaria, sobre todo en el queso y la mantequilla (buena parte de la que llega al Caribe procede del puerto de Cork, en la costa oeste de Irlanda).

Usos culinarios

Se utiliza como colorante alimentario. Es popular en Chile, el Caribe y Brasil, donde las semillas duras y casi incomestibles se ponen en infusión en aceite y se filtran.

Productos derivados

Para preparar color chileno, caliente $^1/_2$ taza de semillas de achiote con 2 cucharadas de manteca y cueza a fuego lento 5 minutos. Filtre y reserve. Recaliente el achiote con otras dos cucharadas de manteca y filtre y reserve con la primera tanda. Repita el proceso dos veces más. La mezcla de ambas tandas da un color muy concentrado: $^1/_2$ cucharadita tiñe un plato para 4 personas.

Para colorear un aceite como el de *dendé*, añada 3 cucharadas de semillas de achiote a 300 ml de caldo vegetal o de oliva y deje en infusión toda la noche, o bien caliente a fuego lento 5 minutos, hasta que la preparación adquiera un tono naranja vivo. Filtre y use.

Huevos revueltos con color chileno
Para 4 personas

El chorizo chileno se vende en ristras pequeñas y es muy graso. Puede sustituirlo por chorizo para cocer.

2-4 cucharadas de aceite de oliva
 (dependiendo de la grasa del chorizo)
110 g de chorizo a rodajas
1 chile rojo pequeño fresco, sin semillas
 y finamente picado
$^1/_2$ cucharadita de color chileno
6 huevos batidos ligeramente con un tenedor
sal

Caliente el aceite en una sartén pequeña y agregue las rodajas de chorizo. Fríalo hasta que empiece a desprender la grasa. Agregue el chile, mezcle 1 minuto sobre el fuego, agregue el color chileno y por último los huevos.

Mezcle con un tenedor hasta que los huevos empiecen a cuajarse. Sale ligeramente (el chorizo ya está salado). Tan pronto como los huevos empiecen a cuajar, retire la sartén del fuego y transfiera su contenido a una fuente caliente. Sirva con arepas calientas o pan tostado.

Planta del achiote, Brasil

Patatas bravas chilenas
Para 4 personas como entrante

Cuanto más frío sea el invierno, más picante ha de ser el aliño.

700 g de patatas pequeñas

Para el aliño:
2 dientes de ajo finamente picados
2-3 chiles secos desmenuzados
1 cucharadita de orégano seco
1 cucharadita de semillas de comino

2 cucharadas de manteca de cerdo
¹/₂ cucharadita de semillas de achiote molidas
450 g de tomates rallados o picados
1 cucharada de aceitunas negras deshuesadas

Para servir:
lechuga arrepollada
chiles jalapeño encurtidos

Cueza las patatas en abundante agua salada hasta que estén tiernas. Escúrralas y páselas sobre el fuego para que se sequen y las pieles se cuarteen ligeramente.

Mientras, prepare el aliño. Pique en un mortero el ajo, el chile, el orégano, el comino y las semillas de achiote reduciéndolos a una pasta con la sal. Caliente la manteca en una sartén y fría la pasta suavemente de 2 a 3 minutos, hasta que se ablande. Agregue los tomates y lleve a ebullición; aplástelos mientras los cuece para obtener una salsa espesa. Mezcle con las aceitunas y agregue las patatas. Déles varias vueltas para recubrirlas uniformemente.

Sirva con hojas de lechuga y pimientos jalapeños encurtidos.

angostura

La angostura, que se extrae de la corteza de un árbol sudamericano (*Galipea officinalis*), es un aromatizante que contiene quinina, el primer tratamiento efectivo contra la malaria.

Preparación

Se vende en forma de *bitter* y se prepara con una fórmula secreta. Se embotella en Trinidad.

Aspecto y sabor

El *bitter* de la angostura es un líquido marrón rosado de sabor especiado y con aromas del clavo, *macís*, nuez moscada, pimienta de Jamaica, canela, cáscara de limón, ciruelas, quinina y ron.

Compra y conservación

No hay elección: la angostura se vende en una botella pequeña cuyo contenido puede durar toda una vida.

Empleo y usos medicinales

La angostura se inventó como efectivo antipirético en la ciudad venezolana del mismo nombre, situada a orillas del Orinoco (en la actualidad Ciudad Bolívar) por el Dr. Siegart.

Usos culinarios

La angostura se utiliza para añadir a la ginebra, a la que colorea de rosa. En el Caribe, Bolivia, Perú y Ecuador, se utiliza para realzar sabores. Se suelen añadir unas gotas de la misma a los postres cremosos, o se ofrece como alternativa a los chiles que acompañan la fruta fresca. A veces se incluye en adobos y salsas debido quizás a su parecido con la casarepa, una preparación almibarada de mandioca amarga que se utiliza tradicionalmente para ablandar la carne.

Cóctel de gambas angostureño
Para 4 personas

Se trata de una salsa de tomate con un toque amargo que casa bien con la carne dulce de las gambas. Es buena con cualquier pescado simplemente cocido al vapor, horneado o a la parrilla.

450 g de gambas cocidas, peladas, con las colas
3 tomates grandes maduros, escaldados, pelados y picados
1 diente de ajo pelado y picado
2 cucharadas de piñones tostados
2 pimientos rojos asados, sin semillas y pelados
100 ml de aceite de oliva
$^1/_2$ cucharadita de angostura
1 cucharadita de sal
una pizca de azúcar

Para acabar:
hojas de lechuga picadas

Vierta todos los ingredientes, excepto las gambas, en el vaso de la batidora y redúzcalos a puré. Pruebe y rectifique la condimentación con un poco más de azúcar o zumo de limón al gusto. Aliñe las gambas con esta salsa, reservando las mejores para decorar. Coloque las gambas sobre las hojas de lechuga.

Pisco sour
Para 1 persona

Este cóctel tiene el sabor amargo típico de la angostura. Se prepara con pisco, el aguardiente peruano incoloro e inodoro que se envejece en barriles forrados de parafina. El pisco sour es igualmente apreciado en Ecuador y Bolivia.

1 chorro de pisco
1 cucharadita de clara de huevo
1 cucharada de azúcar blanquilla
1 cucharada de zumo de lima
6 cubitos de hielo

Para acabar:
angostura

Agite en el vaso de la batidora todos los ingredientes del cóctel hasta que formen espuma. Filtre sobre un vaso frío ancho y bajo. Vierta tres gotas de angostura.

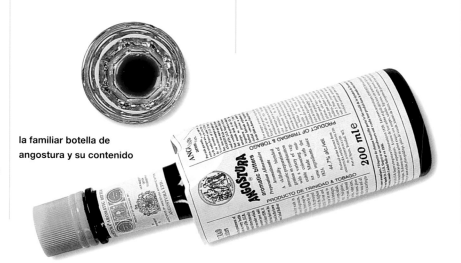

la familiar botella de angostura y su contenido

café

(Coffea arabica)

granos de café verdes

Los granos de café son las bayas de un pequeño árbol originario de las tierras altas etíopes, pero que se cultiva ampliamente en toda la América tropical. Su hábitat natural es la tierra volcánica y a cuanta mayor altitud se cultiva, mejor es su sabor. El principal productor de café americano es Brasil, que es también el principal productor mundial. Asimismo, produce pequeñas cantidades del delicioso y aromático Santos. Colombia es el segundo productor, si bien su café es el mejor: no se pierda los cafés de Medellín, Manizales, Líbanos, Bogatoas y el delicioso Bucaramangos. Costa Rica produce cantidades ligeramente pequeñas de café aromático. Perú y Ecuador cultivan cantidades limitadas, la mayoría para incluir en mezclas. Guatemala se distingue por sus granos aromáticos de sabor suave, que crecen a cierta altura (destacan las variedades Cobán y Antigua). Venezuela rivaliza con Colombia, pero su café es más delicado; elija los de Mérida y Caracas. En cuando a los cafés caribeños suaves y delicados, el más famoso (y absurdamente caro, debido a su escasa producción) es el Blue Mountain de Jamaica. Cuba, República Dominicana y Haití también cultivan cafés de calidad.

granos de café tostados

Cultivo

Las hojas son brillantes y tienen forma lanceolada; las flores, a su vez, son blancas, de aroma dulce y crecen en brazaletes a lo largo de las ramas. Cuando caen dan paso a las bayas, consistentes en una piel externa, una capa de pulpa, una membrana interna y un par de semillas interiores que crecen cara a cara (en algunos casos sólo crece una). Al madurar, las bayas pasan del color verde al rojo, punto en que se recolectan. El proceso incluye una fermentación preliminar en condiciones húmedas, seguida por un secado al sol, que en la actualidad se sustituye por otro mecánico. Aunque los granos de café de la mejor calidad todavía se recolectan a mano, las inferiores se obtienen por medios mecánicos.

Aspecto y sabor

Los granos de café crudo varían del verde grisáceo al marrón amarillento y van recubiertos de una fina piel apergaminada que se desprende con facilidad al tostarlos. En esta forma se almacenan o exportan. Una vez tostados, los granos adquieren un tono de marrón claro a oscuro y tienen un aroma fuertemente aromático que se ve realzado posteriormente al molerlos antes de prepararlos en infusión.

Bayas de café madurando en el árbol

Compra y conservación

Puede comprar los granos de café en cualquiera de estos estados: crudos, tostados o tostados y molidos. Si los compra crudos, puede guardarlos en un recipiente hermético casi indefinidamente (los cafés envejecidos son muy apreciados).

Para tostar sus propios granos, mézclelos en una cacerola dispuesta sobre un fuego homogéneo hasta que adquieran un color tostado, un proceso parecido a la preparación de las palomitas de maíz. Al tostar los granos de café se liberan y desarrollan los aceites aromáticos que proporcionan su sabor. El grado de tostado (claro, medio, oscuro, incluso muy oscuro si se cubren con un poco de azúcar al final) determina el sabor. Una vez tostados, guárdelos en un paquete hermético en un lugar frío y utilícelos cuanto antes. Una vez que los granos se han molido, los aceites y su fragancia se evaporan rápidamente. Si bebe café con regularidad, compre un pequeño molinillo eléctrico para molerlo.

Empleo y usos medicinales

La cafeína, el ingrediente activo del café, es estimulante, diurética y laxante, unas propiedades muy apreciadas. En su estado puro, a no ser que se consuma en niveles adictivos, no existe evidencia médica de que la cafeína sea perjudicial. Cuando se adultera con otras sustancias, como aromatizantes, procesamientos, etc., sí puede serlo.

Usos culinarios

Para preparar un café perfecto tal como se hace generalmente en la región, todo lo que necesita es una jarra y un colador y dos cucharadas de café molido por persona. Ponga el café en la jarra, vierta dentro 300 ml de agua hirviendo por persona, deje reposar 5 minutos, remueva con una cuchara fría y filtre sobre tazas calientes.

La Belle Josephine

Para 4 personas

Esta deliciosa preparación celebra la belleza de Josephine Baker, estrella del Folies Bergères de París durante los años veinte. Se conoce también como *Negresse en chemisse* en el Caribe francés. Exquisita, cualquiera que sea su nombre.

300 g de queso fresco o ricotta
150 ml de crema de leche
1 taza de café negro muy fuerte
1 taza de café de ron añejo de Barbados
100 g de chocolate negro rallado

Para acabar (opcional):
rodajas de plátano
nueces picadas
canela

Tamice el queso y bátalo con la crema. Caliente suavemente el café con el ron, mezcle con el chocolate y bata hasta que se disuelva. Deje reposar una hora a temperatura ambiente para que los sabores se desarrollen.

Deje caer una cucharada de cada mezcla en copas o cuencos de cristal, en cuyo fondo habrá colocado unas rodajas de plátano. Mezcle ligeramente y deje visibles los colores de ambas preparaciones. Adorne con las nueces y la canela.

mate

yerba mate, yerbamá
(*Ilex paraguayensis*)

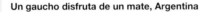

Las hojas de mate proceden de un arbusto de la familia del acebo originario de Sudamérica. Sus hojas lanceoladas se utilizan para preparar una infusión estimulante ya popular en época precolombina y adoptada posteriormente por los españoles. El mate es, tras el café y el té, la tercera bebida estimulante más consumida en todo el mundo.

Recolección y preparación

Las ramas del arbusto se cortan y secan sobre un fuego. Luego, las hojas estrechas se baten con unas varas, se secan en hornos y se muelen.

Aspecto y sabor

El toque amargo del mate lo hace muy refrescante. Algunos dicen que sabe a paja húmeda, aunque creo que ello se debe a que el paladar moderno está acostumbrado a sabores más agresivos. Su sabor es suave y delicado, pero una vez se ha adquirido el gusto es adictivo. Las hojas destinadas a la exportación se hornean dos veces para oscurecer el color y concentrar su sabor.

Compra y conservación

Selecciónelo al igual que las hierbas secas. El aroma debe ser limpio y dulce y el color verdoso y fresco. Guarde las hojas en una lata hermética a salvo de los rayos del sol.

Empleo y usos medicinales

Es estimulante, con menos taninos que el té y, a diferencia de lo que se cree, tiene cafeína. En su país de origen se considera apropiado para todas las edades. Con ocasión de mi décimo cumpleaños en Montevideo, la cocinera de mi madre me regaló una calabaza de mate en la que aparecía inscrito mi nombre; iba completada por una bombilla, una pajita de plata perforada al final que actuaba como filtro. Al volver de la escuela lo llenaba con agua caliente y dejaba caer dentro un terrón de azúcar quemado sobre una llama para que se caramelizara y ahumara. Entonces me sentaba fuera de la cocina, mi lugar preferido para degustar las galletas recién sacadas del horno, y lo tomaba lentamente, cuidando de no quemarme los labios con el metal caliente.

Usos culinarios

Prepare una infusión con una cucharada de hojas de mate secas en una taza de agua hirviendo. Puede añadirle una rodaja de limón, miel o azúcar. En verano, es delicioso helado, acompañado o no de una ramita de menta.

Un gaucho disfruta de un mate, Argentina

Yerba mate dulce con hielo
Para 4 personas

El mate, aunque normalmente se degusta al natural, es delicioso en verano bien frío, acompañado de miel y crema. Sírvalo caliente en invierno.

4 cucharadas de yerba mate
1,2 l de agua

Para acabar:
crema
miel
cubitos de hielo

Caliente el interior de una tetera con un poco de agua caliente y remuévala por los lados. Hierva un litro de agua y viértala sobre la yerba mate dentro de la tetera. Remueva, deje reposar 5 minutos y filtre sobre una jarra limpia. Añada miel y crema al gusto. Deje enfriar por completo. Vierta en vasos largos sobre cubitos de hielo.

agave

maguey, pita, *octli* (azteca)
(*Agave* spp.)

El agave es una planta vivaz del desierto, de hojas carnosas radiales con espinas en los márgenes y de color verde azulado. El jugo obtenido al realizar unas incisiones en el tronco se utiliza para preparar el celebre tequila.

Agave tequilana en el desierto de Oaxaca, México

Cómo se procesa

Los aztecas preparaban una bebida con el jugo que obtenían al cortar los brotes del cactus, justo después de formarse y antes de alcanzar la madurez. Los misioneros destilaron esta bebida para producir tequila, un aguardiente blanco bautizado con el nombre de la ciudad donde se destiló por primera vez. Las destilerías modernas cultivan los cactus en hileras compactas y aplican métodos modernos para la recolección y fermentación.

Aspecto y sabor

El pulque, obtenido a partir del zumo del agave, tiene un fuerte sabor vegetal como bien recuerdo desde hace años, cuando el maguey crecía silvestre en el desierto y sólo había que esperar unos siete años para que la planta floreciera. El capullo se picaba con un machete y las mujeres del pueblo succionaban el jugo con una pajita, lo pasaban de la boca a un receptáculo (creo recordar que a una calabaza) y obtenían una bebida muy fuerte al cabo de una hora. La saliva femenina, tal como han confirmado recientemente los científicos, es más efectiva en el proceso de fermentación de los azúcares de las plantas que la masculina. Pude comprobarlo a los diecisiete años, cuando en una ocasión bebí demasiado para no ofender a mis anfitriones; la resaca fue monumental.

Compra y conservación

El tequila, el aguardiente destilado a partir de la carne de cactus fermentada, es incoloro e inodoro en su estado natural. El mezcal, el tequila refinado de Oaxaca, lleva a menudo un gusano del mismo cactus dentro de la botella; se acompaña tradicionalmente con un chorrito de lima y un poco de sal. El tequila añejo es, tal como indica su nombre, tequila envejecido por lo que ha tenido tiempo de colorearse y adquirir el sabor del barril donde ha madurado. Guarde el tequila en una bodega fría, aunque es difícil que se deteriore con el tiempo.

Sorbete Margarita
Para 6-8 personas

Delicioso sorbete que se prepara congelando los ingredientes de una margarita. El alcohol mantiene el sorbete relativamente blando; sírvalo en un vaso alto.

225 g de azúcar blanco
600 ml de agua
el zumo de 6 limones
1 clara de huevo batida con un tenedor
2 cucharadas de tequila

Disuelva el azúcar con el agua llevándolo lentamente a ebullición. Remueva para que todos los cristales se derritan. Deje enfriar y mezcle el zumo de limón. Si tiene una heladora, mezcle el almíbar anterior con la clara de huevo y el tequila siguiendo las instrucciones y congele. Si utiliza el congelador, ponga en una cubitera el almíbar de limón, introdúzcala en el congelador y retírela cuando esté sólido; bátalo mientras incorpora la clara y el tequila y congele de nuevo.

En la ciudad mexicana de Tequila, las destilerías familiares han venido produciendo tequila a partir del agave desde hace más de un siglo

Filete azteca

Para 4 personas

**Sírvalo acompañado con guarniciones
mexicanas, como arroz blanco, tortillas,
pimientos fritos, cebolla cruda y judías negras.**

*450 g de cerdo a dados y enharinado
un poco de aceite para freír
2 cucharadas de tequila
1 cucharada de perejil finamente picado*

*1-2 chiles sin semillas y a rodajas
sal y pimienta*

Para la salsa:
*450 g de tomates verdes
3-4 cebollas tiernas finamente picadas
1 diente de ajo finamente picado
1 cucharada de epazote finamente picado
1 chile verde, sin semillas y picados
2 cucharadas de crema de leche espesa*

Enharine la carne ligeramente y dórela en el
aceite hasta que esté firme. Vierta el tequila sobre
la carne y lleve a ebullición. Incorpore el perejil y
el chile, mezcle y reserve la carne al calor. Bata
los ingredientes de la salsa, excepto la crema,
pero no demasiado a fondo. Vierta en la sartén,
lleve a ebullición, baje el fuego, tape a medias y
cueza a fuego lento de 15 a 20 minutos, hasta que
la salsa se haya reducido y concentrado. Mezcle
con la crema, hierva de nuevo y vierta la salsa
sobre el cerdo. Sirva con los acompañamientos.

hierbas

tomillo

albahaca

Cuatro de las hierbas más características con la cocina mediterránea ya se empleaban en época precolombina. Se trata de la albahaca, el orégano, el tomillo y la menta; la quinta, el cilantro, se popularizó tras la llegada de los conquistadores. Aunque las especies del Nuevo Mundo son botánicamente idénticas a las europeas y varían en todo el continente, son intercambiables. La albahaca se utiliza con profusión en Colombia y Chile junto con el maíz. El tomillo es el ingrediente esencial del chimichurri argentino, una salsa de aceite y vinagre con la que se acompaña el buey asado. El orégano aparece en las marinadas de México y Centroamérica. En tierras mayas y aztecas eran populares diferentes variedades de menta, tanto para propósitos culinarios como medicinales.

orégano

El cilantro, aunque desconocido en época precolombina, se ha convertido en un ingrediente esencial de muchos platos mexicanos, en especial el guacamole y las salsas de chile verde, así como en la cocina de Costa Rica y la República Dominicana, donde se emplea *Gerinium foetidum*, una hierba de sabor similar y a la que también se da el nombre de cilantro.

cilantro

menta

Compra y conservación

El orégano y el tomillo no pierden sus propiedades al secarse; por el contrario, sus aceites esenciales se intensifican. Así pues, es preferible utilizarlos secos, guardarlos en un frasco hermético y sustituirlos tan pronto como empiece la próxima temporada. La albahaca y el cilantro son hierbas de aceites volátiles que no sobreviven al proceso de secado y deben consumirse frescas. La menta es mucho más fragante cuando se utiliza fresca, pero desarrolla unos sabores más complejos al secarse, de forma parecida al orégano y la albahaca.

Empleo y usos medicinales

La menta es digestiva, antiséptica y estimulante; la albahaca, antiespasmódica y antiflatulenta (un problema asociado con la ingesta de legumbres); la mejorana es expectorante y calmante; el tomillo, un tranquilizante natural, y el cilantro facilita la digestión y puede usarse de forma tópica contra las picaduras.

Usos culinarios

Además de su valor intrínseco como hierbas aromáticas, el tomillo, el orégano y la menta son efectivos antibactericidas, útiles cuando no existían las neveras. La albahaca ahuyenta a las moscas y el cilantro es quizás la hierba más popular en todo el mundo.

Hierbas aromáticas en el mercado de Copacabana, Río de Janeiro

Crema de elote con albahaca
Para 4-6 personas

Colorida sopa chilena de maíz enriquecido con mantequilla y leche aromatizada con albahaca fresca.

2 cucharadas de mantequilla
1 cebolla pequeña, finamente picada
850 g de maíz en grano (fresco o congelado)
600 ml de caldo de pollo
300 ml de leche cremosa
sal y pimienta

Para acabar:
un manojo grande de hojas de albahaca
*   frescas*
1 cucharada de aceite
$1/_2$ cucharadita de sal

Derrita la mantequilla en una cacerola y ablande la cebolla, pero no la deje dorar. Agregue el maíz y el caldo, lleve a ebullición, baje el fuego y cueza 10 minutos a fuego lento. Agregue la leche y bata la preparación hasta reducirla a puré. Recaliente la crema y salpiméntela. Finalmente, incorpore las hojas de albahaca reducidas a puré con el aceite y la sal.

Sopa de albóndigas con orégano

Para 4 personas

Albóndigas alargadas con un poco de arroz, aromatizadas con orégano y cocidas en un caldo límpido. Se trata de uno de los tentempiés mexicanos más apropiados para degustar a media mañana, perfecto para las resacas, la gente mayor y las personas con problemas dentales.

Para las albóndigas:
1 cucharada de arroz
350 g de carne finamente picada (cerdo o buey)
1 huevo batido
1 diente de ajo picado muy fino
$^{1}/_{2}$ cebolla picada muy fina
1 cucharada de orégano picado o desmenuzado
$^{1}/_{2}$ cucharadita de pimienta de Jamaica molida
1 cucharadita de chile fresco picado o $^{1}/_{2}$ cucharadita de copos de chile

Para el caldo:
1,2 l de caldo de pollo, buey o huesos con tuétano
1-2 chiles habanero o malagueta
1-2 ramitas de orégano seco

Para acabar:
tomate picado

Coloque el arroz en un cuenco pequeño y cúbralo con agua hirviendo. Déjelo remojar e hincharse durante 20 minutos. Escurra el arroz y póngalo en la batidora con el resto de los ingredientes de las albóndigas. Reduzca a una pasta. Humedézcase las manos (tenga a mano un cuenco con agua caliente para limpiarse los dedos) y forme unas 24 albóndigas pequeñas.

Ponga a hervir el caldo con el chile y el orégano (dentro de una bolsita de muselina para retirarlos con facilidad). Deje caer las albóndigas en el caldo y caliente éste por debajo del punto de ebullición. Tape un poco y deje cocer a fuego lento unos 20 o 25 minutos, hasta que las albóndigas estén tiernas. Sirva en cuencos y adorne con un poco de tomate picado.

Tortitas de papa con cilantro
Para 4 personas como entrante

Estas tortitas de patatas tienen una agradable textura gruesa y se acompañan con una salsa picante de cilantro, chile y aguacate.

Para las tortitas:
4 patatas medianas, hervidas con la piel
  y peladas
2 cucharadas de cilantro finamente picado
2 cucharadas de queso rallado
1 huevo grande batido
1 cucharadita de copos de chile
1 cucharadita de sal
aceite para freír

Para la salsa:
2 cucharadas de cilantro fresco picado
1 aguacate deshuesado, pelado
  y picado en trozos grandes
2 chiles verdes jalapeños, sin semillas
  y finamente picados
3-4 cebollas tiernas o 1 cebolla finamente
  picadas
4 cucharadas de zumo de limón
1 cucharadita de sal

Aplaste las patatas con un tenedor en un cuenco. Con ayuda de las manos agregue el cilantro, el queso, el huevo, el chile y la sal; la mezcla no debe quedar fina.

Caliente el aceite en una sartén amplia de fondo grueso y mezcle los ingredientes de la salsa. Cuando el aceite esté bien caliente, deje caer en la sartén cucharadas de la mezcla de patata y aplástelas hasta formar unas tortitas. Fríalas dándoles una vuelta hasta que estén crujientes y doradas. Retírelas de la sartén y póngalas a escurrir sobre papel de cocina. Sirva las tortitas coronadas con una cucharada de la salsa verde o sirva ésta aparte en un cuenco.

Chimichurri
Para 1 botella de vino

Este aliño de aceite, vinagre, tomillo y ajo es la salsa típica de la pampa, imprescindible con el buey asado a la manera de los gauchos, es decir, una res joven ensartada en una estaca que forma un ángulo inclinado sobre el fuego del campamento. La salsa también es excelente para acompañar unas patatas asadas en las brasas.

3-4 ramitas de tomillo seco
1 cebolla grande
6 dientes de ajo
4 cucharadas de perejil
150 ml de vinagre de vino blanco
425 ml de aceite de oliva

Introduzca las ramitas de tomillo en una botella de vino vacía junto con la cebolla, el ajo y el perejil. Agregue el vinagre y el aceite; tape, agite bien la botella y déjela macerar un par de días. Lista para cuando la necesite. Guarde la salsa en la nevera.

Mojito
Para 1 persona

A diferencia del cubalibre, mezcla de cola y ron, ésta es la bebida políticamente correcta en La Habana de Castro.

el zumo de media lima
1 cucharadita de azúcar
2-3 ramitas de menta fresca
1 chorro de ron blanco
hielo picado
soda

Mezcle el zumo de lima con el azúcar en un vaso o copa alto hasta que se disuelva. Agregue la menta, el ron y el hielo. Remueva. Rellene con la soda. Acabe con otra ramita de menta.

frutas

Las frutas de la región son maravillosamente exóticas, salvajes y misteriosas. Algunas son tan difíciles de obtener que sólo pueden consumirse una vez al año; y otras, únicamente allí donde crecen. Las frutas más familiares se utilizan de formas distintas: verdes como si se tratara de hortalizas, o maduras pero no espolvoreadas con azúcar sino con chile. En cambio, las frutas exóticas y de vida breve procedentes de la selva y las bayas tropicales se desconocen fuera del territorio. A partir de esto, he intentado ofrecer alternativas que, aunque nunca pueden ser iguales que la original, se basan en la clase de frutas que un nativo de la región utilizaría para recrear el sabor de su tierra.

El viajero tendrá más suerte. Cualquier persona poco familiarizada con la riqueza botánica de una zona en particular podrá degustar zumos, sorbetes y batidos enriquecidos con crema de leche o recubiertos con leche condensada que ofrecen en las carreteras vendedores ambulantes en vasos de papel o plástico. Este servicio, que se considera algo habitual, es una fuente constante de placer para el visitante, al que proporciona a la vez el tan necesario refresco. La sorpresa consiste en acompañar el batido con un poco de salsa de chile.

piña

ananá, *abaxi* (Brasil)
(*Ananas comosus*)

Varias especies de esta fruta de forma singular, tanto pequeñas como grandes, son originarias de Brasil. Los conquistadores españoles la encontraron por primera vez en el Caribe y al observar que se parecía a una piña piñonera le dieron este nombre. En la región se la conoce tanto con el nombre de piña como el de anana, una palabra tupí que significa «delicioso».

Piñas frescas listas para consumir

Empleo y usos medicinales

La piña se recomienda para la artritis y la rigidez de las articulaciones. Tenga cuidado al manejar la fruta fresca pues su zumo es muy corrosivo (en las las plantaciones comerciales los empleados llevan ropa protectora).

Usos culinarios

La presencia de bromalina, un poderoso enzima que favorece la digestión de las proteínas, hace de la piña un ablandador ideal para la carne. Por esa misma razón, una gelatina preparada con piña fresca no cuajará si el cuajo es una gelatina de origen animal, como suele ser el caso. La bromalina se neutraliza al calentarse, por lo que las frutas enlatadas o pasteurizadas no tienen el mismo efecto.

Galinha assado com abacaxi
(Pollo asado con piña)
Para 4-6 personas

La piña ablanda la carne de pollo mientras se asa hasta dejarla deliciosamente jugosa y perfumada. Este plato es incluso mejor preparado con pintada, un ave de origen africano muy popular en los corrales de Brasil.

1 pollo ecológico o una pintada
1 piña pequeña, pelada y cortada a dados (guarde el zumo)
1 cebolla finamente picada
2 cucharadas de aceite o mantequilla
1 cucharadita de pimienta de Jamaica
sal
1 cucharadita de salsa malagueta (véase pág. 51) o 1 cucharadita de chile en polvo

Cultivo
La piña es en realidad varias frutas pequeñas unidas alrededor de un solo tallo y coronadas por un penacho de hojas puntiagudas.

Aspecto y sabor
La fruta, que tiene un exterior rugoso y una estructura parecida a una piña espinosa, adquiere al madurar un bonito color dorado rojizo. El exterior rugoso se refleja en su carne interior, que es consistente, en vez de blanda, estriada, jugosa y muy aromática. En cuanto a su sabor, es dulce y ácido al mismo tiempo.

Compra y conservación
Las frutas no maduran una vez que se han recolectado, por lo que deben estar perfectamente maduras al hacerlo. Los gourmets brasileños, cuyos conocimientos de la piña constituyen todo un arte en los mercados de Río y Bahía, le dirán que su carne es más dulce en el extremo del tallo. Elija piñas firmes, sin signos de moho ni con partes blandas, de fragancia pronunciada y sin signos de fermentación. Para comprobar el punto de madurez, arranque una de las hojas pequeñas del penacho: si se desprende con facilidad, la fruta está madura.

Precaliente el horno a 200 °C. Lave el pollo por dentro y por fuera y colóquelo en una fuente para asar con la pechuga hacia abajo. Ponga en el interior los trozos de piña y la cebolla. Rocíe con aceite o introduzca la mantequilla bajo la piel, y espolvoréela con la pimienta de Jamaica, la sal y la salsa malagueta o el chile.

Ase el pollo durante 30 minutos, déle la vuelta y deje la pechuga hacia arriba, rocíelo con el zumo de piña reservado y los fondos de cocción de la fuente, y baje el fuego a 180 °C. Ase el pollo otros 30 minutos, hasta que esté tierno y dorado.

Córtelo en trozos y sírvalo con el relleno de cebolla y piña.

Flan de piña

Flan de piña

Para 6 personas

Los postres preparados con huevo y azúcar son un legado de la época colonial, una especialidad de los conventos, en los que se preparaban los clásicos flanes con zumo de piña en vez de leche.

Pará el caramelo:
2 cucharadas de azúcar
2 cucharadas de agua
el zumo de ¹/₂ limón

Para la crema:
300 ml de zumo de piña
225 g de azúcar granulado
6 yemas de huevo grandes (otras 2 si los huevos son pequeños)

Necesitará 6 flaneros pequeños o uno grande, y una fuente para el baño maría. Precaliente el horno a 180 °C. Derrita los ingredientes del caramelo en un cazo, remueva a fuego vivo hasta que el azúcar se caramelice y adquiera un tono dorado oscuro. Tardará uno o dos momentos. Vierta el caramelo en los moldes y déles la vuelta para cubrir las bases y parte de las paredes. Déjelos enfriar. Para la crema, ponga el zumo y el azúcar en una cacerola de fondo grueso y caliente a fuego lento hasta que el azúcar se disuelva. Hierva unos 20 minutos, hasta que se haya reducido a un tercio. Mezcle con una cuchara de madera. Estará listo cuando el almíbar forme un hilo transparente al levantar la cuchara.

Mientras, bata a fondo las yemas. Vierta el almíbar caliente sobre las yemas batiendo vigorosamente. La crema empezará a espesarse. Vierta la mezcla en los moldes. Cubra con papel de aluminio y transfiera a la fuente. Vierta agua hirviendo en la fuente hasta alcanzar la mitad de la altura de los moldes. Hornee de 30 a 35 minutos, según el tamaño de los moldes. El flan estará listo cuando al tocarlo con un dedo lo note firme. Déjelo enfriar y agítelo dentro del molde antes de desmoldarlo. El caramelo formará una deliciosa salsa oscura y pegajosa.

plátano

banana (*Musa* spp.)

El plátano es un antiguo cultivo de origen asiático que se trabaja en toda la región tropical y subtropical de América. Las plantas de la familia de las musáceas no son árboles sino hierbas gigantes, tienen rizoma en vez de raíz y el tronco está formado por sus propias hojas superpuestas (*véase* plátano macho, pág. 206, Usos culinarios).

Empleo y usos medicinales

El plátano es un alimento excelente: es nutritivo, se asimila con facilidad y es rico en fibra, minerales, como el potasio, y vitaminas esenciales. También estimula el funcionamiento de los intestinos, es un remedio para las úlceras, asienta el estómago, favorece el sueño y facilita la producción de hormonas.

Cultivo

Las frutas se desarrollan a partir de pequeñas flores femeninas que rodean a modo de anillo la cabeza de las semillas, un ápice floral en cuyo extremo se encuentra una inflorescencia de color escarlata cuyos pétalos, al llevarlos hacia atrás, dejan al descubierto un capullo marfil de forma puntiaguda. El peso del ápice floral se curva hacia abajo, y las «manos» semicirculares que rodean el tallo como hermosos brazaletes de color esmeralda se dirigen hacia arriba. Si la planta se deja al natural, puede alcanzar los nueve metros, aunque el peso de los frutos (hasta 200 por racimo) puede hacer que caigan antes de tiempo.

Compra y conservación

Los plátanos caribeños que crecen en las escarpadas laderas de las Islas de Barlovento son más pequeños, dulces y jugosos que los grandes de Centroamérica cultivados por las grandes compañías norteamericanas en régimen de monopolio. Entre las variedades más populares de Brasil se encuentran las bananas de agua, pequeños plátanos de piel fina y carne dulce que se suelen tomar fritos como acompañamiento de platos de carne o pescado. Otra variedad popular es el plátano rojo o plátano manzano, de carne jugosa y alimonada cuando está maduro, que si se fríe verde queda deliciosamente crujiente. Los plátanos se exportan generalmente verdes. Si un plátano no puede pelarse con facilidad significa que no está maduro; la piel de la fruta debe pasar de un tono amarillo vivo a un amarillo oscuro moteado con manchitas marrones. Para retardar el proceso de maduración, los plátanos pueden guardarse en la nevera; la piel se oscurece, pero la carne se mantiene perfecta.

Aspecto y sabor

El plátano es el alimento rápido perfecto: no sólo tiene un sabor delicioso, suave y cremoso, un toque cítrico vainillado y un sabor especiado delicado, sino que se puede llevar encima, comer con las manos y pelar con facilidad. Estas virtudes lo han convertido en la fruta más consumida en todo el mundo, gran parte de la cual proviene de América.

Usos culinarios

El plátano rojo, harinoso, aromático y de carne naranja pálido se cuece bien, queda delicioso asado con la piel, partido y espolvoreado con canela molida y azúcar moreno. Cuando está muy maduro desarrolla una piel bronceada y una carne oscura y blanda, y es perfecto para preparar el pan de plátano. Si cuando está maduro se somete a la acción del calor, su sabor es más robusto y la carne más consistente. Cuando se aplasta antes de cocinar, forma una masa blanda, toda una ventaja cuando se hornea, pues la combinación de dulzor y fécula lo convierten en un ingrediente perfecto para la repostería.

Plantación de plátanos, Honduras

Pan de plátano

Pan de plátano

Para 6-8 personas

No sólo cada isla, sino cada casa del Caribe, posee su receta favorita para preparar pan de plátano. Es bueno para el desayuno y para acompañar el té y perfecto para un tentempié. A mis nietas les encanta.

450 g de plátanos muy maduros (3 grandes), pelados
110 g de miel
2 huevos medianos
110 g de mantequilla ablandada
110 g de azúcar moreno blando
225 g de harina integral con levadura incorporada
1 cucharadita rasa de levadura en polvo
1 cucharadita de nuez moscada recién molida

Para acabar:
1 plátano pelado y cuarteado a lo largo

Precaliente el horno a 180 °C. Forre con papel sulfurizado un molde para pan de 23 x 15 cm y úntelo con mantequilla (el pan de plátano tiende a pegarse).

Reduzca los plátanos a puré junto con la miel y los huevos en la batidora o el robot. Bata la mantequilla con el azúcar hasta que la mezcla blanquee y esté esponjosa, incorpore la mezcla de plátano, alternando la harina tamizada con la levadura y las especias, y mezcle a fondo. Deje caer la mezcla en el molde y extiéndala bien hacia las esquinas. Cubra con el resto de los plátanos.

Hornee 1 hora, hasta que el pastel se haya encogido en los extremos, esté bien hinchado y ceda a la presión en el centro. Puede necesitar más tiempo; en este caso, baje la temperatura del horno y hornee otros 10-15 minutos. Vuelque el pan sobre una rejilla. Se conserva perfectamente unos pocos días en el molde.

Doce de banana

(Dulce de plátano)
Para 4 personas

Se parece a una compota de plátano muy dulce, especiada y pegajosa. Necesita tiempo para que el plátano alcance un bonito color caoba. Acompañe con crema agria.

4-6 plátanos maduros (dependiendo del tamaño), pelados y a rodajas gruesas
450 g de azúcar moreno blando (de palma, preferentemente)
600 ml de agua
3-5 clavos
1 trozo pequeño de canela en rama

Cueza a fuego medio los ingredientes tapados a medias, hasta que el plátano alcance un tono rojo oscuro y el fondo de cocción se convierta en un almíbar claro. Necesitará de 30 a 40 minutos. Deje enfriar antes de servir.

plátano macho

(*Musa* spp.)

El plátano macho no es, tal como podría pensarse, una especie diferente del plátano común, sino un plátano verde no maduro que por lo general, aunque no siempre, es de una variedad que se cultiva como si se tratara de una hortaliza.

Aspecto y sabor

El plátano macho crudo tiene una carne muy amarga que, al cocerse, se vuelve blanda, mantecosa y suave. Se cultiva como si se tratara de una hortaliza en lugares como la selva tropical, donde no pueden crecer cereales.

Compra y conservación

De tamaño más grande que el plátano común, suele estrecharse formando un cuerno corto en el extremo contrario al tallo. Al principio su color es verde vivo; al madurar, toma un tono amarillo con manchas y rayas marrones.

Empleo y usos medicinales

Es indigesto y restriñe en estado crudo, aunque ambos problemas desaparecen con la cocción.

Productos derivados

Las hojas se utilizan para envolver y proteger alimentos delicados del calor directo del fuego, o bien para conservar platos jugosos durante una cocción prolongada en el horno de tierra. Para ello, se necesita cierta preparación preliminar: deje marchitar una hoja entera sobre una fuente de calor ancha, como una barbacoa de carbón o sobre la llama del gas, hasta que toda la superficie empiece a tener un aspecto oleoso y pase del verde esmeralda al verde oscuro. Corte la nervadura central y el resto de la hoja en trozos del tamaño indicado para envolver los alimentos (pollo, pescado, albóndigas, etc.) y envuelva éstos tal como se indica en la receta. Las hojas proporcionan un toque particular a la cocina del Yucatán, donde tanto el pescado como el pollo se cuecen envueltos en hojas de plátano que confieren un delicado sabor cítrico y una exquisita viscosidad a los fondos de cocción.

Puesto ambulante de plátanos en São Paulo, Brasil

Usos culinarios

Para servir plátanos macho o plátanos verdes a modo de hortaliza, áselos con la piel, hiérvalos, hornéelos o córtelos a rodajas y fríalos. Utilice un cuchillo afilado para pelarlos o bien proceda como en los patacones (*véase* pág. siguiente) . La piel está virtualmente unida a la carne. Para preparar chips de plátano macho, elija frutos verdes y firmes, córtelos a rodajas finas, pélelas y fríalos en abundante aceite hasta que estén crujientes. Para asarlos a la barbacoa córtelos por la mitad en sentido horizontal sin pelarlos, pincele el lado cortado con aceite y ponga el lado de la piel sobre el fuego. Áselos 5 minutos y déles la vuelta, cuente luego otros 2 minutos de cocción para que se ablanden y queden crujientes.

Plátanos macho horneados
Para 4 personas

Sírvalos como si fueran patatas asadas en su piel y acompañe con pollo a la pimienta de Jamaica (*véase* pimienta de Jamaica, pág. 184).

4 plátanos macho maduros
mantequilla

Precaliente el horno a 230 °C. Coloque los plátanos sobre una placa de hornear y hornéelos de 20 a 30 minutos, hasta que estén bien cocidos. Para servirlos, córtelos a lo largo con un cuchillo afilado, aplaste la carne un poco y vierta por encima una nuez de mantequilla.

Patacones
Para 4-6 personas

Estas rodajas de plátano se fríen dos veces: la primera para ablandarlas y la segunda para que queden bien crujientes. También se conocen como tostones en Ecuador y Colombia, donde se pueden comprar unas pequeñas prensas de madera para aplanarlos.

*2 plátanos macho firmes o 3 plátanos verdes
  a rodajas gruesas (2 dedos de ancho)*
sal
aceite para freír

Remoje las rodajas de plátano en agua salada durante $^1/_2$ hora, hasta que pueda separar la carne de la piel. Sumérjalas en agua hasta el momento de utilizarlas para evitar que se oxiden. Caliente aceite en una sartén.

Seque las rodajas de plátano. Déjelas caer por pequeñas tandas en el aceite caliente y fríalas hasta que estén blandas, pero no crujientes. Déjelas escurrir sobre papel de cocina, tápelas con una película de plástico y aplástelas para reducirlas a la mitad de su grosor. Tal como se indica anteriormente, en Sudamérica se venden unas pequeñas prensas de madera para realizar esta tarea.

Puede hacerlo por pares, superponiendo una rodaja sobre otra y aplanando ambas juntas. Se extienden presentando un borde roto, que se dora deliciosamente. Recaliente el aceite, esta vez a temperatura más elevada. Fría las rodajas aplanadas por pequeñas tandas hasta que estén doradas y crujientes en el exterior y blandas en el interior.

Trate los patacones como si fueran chips de tortilla y sírvalos para acompañar ceviche, un guiso de legumbres, guacamole o un guiso. También puede servirlos como postre acompañados de requesón fresco, miel y frutos secos.

guayaba

goiaba (Brasil)
(*Psidium guajava*)

La guayaba, originaria de Perú, ya se cultivaba en México cuando llegaron los españoles.

Guayaba, Cuba

Cultivo
Es un árbol pequeño de tamaño parecido al manzano. Tiene unas hojas grandes suaves y unas flores blancas, de las que se desarrollan unas frutas con forma de pera.

Aspecto y sabor
Las frutas tienen un tamaño y color muy variable, y el color de su piel oscila del verde oscuro al pálido pasando por el amarillo. La carne varía del blanco cremoso al rosa vivo, y tiene dos secciones, la externa y la interna. La interna está recorrida por pequeñas semillas que forman un diseño circular alrededor del corazón, aunque ya se cultivan variedades sin semillas.

Compra y conservación
La fruta debe ceder ligeramente a la presión y tener un fuerte aroma a flores. Madura con rapidez, por lo que la exportación es problemática. Elija frutas firmes, deseche las que le parezcan esponjosas. Guárdelas en la nevera y consúmalas en un par de días.

Empleo y usos medicinales
La fragancia especiada y almizclada de una guayaba madura indica la presencia de eugenol, un aceite esencial que se encuentra en los clavos, efectivo contra el dolor de muelas y como estimulante del sistema linfático.

Frutas afines o similares
La guayaba piña (*Feijoo sellowiana*) o feijoa es el fruto de un pequeño árbol de hoja perenne originario del sur de Brasil y que también se encuentra en el norte de Argentina, Uruguay y Paraguay. Las frutas tienen forma de huevo, con el tamaño y el aspecto de un kiwi pero sin su piel peluda. Cuando está madura, tiene un color amarillo; al cortarla, revela un borde de carne que rodea un centro hondo relleno de una pulpa blanda con numerosas semillas minúsculas. El sabor y la fragancia son complejos (sabe a fresa, guayaba y piña). La guayaba piña madura con rapidez tan pronto como cae del árbol, haciéndose más fragante a medida que madura. Durante la época de cosecha se come cruda y en forma de zumos, y más tarde se preparan gelatinas. Para prepararla, pele la piel blanca, córtela a rodajas y rocíela con zumo de limón para evitar que se oxide. Cuando está lista para comer su aroma debe ser fresco y floral, pero cuando se recoge inmadura es amarga, incluso cuando ya ha madurado; debe ceder ligeramente a la presión, como en el caso de las peras. La guayaba piña es muy rica en yodo. Puede sustituir a las manzanas en empanadas y compotas.

Usos culinarios
Las guayabas grandes con forma de pera y carne pálida son las mejores para comer, mientras que las más pequeñas y de carne rosada, como la guayaba fresa, *P. cattleianum*, originaria del Brasil, que al madurar adquiere un tono púrpura, son para preparar gelatinas.

Gelatina de guayaba

Se trata de una gelatina de bonito color rosado, aroma a flores y sabor delicado.

900 g de guayabas
unos 900 g de azúcar de caña
el zumo de 2 limones o 3 limas

Lave y pique en trozos grandes las guayabas, incluida la piel y las semillas, y póngalas en una cacerola amplia cubiertas con agua. Lleve a ebullición y cueza 20 minutos, hasta que la fruta esté blanda y aplastada. Vierta el contenido de la cacerola en una bolsa de muselina limpia para preparar gelatina y cuélguela sobre un gancho dispuesto sobre un cuenco. Deje caer el zumo de la fruta durante toda la noche.

Gelatina de guayaba

Al día siguiente, mida el zumo obtenido (deje la pulpa para la receta siguiente) y devuélvala a la cacerola limpia con su mismo volumen de azúcar y el zumo de limón. Lleve a ebullición, retire la espuma que suba a la superficie y hierva a fuego vivo y con el recipiente destapado durante 35 minutos, hasta que cuaje. Para probarlo, vierta un poco en un platito frío y empuje la gelatina con un dedo: si ésta se arruga como una piel, significa que está lista. Vierta la gelatina en frascos de cristal esterilizados. Guarde los frascos en una alacena fría y oscura.

Membrillo de guayaba
Para unos 900 g

Realmente deliciosa. La versión americana del membrillo se presenta tradicionalmente envuelva en pequeños paquetes de hoja de palma que se ofrecen a los invitados en las bodas para que se lleven un recuerdo dulce del evento.

900 g de pulpa de guayaba (recién cocida
o procedente de la receta anterior)
450 g de azúcar de caña

Pase la pulpa de guayaba a través de un tamiz y deseche las pieles y las semillas. Ponga la pulpa tamizada en una cacerola e incorpórele el azúcar removiendo. Cueza a fuego muy lento 1 hora como mínimo, hasta que la preparación se haya convertido en una pasta oscura, blanda y seca. También puede extenderla en una placa de hornear y dejarla en el horno a la temperatura mínima. La fruta cuajará formando una pasta firme al enfriarse. Envuélvala en papel y guárdela en un lugar seco cálido, pero no en la nevera.

melón colorado

sicana (Perú), casabanana (Puerto Rico), calabaza melón (México), cojombro (Nicaragua), melocotón de Brasil (Guatemala), *cura* (Brasil) (*Sicana odorifera*)

El melón colorado, originario de Brasil, es un miembro de la familia de las cucurbitáceas.

Cultivo

El melón colorado es el fruto de una planta trepadora ornamental tan útil como decorativa. Se cultiva en su país de origen no sólo como fruta, sino por la belleza de su follaje y sus flores.

Aspecto y sabor

El fruto tiene el aspecto de un pepino grande y grueso, con una piel lisa y brillante que puede ser roja, negra o púrpura. La carne va del color amarillo al naranja, y su sabor y textura son parecidos al del melón. La carne rodea una cavidad central repleta de hileras de pepitas planas insertadas en una fibra algodonosa.

Compra y conservación

El melón colorado puede encontrarse en mercados que sirven a las comunidades de Centroamérica, particularmente las de Puerto Rico. Golpee el fruto suavemente y, si suena a hueco, significa que está maduro. Se conserva bien y es tan aromático que las amas de casa portorriqueñas lo ponen dentro de los armarios para perfumar las sábanas.

Empleo y usos medicinales

En Puerto Rico, el zumo azucarado y ligeramente fermentado del melón colorado se utiliza como remedio para los resfriados. La palabra brasileña para designarlo, *cura*, lo dice todo.

Belén peruano

Usos culinarios

Si lo prepara como vegetal, pélelo con un cuchillo afilado y píquelo. Se come como vegetal cuando está inmaduro, y aparece en la preparación de sopas y guisos de forma parecida a la calabaza. Cuando está maduro, puede comerse crudo, aunque por lo general se prepara en forma de dulce por Navidad.

Sopa de sicana
Para 4-6 personas

Así es como se prepara en Perú el melón colorado. Si no puede adquirirlo o cultivarlo, puede obtener un efecto similar reemplazando el ingrediente principal por chayote y un chorrito de agua de rosas. No es lo mismo, naturalmente, pero es lo bastante bueno para agasajar a los vecinos.

*900 g de melón colorado inmaduro, pelado,
  sin semillas y picado en trozos grandes*
*900 g de tomates escaldados, pelados
  y picados en trozos grandes*
450 g de cebollas peladas y picadas
1 tallo de apio lavado y a rodajas
600 ml de caldo casero o agua
1 puñado de hojas de albahaca frescas

Para acabar:
150 ml de crema de leche espesa

Ponga todos los ingredientes, excepto la crema, en una cacerola amplia, lleve a ebullición, tape, baje el fuego y deje cocer a fuego lento unos 30 minutos, hasta que las hortalizas estén blandas.

Aplaste el conjunto con el aplastapatatas y adorne con un chorrito de crema.

Dulce de casabanana puertorriqueño

Para 6 personas

En Puerto Rico, la Navidad no sería la misma sin este dulce exquisito y aromático, que se ofrece tradicionalmente en el mejor servicio de cristal y en pequeñas porciones a los invitados para endulzar su visita. Es delicioso acompañado con crema agria y nueces. Una pequeña cantidad ya es suficiente.

1,4 kg de casabananas peladas y sin pepitas
350 g de azúcar
6 cucharadas de agua

Para acompañar (opcional):
nueces picadas en trozos grandes
crema agria

Con ayuda de un vaciador de melón saque bolas de la casabanana o córtela en trozos pequeños. Póngala junto con el azúcar en una cacerola de fondo grueso y añada el agua.

Coloque el recipiente a fuego muy bajo, tape herméticamente y deje cocer a fuego lento de 50 a 60 minutos, hasta que la fruta esté tierna y el almíbar espeso y brillante. Quizás desee añadir un poco más de agua o precise reducir el almíbar destapando la cacerola y hirviéndolo; todo depende de si la fruta era muy aguada al principio. Déjela enfriar en el almíbar y en la misma cacerola antes de envasarla, y asegúrese de que hay el suficiente almíbar para que quede cubierta. Puede servir el dulce enseguida esparciendo por encima unas nueces y acompañándolo con la crema.

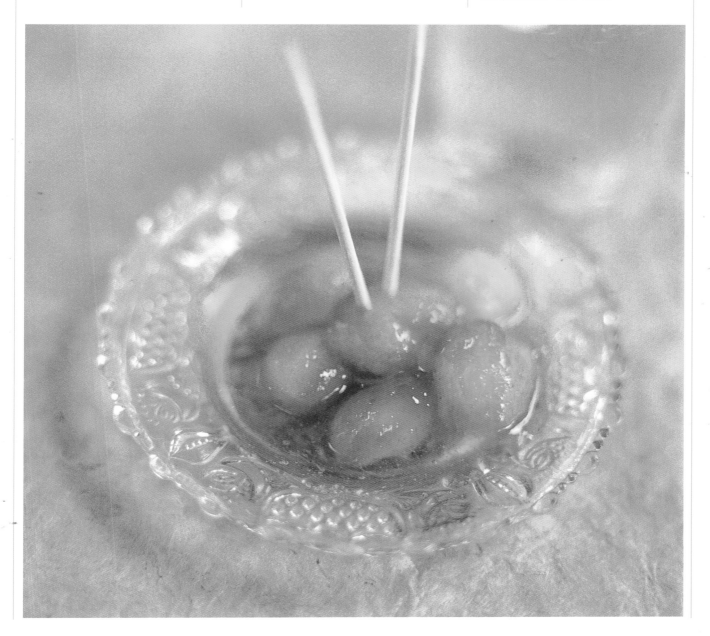

papaya

melón zapote (México), fruta bomba
(Cuba), lechosa (Puerto Rico),
mando o *mamao* (Brasil)
(*Carica papaya*)

La papaya es una fruta en
forma de pera de color verde
que crece en unos racimos
en el tronco de un árbol
pequeño originario de las tierras subtropicales
de Centroamérica. Ya la cultivaban los mayas y
aztecas en época precolombina (la palabra «papaya»
procede de la voz maya *ababai*).

Empleo y usos medicinales

La papaya es digestiva y buena para el
estómago, pero no deje que su zumo corrosivo
toque pieles sensibles ni irritadas. Lávese las
manos a fondo si la ha tocado antes de
cambiar los pañales de un niño.

Productos derivados

La cavidad central está repleta de
una masa gelatinosa de pequeñas
semillas negras rodeadas de un
zumo pegajoso. Estas semillas,
aunque muy duras, pueden
romperse y comerse. Ya sean
cuarteadas o molidas, su sabor
recuerda a la mostaza en grano y
pueden utilizarse en aliños para ensaladas.
Las hojas también pueden emplearse para
envolver alimentos.

Usos culinarios

La papaya es deliciosa tanto cruda como
madura con tan sólo un chorrito de zumo de
lima. Puede incluirse en guisos de carne y en
adobos como ablandante. Todas sus partes
(hojas y fruta) contienen papaína, un enzima
que estimula la digestión y que se utiliza en
preparaciones comerciales para ablandar la
carne. Es por esta razón que no cuaja en forma
de gelatina si ésta es de origen animal.

Cultivo

La papaya es una fruta de tamaño variable en
su país de origen llega a ser tan grande como
un melón. Para la exportación se destinan
frutas más pequeñas, de no más de $^1/_2$ kilo,
que pueden compartirse como máximo entre
dos personas.

Aspecto y sabor

Cuando está madura, la carne es rosada, con
toques anaranjados, tierna y aromática y con
un sabor a fresas y plátano. El chamburo o
babaco (*C. pentagona*), de origen ecuatoriano,
goza cada vez más de popularidad. Se trata de
un híbrido con cinco caras y sin semillas. El
babaco no existe en estado silvestre y tiene una
carne dulce de color marfil, jugosa, aromática,
con toques a vainilla y, al tener semillas, toda
ella es comestible.

Compra y conservación

Elija una fruta que ceda ligeramente a la presión
de la mano y que sienta pesada en relación con
su tamaño. La piel no debe presentar máculas
y debe tener un color entre amarillo y rojo (la
parte a la que no le toca el sol se mantiene
verde). Los nombres regionales pueden ser
muy variados. En Cuba, la voz papaya designa
en el argot a los órganos reproductores
femeninos y en otras partes la palabra lechosa
se presta a suspicacias. El problema reside en
su aspecto y tiene relación con el color de la
carne cortada (de un bonito tono rosa
anaranjado), su blandura y suculencia y la
exuberante cantidad de pequeñas semillas
gelatinosas que la recorren. Estoy segura de
que me comprende.

Papayas y sandías a la venta en Panamá

Picante de papaya
Para 4 personas

Un matrimonio de dos frutas perfectamente compatibles, una densa y mantecosa y la otra aromática y jugosa, a las que se da un toque picante con un almíbar realzado con chile. Los vendedores callejeros que ofrecen frutas preparadas al momento, servidas en pequeñas copas de plástico, ofrecen siempre un poco de chile con el azúcar.

El zumo de 1-2 limas
6 cucharadas de azúcar
1 chile rojo picante
1-2 papayas peladas, sin semillas y a dados
1 melón pequeño maduro, sin semillas
 y a dados

Ponga el zumo de lima y el azúcar en un cazo pequeño con el mismo volumen de agua. Lleve lentamente a ebullición removiendo hasta disolver los cristales de azúcar. Añada el chile, retire del fuego, deje en infusión y enfríe. Mezcle las frutas preparadas en un cuenco y aliñelas con el almíbar preparado.

Guiso de chivo con papaya
Para 4-6 personas

Este guiso de pastores es igualmente bueno preparado con cabrito o cordero. Se cuece a fuego lento durante toda la noche en las brasas de un fuego y se recalienta al día siguiente.

1,3 kg aproximadamente de cabrito o cordero
 troceado con hueso
1 papaya verde mediana cortada a trozos
el zumo y la cáscara de 1 naranja agria
 o $1/2$ limón y media naranja dulce
1 cucharadita de chile en polvo
1 trozo pequeño de canela troceado
1 cucharada de azúcar
1 cucharadita de sal
2 cucharadas de aceite
2 cebollas, a rodajas finas
2 dientes de ajo pelados y picados

Mezcle en un cuenco la carne con la papaya, el zumo y la cáscara de los cítricos, el chile, la canela, el azúcar y la sal. Tape y deje reposar de 3 a 4 horas para que se adobe.

Caliente el aceite en una cacerola amplia y sofría las cebollas y el ajo a fuego lento de 8 a 10 minutos, hasta que estén blandas y doradas. Agregue la carne y la papaya, tape herméticamente y deje cocer a fuego lento de 2 a 3 horas, hasta que el guiso esté del todo tierno y se deshaga. También puede hornearlo; para ello necesitará el mismo tiempo en el horno a 150 °C.

Picante de papaya

granadilla

granadilla púrpura, maracuyá, fruta de la pasión, curaba (Colombia), parcha (Venezuela y Puerto Rico), ceibey (Cuba), *maracujá* (Brasil) (*Passiflora edulis*)

La fruta de la pasión o granadilla es el fruto de una planta trepadora originaria de las selvas brasileñas, pero que está presente en toda la región, incluido el México azteca.

Cultivo

Mientras que los frutos no resultan particularmente espectaculares, las flores son de una belleza sorprendente, como las tallas de un altar azteca. Los misioneros españoles en busca de imágenes en las que sustentar sus prédicas la declararon una flor sagrada. La bautizaron como fruta de la pasión y la llevaban consigo al púlpito como metáfora de su mensaje: doce pétalos por los apóstoles, cinco estambres por las cinco heridas, tres estilos por los tres clavos y la corola por la corona de espinas.

Aspecto y sabor

En la planta, la fruta parece un huevo de gallina redondo de color púrpura marrón, con una piel lisa cuando está en proceso de maduración y arrugada cuando está lista para consumir. En el interior de la fruta presenta un borde carmesí

que rodea la blanda membrana blanca que protege las semillas internas. Éstas, crujientes y sin un sabor especial, están envueltas con una especie de gelatina exquisitamente dulce y aromática con tonos a piña y guayaba y repleta de zumo.

Compra y conservación

Elija frutas que sienta pesadas en relación a su tamaño. Cuando están maduras, la piel está arrugada como una ciruela vieja. Si lo está muy poco, guárdela a temperatura ambiente hasta que se arrugue.

Empleo y usos medicinales

La granadilla es rica en vitamina C y es útil para combatir los resfriados.

Frutas afines y similares

P. maliformis es una granadilla de piel amarilla originaria del Amazonas. Es muy estimada por su pulpa agridulce, extraordinariamente aromática, pues una sola cucharada perfuma hasta diez veces su mismo volumen de crema.

La granadilla dulce (*P. ligularis*) es originaria de México; su piel, de bonito color naranja, presenta al madurar unas vetas blanquecinas. *P. laurifolia,* también llamada granadilla amarilla,

procede del Caribe, tiene el aspecto de un limón de piel lisa, pero se utiliza igual que otras granadillas.

P. molissima se conoce como curaba en Colombia, tacso en Ecuador, parcha en Venezuela, y tumbo en Bolivia y Perú.

La granadilla real o gigante (*P. quadrangularis*), denominada *maracujá* en Brasil, es una de las más grandes de las pasifloras pues puede alcanzar los 20 cm de longitud. Al madurar pasa del color verde al dorado o carmesí y parece un mango pequeño. Junto a la piel se encuentra una capa rosada comestible cuya consistencia recuerda a la del melón, al igual que la pulpa y las semillas. A pesar de su popularidad (se planta en toda Asia así como en la América tropical), su sabor no está a la altura de su fragancia. Aunque si se consume cruda por su zumo y combinación de texturas, es bastante sosa y es preferible combinarla con los sabores más definidos de la piña, el limón y la naranja amarga.

La granadilla roja (*P. coccinea*) es originaria del Amazonas y es popular en Guadalupe. Tiene unas flores escarlatas y las frutas son amarillo verdosas. *P. alatta* se cultiva más por la belleza de sus flores que por su pulpa, aunque las frutas son comestibles. La granadilla azul, o *P. caerulea*, tiene una carne sosa, aunque comestible.

La ciruela de la jungla brasileña, o *ciriguela*, es un fruto amazónico que recuerda a una naranja enana o kumquat, con una fina piel ácida y una carne blanda y aromática que rodea un hueso negro brillante. Esta fruta navideña llega a los mercados durante el mes de diciembre, una vez finalizadas las lluvias.

Usos culinarios

Para comer una granadilla cruda directamente de las manos, practique un pequeño agujero en la piel correosa con los dientes y succione las semillas y el zumo agridulce. Como aromatizante puede pasarla a través de un tamiz para extraer las semillas; es sensacional en cremas, *mousses* y suflés, así como en ensaladas de frutas, a las que proporciona el mismo toque ácido que un chorrito de limón. Utilícela sin diluir al preparar la marinada para un ceviche. Cada fruta proporciona un bocado de semillas gelatinosas, el arilo. Se necesitan 100 frutas para obtener 1 litro de zumo espeso, cuya se debe a su elevado contenido en fécula. Afortunadamente, su sabor es muy concentrado y puede diluirse generosamente.

Caipirinha de maracujá

(Cóctel de granadilla y ron)
Para 1 persona

Un cóctel brasileño muy placentero, tan ácido como deliciosamente aromático. Prepárelo de uno en uno.

1 granadilla
1 cucharada de azúcar blanquilla
2 cucharadas de cachaça o ron blanco
cubitos de hielo

Exprima el contenido de la granadilla sobre un vaso ancho y bajo. Aplaste la pulpa con el azúcar. Agregue la *cachaça* o el ron y los cubitos suficientes para llenar el vaso. Remueva y sirva.

Baba de maracujá

(Mousses de granadilla)
Para 6-8 personas

La fragancia floral de la fruta convierte a esta *mousse* en un auténtico placer. La leche evaporada proporciona el auténtico sabor brasileño, aunque hay quien considera que la crema de leche fresca la mejora. Acompañe con pastas crujientes.

12 frutas de la pasión maduras
2 láminas de gelatina transparente
  o 1 cucharada de gelatina en polvo (para cuajar 300 ml de líquido)
300 ml de leche evaporada o crema de leche espesa
4 claras de huevo
6 cucharadas de azúcar blanquilla

Retire la pulpa de 8 granadillas y reserve las 4 restantes. Pase la pulpa a través de un tamiz para separar el zumo de las semillas. Trocee la gelatina y póngala a remojar en un poco de agua fría unos 10 minutos para que se ablande. Si la utiliza en polvo, siga las instrucciones del paquete. Mezcle en un cazo pequeño la gelatina remojada y exprimida con la mitad del zumo de granadilla y disuelva a fuego lento y sin dejar de remover para amalgamar la mezcla. Incorpórele fuera del fuego la leche evaporada o la crema.

Mientras, bata las claras a punto de nieve e incorpóreles el azúcar cucharada a cucharada. Mezcle las claras con la preparación anterior y vierta en los recipientes deseados, ya sean pequeños o grandes. Termine adornando con la granadilla reservada, zumo y semillas.

alquejenje

uva espina del Cabo, uvilla (Colombia),
capuli (Bolivia/Perú), topotopo (Venezuela),
chuchuva (Venezuela), bolsa del amor (Chile),
cereza de Perú (México), *ciriguela de Peru* (Brasil)

(Physalis peruviana)

El grupo *physalis*, que incluye también al tomate
de árbol y al tomillo, así como a varias frutas de
aspecto parecidas a las cerezas del género solanáceas,
es una planta trepadora peruana miembro de la
familia de las patatas y los tomates. Fue exportada
a México, donde fue apreciada tanto por los
aztecas como por los mayas. Los primeros colonizadores
portugueses la introdujeron como cultivo en el
cabo de Buena Esperanza, de ahí el nombre de
uva espina del Cabo.

Empleo y usos medicinales
Las frutas verdes son tóxicas.

Frutas afines y similares
El pepino dulce (*Solanum muricatum*) es
el fruto de un pequeño arbusto nativo
de las regiones andinas de Perú y Chile,
que también se cultiva en las zonas
temperadas. Crece en una planta trepadora
y tiene a veces el aspecto de un pepino
corto, de ahí su nombre, pero por lo
general su forma y color son más parecidos
a una berenjena de piel clara. Ésta se halla
moteada de verde o violeta y, al igual que la
berenjena, es dulce, pero a veces puede
ser amarga. Cuando está madura, su
textura y apariencia, dorada y jugosa, se
encuentra a medio camino entre un melón
de invierno amarillo y una pera madura, con
un aroma a vanilla y madreselva. Tanto las
semillas como la piel son comestibles,
aunque es preferible pelarlo ya que la piel
es un poco dura.

En el mismo grupo se encuentra
P. pruinosa, conocida como cereza
de suelo, de interés más cultural que
comercial.

La naranjita de Quito (Ecuador), naranjilla
(Perú), toronjo (Colombia), *Solanum
quitoense*, es una baya en forma de naranja
pequeña originaria de Perú, Ecuador y
Colombia. Es similar al alquejenje y se
puede retirar con facilidad la membrana
que la recubre. Es apreciada por su zumo,
de ahí que se cultive con fines comerciales.

Cultivo
La uva espina o alquejenje es el fruto de una
trepadora perenne. Cuelgan como pequeños
farolillos en el punto de unión de las hojas
con el tallo y están recubiertas de una
membrana. Los frutos de su pariente
cercano, la decorativa planta de jardín
conocida como farolillo chino, pueden
intercambiarse.

Aspecto y sabor
Mientras que la carne tiene una estructura
y textura similares a la del tomate, las
semillas son más pequeñas y crujientes,
y su sabor es afrutado, agridulce, aromático y
refrescantemente ácido.

Compra y conservación
Las frutas de color verde adquieren un
brillante tono amarillo anaranjado cuando
maduran. Cómprelas maduras. Guárdelas
en un recipiente cerrado en un lugar seco.
Se conservan así varios meses.

Fachada de un templo maya, Yucatán, México

Usos culinarios

El cáliz en forma de membrana que recubre al alquejenje no es comestible, al ser ligeramente tóxico, por lo que debe retirarse. Para ello, pélelo hacia atrás para exponer la fruta. El alquejenje es delicioso crudo (todavía mejor remojado en un *fondant* espeso), y aunque se pueden preparar buenas confituras, la fruta no tiene la suficiente pectina para cuajar.

Canjica con ciriguela de Peru

(Gachas de maíz con alquejenjes)
Para 4 personas

Este plato es muy apreciado en Brasil, tanto como postre como para el desayuno. La acidez y jugosidad de la fruta contrasta a la perfección con el sabor neutro del maíz y la cremosidad de la leche de coco. Si utiliza granos de maíz secos descascarillados en vez de enlatados, cuézalos como unas gachas con el doble de su mismo volumen de leche de coco unos 30 minutos a fuego lento. Recuerde que para este plato necesita *hominy*, unos granos de maíz secos descascarillados, precocidos y secos. Los granos de maíz no tratados o aquellos con los que se preparan palomitas no quedan blandos.

450 g de granos de maíz blanco secos
  y descascarillados, cocidos y enlatados
  (hominy)
600 ml de leche de coco
2 cucharadas de azúcar blanco
8 alquejenjes pelados y cuarteados
1 rodaja gruesa de piña picada

Para acabar (opcional):
gelatina de guayaba o miel

Escurra el *hominy*. Ponga a hervir la leche con el azúcar, mezcle con el *hominy* y cueza 10 minutos, hasta que la mayor parte de la leche de coco se haya absorbido. Deje enfriar, mezcle con la fruta y corone, si lo desea, con una cucharada de miel o gelatina de guayaba.

**Las gachas de maíz con alquejenjes
constituyen un delicioso desayuno**

Mermelada de alquejenjes
Para unos 2,25 kg

Una mermelada deliciosamente ácida y original. Vale la pena que la pruebe, pues no se vende .

1,35 kg de alquejenjes (o frutas afines)
el zumo de 2 limones
1,35 kg de azúcar para confituras

Pele y lave los alquejenjes y póngalos en una cacerola amplia con el zumo de limón y aproximadamente $1/2$ litro de agua. Lleve a ebullición, baje el fuego y deje cocer lentamente durante $1/2$ hora, removiendo de vez en cuando para evitar que la fruta se pegue. Mientras, ponga el azúcar a calentar en el horno a temperatura baja.

Mezcle el azúcar con los alquejenjes y remueva a fuego lento hasta que aquél se haya disuelto por completo. Hierva 10 minutos, hasta que alcance el punto de cuajado. Para comprobarlo, deje caer un poco de la preparación en un plato frío y empújela con los dedos: si se arruga, significa que ha cuajado. Vierta la mermelada en frascos esterilizados y guárdelos en un lugar fresco y seco.

tamarillo

tomate de árbol
(*Cyphomandra betacea*)

El tamarillo o tomate de árbol es el fruto de un pequeño árbol originario de los Andes peruanos capaz de sobrevivir a buena altura. No lo corte sobre una superficie de madera o absorbente, ya que su zumo tiñe todo cuanto toca y las manchas no se van.

Tamarillos de Colombia a la venta en Ciudad de Panamá

Usos culinarios

Para comer crudo, se prefiere la variedad púrpura, pero la amarilla tiene un sabor más pronunciado, con un dulzor que recuerda a la zanahoria y un sabor ricamente especiado que se intensifica durante el proceso de cocción. Queda perfecto en salsas y condimentos.

Cultivo

El fruto tiene forma ovalada, es del tamaño de un huevo y cuelga en forma de racimos.

Aspecto y sabor

El tamarillo silvestre adquiere al madurar un alegre tono escarlata, pero el cultivado es amarillo o bien de un oscuro color púrpura. Al cortarlo, recuerda a un tomate con unas pequeñas semillas negras en torno al centro. El sabor es maravillosamente rico y especiado, en el que lo dulce y lo ácido se complementan entre sí. El aroma, a su vez, recuerda al de un tomate madurado al sol.

Compra y conservación

Cuanto más amarillo sea, tanto más dulce resultará. Si todavía está duro, déjelo madurar a temperatura ambiente.

Empleo y usos medicinales

La piel del tamarillo no es comestible, por lo que hay que pelarlo tanto si se come crudo como si se cocina. No lo corte nunca sobre una mesa de madera ni ninguna superficie absorbente: sus manchas no se van.

Tamarillos en las faldas de los Andes, Bolivia

Salsa de tamarillo
Para 4 personas

El sabor de este pariente cercano del tomate se intensifica y adquiere un tono especiado mediante la cocción, un proceso que puede realzarse mediante la incorporación de especias calientes, como la canela y el jengibre. Sirva esta salsa al estilo andino, acompañada con arepas para remojar o con una salsa para pollo o pescado (es particularmente buena con gambas a la parrilla).

900 g de tamarillos rojos
1 cebolla roja finamente picada
1 chile amarillo fresco, sin semillas y picado
1 cucharadita de jengibre molido
1 cucharadita de canela molida
1 cucharadita de azúcar
sal y pimienta
1 cucharada de aceite

Ponga los ingredientes en una cacerola con un vaso de agua. Lleve a ebullición, tape de forma que pueda escaparse un poco de vapor y baje el fuego. Cueza a fuego lento de 20 a 30 minutos, hasta que la preparación esté bien concentrada. Pruébela y rectifique la condimentación si fuese necesario. Mezcle con una cucharada de aceite y sirva a temperatura ambiente como salsa para remojar.

Mermelada de tamarillo
Para unos 2 kg

Esta mermelada especiada con chile se come con bolillos, unos panecillos de miga densa que se toman para desayunar untados con queso cremoso. Puede utilizar esta mermelada como relleno picante para los tamales.

Salsa de tamarillo, aromática y especiada

900 g tamarillos maduros, pelados
*   y finamente picados*
1 naranja (cáscara y zumo)
1 limón (cáscara y zumo)
1 cucharadita de canela molida
1 cucharadita de pimienta de Jamaica
*   recién molida*
2 chiles secos pequeños, sin semillas
*   y troceados*
unos 900 g de azúcar blanquilla

Hierva la fruta con las cáscaras, las especias y los chiles; añada medio vaso de agua, baje el fuego y deje cocer a fuego lento de 20 a 30 minutos removiendo de vez en cuando, hasta que la fruta se haya reducido a una pulpa. Pese el contenido de la cacerola y devuélvalo con su mismo peso de azúcar, añada los 2 zumos y lleve a ebullición, removiendo hasta que el azúcar se disuelva. Cueza hasta el punto de cuajado. Ponga un poco de mermelada en un platito: si se arruga al empujarla con el dedo ya está lista.

higo chumbo

nopal (hoja), tuna
(*Opuntia* spp.)

El higo chumbo es el fruto de un cactus de origen centroamericano presente en muchas partes del mundo, incluido el Mediterráneo. La chumbera actúa por partida doble, tanto como fuente de alimento (los frutos y las hojas jóvenes son comestibles) como valla protectora para encerrar el ganado.

mercados listas para comer, los vendedores remojan las frutas en un cubo de agua y las raspan antes de pelarlas. Si compra higos chumbos verdes, déjelos madurar a temperatura ambiente.

Empleo y usos medicinales
Es muy rico en minerales, vitaminas y proteínas. Es verdaderamente el maná del desierto.

Frutos derivados y similares
Hay otras dos frutas emparentadas con el cactus, muy apreciadas autóctonamente. Una es la uva espina de Barbados, *Pereskia aculeata*, originaria de las Antillas, cuyos frutos, de carne ácida, pasan al madurar del amarillo al rojo. Otra es la pitahaya, el fruto de *Hylocerus undatus*, un cactus originario de Centroamérica pero que se cultiva ampliamente en Florida y las Antillas. La fruta tiene un tamaño más grande que el higo chumbo, pero su piel está recubierta por unas protuberancias parecidas a las de una piña pequeña. La carne es blanca, dulce y suculenta, y está recorrida por pequeñas semillas negras.

Chumberas con una imagen de la Virgen de Guadalupe, México

Cultivo
El nopal está formado por tallos suculentos divididos en hojas aplanadas en cuyos extremos aparecen las flores y los frutos. Éstos y las hojas están recubiertas de una multitud de espinas muy duras y difíciles de sacar cuando se han incrustado en los dedos.

Aspecto y sabor
Los higos chumbos, técnicamente una baya, tienen forma ovalada y caben en la palma de la mano, algo no recomendable si no se les ha extraído antes las espinas que los recubren. Al madurar pasan del verde al amarillo y el escarlata, en algunas especies se oscurecen hasta alcanzar un tono negro púrpura, mientras que en otras ofrecen un tono amarillo vivo. La carne está salpicada de pequeñas semillas tiernas y su color oscila del rosa fuerte al crema pálido, mientras que su sabor y textura se encuentran a medio camino entre la fresa y el plátano. Es una fruta jugosa, pero sin un fuerte carácter definido, por lo que queda mejor en compañía de otra fruta o zumo de sabor pronunciado, o realzada con un chorrito de angostura.

Compra y conservación
Cuando los higos chumbos están maduros, su color oscila del verde oscuro al magenta vivo y deben ser un poco blandos. Manéjelos con cuidado al comprarlos pues siempre pueden quedar pequeñas espinas transparentes. Asegúrese de que no presentan partes blandas o mohosas y no los compre si la piel parece pasada. Las frutas oscuras son las mejores. Los niños mexicanos solventan el problema de las espinas recogiendo las frutas a primera hora de la mañana cuando el rocío ha ablandado las espinas, y frotándolas con arena para rasparlas. Cuando las frutas se venden en los

Usos culinarios

Para comer las frutas crudas, sírvalas peladas sobre hielo en compañía de limas cuarteadas, limones o granadillas. Indique a sus comensales que las semillas, aunque comestibles, son un poco duras. Acompañe con azúcar y copos de chile. En su país de origen la pulpa se extiende bajo el sol y se seca hasta obtener una pasta que se guarda para el invierno.

Nopalitos en chile rojo
Para 4 personas

Prepare esta receta con las hojas de cactus jóvenes, que aparecen en los extremos de las partes cortadas el año anterior y que crecen en primavera. En este momento presentan un color verde vivo y pueden comerse crudas; su sabor está a medio camino entre los espárragos frescos y las judías verdes. Lleve guantes para retirar las espinas. Al igual que los espárragos o los palmitos, puede comprarlos enlatados, cortados en tiras y blanqueados.

3-4 nopalitos sin espinas y cortados en tiras
sal

Para la salsa:
150 ml de chiles secos troceados (una mezcla
* de suaves y picantes)*
4 cucharadas de aceite de oliva
1 cebolla grande suave, finamente picada
4 dientes de ajo finamente picados

Ponga los nopalitos en una cacerola, cúbralos con agua ligeramente salada, lleve a ebullición y cueza unos 15 minutos, hasta que estén tiernos. Escúrralos y resérvelos. Guarde el agua de cocción.

Mientras, prepare la salsa. Tueste ligeramente los chiles en una sartén seca de 1 a 2 minutos, hasta que cambien de color, pero no inhale los vapores. Retírelos y resérvelos. Caliente el aceite en una sartén de fondo grueso y sofría la cebolla y el ajo unos 10 minutos, hasta que se ablanden; añada los chiles tostados y 300 ml del agua de cocción de los nopalitos. Deje hervir, baje el fuego y cueza a fuego lento

10 minutos, hasta que la salsa se espese. Mézclela con los nopalitos reservados y cueza otros 5 minutos para casar los sabores. Pruebe y rectifique la condimentación. Los nopalitos con chile se sirven tradicionalmente con buñuelos de gambas secas.

Dulce de tunas con mango
Para 4 personas

Una sofisticada ensalada de frutas que combina los sabores del desierto con los de la selva.

Dulce de tunas con mango

4 higos chumbos sin espinas
1 naranja (zumo y cáscara)
3 cucharadas de zumo de lima
1 cucharada de tequila (opcional)
3 cucharadas de miel líquida
1 mango grande o 2 pequeños a dados

Pele cuidadosamente los higos chumbos y evite las partes combadas que pueden albergar las espinas y aplaste la carne con los dos zumos, el tequila y la miel, previamente cocidos en un cazo pequeño con la cáscara de naranja. Vierta sobre los dados de mango.

fresa chilena

fresa de piña (*fragaria chiloensis*)

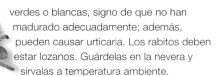

Esta fresa es originaria de Chile y Argentina. Es grande, muy dulce, y desde hace mucho tiempo se encuentra por todo el territorio. Fue cultivada por los aztecas en Centroamérica, quienes comerciaban con los incas.

verdes o blancas, signo de que no han madurado adecuadamente; además, pueden causar urticaria. Los rabitos deben estar lozanos. Guárdelas en la nevera y sírvalas a temperatura ambiente.

Cultivo

La fresa chilena crece silvestre en las tierras andinas. Cultivada y cruzada con la pequeña fresa ácida de Virginia y la pequeña fresa silvestre europea es madre de los modernos híbridos deliciosamente fragantes y jugosos populares en todo el mundo.

Aspecto y sabor

Se encuentran variedades tanto rojas como amarillas y blancas de esta fresa. También se la denomina fresa de piña por su sabor a esta última fruta, no tiene la fragancia ni el sabor floral de los híbridos modernos.

Compra y conservación

Las bayas han de ser firmes, haber madurado al sol sin presentar signos de moho y ofrecer un color vivo y una fragancia fuerte. No compre aquellas con partes

Empleo y usos medicinales

Es una baya fácil de digerir, purifica la sangre y la limpia de toxinas. Está recomendada para las patologías cardíacas y es una fuente de ácido elágico, un componente contra el cáncer. Se aplica sobre la piel en forma de pulpa para aliviar afecciones cutáneas.

Usos culinarios

Es preferible degustarlas crudas con un aliño ácido. Puesto que la fruta es pobre en pectina, las confituras son siempre bastante líquidas; no las cueza en exceso.

La altiplanicie andina de Ecuador, hogar de la fresa chilena

Tamales negros de fresa
Para unos 24

Una pila humeante de tamales rellenos de frutas y endulzados con miel es la estrella de cualquier tamalada con la que se celebran bodas y otros encuentros festivos. Se dice que a Moctezuma, el último emperador azteca, le encantaban los tamales rellenos de fresa. Los guatemaltecos aromatizan sus tamales de fiesta con chocolate, y obtener una combinación irresistible.

Para el relleno:
450 de fresas maduras
el zumo de 1 naranja agria o lima

Para la masa:
450 g de masa harina
2 cucharadas colmadas de cacao en polvo
las semillas de una vaina de vainilla (opcional)
$^1/_2$ cucharadita de sal
3 cucharadas de mantequilla blanda
  o manteca de cerdo
agua caliente
3 cucharadas de miel

Para envolver:
12 trozos de hoja de plátano en cuadrados
  de 30 cm de lado, hojas de maíz frescas
  o secas o papel de aluminio

Prepare las fresas, retire los rabitos, cuartéelas si son grandes y mézclelas con el zumo. Mezcle la masa harina con el cacao, la vainilla si la utiliza, la sal y la mantequilla o manteca. Agregue el agua caliente necesaria para obtener una masa ligeramente pegajosa y amásela a fondo. La masa se volverá elástica al trabajarla.

Extienda los envoltorios sobre un paño limpio con la cara brillante hacia arriba si utiliza hojas de plátano (sosténgalas sobre una llama durante un segundo para hacerlas más manejables); si utiliza hojas de maíz, coloque la cara brillante hacia arriba. Humedézcase las manos y tome un trozo de masa del tamaño de una ciruela. Déle forma de bola, colóquela sobre la hoja o papel; aplástela y forme un rectángulo de la longitud y anchura de su mano. Ponga una fresa en el centro. Continúe de esta forma hasta acabar con la masa.

Fresas con naranja amarga y miel

Para envolver, doble un lado largo sobre el relleno (la hoja llevará consigo la masa), doble por encima el otro lado largo y luego los lados cortos para encerrar el relleno por completo. Utilice un dedo húmedo para sellar las partes cuarteadas. Doble-los paquetes, primero los lados largos, y luego esconda los cortos por debajo. Asegure el paquete con bramante.

Coloque los tamales en una cacerola para cocer al vapor (puede utilizar un tamiz dispuesto sobre una cacerola) y llene el recipiente inferior con agua hirviendo (el agua no debe entrar en contacto con el superior). Tape con una hoja o papel y deje cocer al vapor con el recipiente tapado hasta que los tamales estén perfectamente firmes. Si los cuece a temperatura moderada, quedarán más ligeros.

Fresas con naranja agria y miel
Para 4 personas

Se trata de una receta tan sencilla como deliciosa. Puede sustituir el zumo de naranja por zumo de limón o vinagre de Jerez.

450 g de fresas grandes
4 cucharadas de miel de bosque oscura
2 naranjas agrias (cáscara cortada a tiras
y zumo)

Arranque el rabito a las fresas y límpielas con un paño, pero no con agua. Caliente en un cazo pequeño la miel con el zumo de naranja y su cáscara durante 10 minutos a fuego lento, hasta que la miel se espese y adquiera el sabor de la naranja. Aliñe las fresas con esta mezcla.

mango

(Manguifera indica)

El mango, aunque es originario de la India y de
los bosques del sudeste asiático, llegó a la América tropical
en el transcurso del siglo XVII y se aclimató a la perfección.

Mangos madurando en el árbol, Panamá

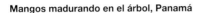

Cultivo

El árbol es uno de los árboles frutales más
grandes y bonitos de hoja perenne. Su
aspecto recuerda a una magnolia de hojas
estrechas con un tronco liso de color grisáceo
y unas hojas verde oscuras. Sus frutos, unos
globos verdes que se encuentran
suspendidos de las ramas y forman
pequeños racimos, no maduran hasta que
caen. La forma de la fruta es muy simple: una
esfera de piel lisa alargada y ligeramente
aplastada, que en algunos frutos acaba en
forma de punta en el lugar donde se
encontraba la flor. Las plantaciones de mango
se encuentran en todo el cinturón tropical.

Aspecto y sabor

Madura, su color puede ser verde o amarillo,
con pinceladas de rojo. La carne pasa al
madurar de un verde translúcido a un
amarillo suave, y en algunas variedades a un
naranja muy atractivo. La textura de un
mango maduro es jugosa, mantecosa y

blanda, un poco fibrosa alrededor del hueso,
con un toque a albaricoque, piña y
melocotón. Cuando está verde, el hueso es
blanco y blando, la piel tierna y la carne
parecida a la de una manzana verde ácida.

Compra y conservación

El mango no es aromático hasta que está
muy maduro, pues es una fruta que madura
sólo una vez ha caído del árbol y que precisa
extender su semilla más allá de los confines
de la copa del árbol para germinar. Para
saber si está maduro, presiónelo suavemente
buscando un ligero movimiento en la carne.
Si está muy blando o la piel está moteada
con manchas negras, ya ha pasado su mejor
momento. Guárdelo en la nevera.

Bar de zumos en Río de Janeiro

Empleo y usos medicinales

El mango es un poderoso desinfectante,
muy útil en el tratamiento de los problemas
renales y digestivos. Aplicado tópicamente,
cuida la piel y limpia los poros.

Usos culinarios

Cuando está verde y duro es particularmente
rico en pectina y puede utilizarse para cuajar
una gelatina. Para retirar el hueso, coloque
la fruta sobre su extremo más estrecho y
deslice un cuchillo entre la carne y el hueso
siguiendo la horma del hueso; repita la
operación en el otro lado y luego corte los
márgenes de la forma más limpia posible. Si
la variedad es particularmente fibrosa, pásela
por la mano para ablandar la carne,
practique un pequeño agujero en el extremo
del tallo y exprima la pulpa.

Ceviche de mango verde y aguacate
Para 4-6 personas como entrante

Un ceviche refrescante de origen ecuatoriano. El sabor crujiente del mango verde contrasta con la suavidad del aguacate.

1 cebolla roja grande a medias lunas finas
2 mangos pequeños verdes o 1 grande, deshuesados, pelados y a dados
2 aguacates pequeños o 1 grande, deshuesados, pelados y a dados
1 tomate firme o 1 chayote a dados
1 ají verde o amarillo (chile), sin semillas y finamente picado
2 cucharadas de cilantro picado
1 cucharada de aceitunas verdes deshuesadas, a rodajas
el zumo de 2 limones
1 cucharadita de azúcar

Para atenuar el sabor de la cebolla póngala a remojar en agua salada durante $1/2$ hora, hasta que esté blanda y rosada. Escúrrala y séquela. Mézclela con el mango, el aguacate, el tomate, el chile, el cilantro, las aceitunas y el zumo de limón. Pruebe y rectifique la condimentación; añada azúcar si lo prefiere. Enfríe hasta el momento de degustarlo; puede guardarlo toda la noche.

Sirva con mazorcas de maíz, palomitas de maíz y panecillos.

Parfait de coco con puré de mango
Para 4 personas

Un helado delicioso acompañado de puré de mango. Esta sofisticada receta procede de la República Dominicana.

Para el *parfait*:
400 ml de crema de coco
2 claras de huevo ligeramente batidas
75 g de azúcar blanquilla

Para el puré:
1 mango maduro, pelado y deshuesado
un poco de zumo de limón

Vierta la crema de coco en un cuenco y mézclela con un tenedor, debe tener la consistencia de una crema de leche ligera. Coloque un cuenco sobre un recipiente con agua y bata dentro las claras con el azúcar hasta obtener un merengue brillante que apenas mantenga su forma. Retírelo del fuego y continúe batiéndolo hasta que se enfríe.

Parfait **de coco con puré de mango**

Incorpore la crema de coco al merengue, divida la mezcla en pequeños moldes metálicos, cúbralos con película de plástico y congele de 4 a 5 horas, hasta que la preparación esté firme. Antes de servir, desmolde el helado en los platos de servicio. Mientras, bata la carne de mango con un poco de zumo de limón hasta obtener un puré dorado. Viértalo alrededor de los *parfaits* y sírvalos enseguida.

chirimoya

anona blanca, guanábana blanca (El Salvador), zapote de viejas (México), pox (México), chirimorriñón (Venezuela), sinini (Bolivia), *graveola* (Brasil)
(*Annona cherimola*)

La chirimoya es el fruto de un árbol originario de Ecuador y Perú. Los incas lo bautizaron en quechua con el nombre de semilla de hielo, tanto por su carne de color blanco nieve (si cabe aún más brillante por el contraste con sus semillas negras) como por su notable habilidad para sobrevivir en los duros inviernos de los Andes.

Chirimoyas en Cuba

Cultivo
Los frutos brotan, al igual que otras frutas de la selva, sobre el tronco y las ramas del árbol.

Aspecto y sabor
Tienen una forma esférica ensanchada en el extremo del tallo, parecida a una manzana. Su tamaño es el de un pomelo, aunque algunas pueden ser mucho más pequeñas o grandes alcanzan casi un kilo. Su piel está marcada por facetas irregularmente espaciadas que le dan el aspecto de una piña grande de color jade. La carne, una vez madura, es blanda, cremosa y deliciosamente aromática, con sabor a piña, plátano y vanilla, y una acidez que estimula el paladar. La textura de la carne situada cerca de la piel es granulosa y parecida a la de la pera. Mark Twain, tras haberla degustado, declaró que era la «delicia personificada».

Compra y conservación
En todas las variedades, la piel blanda y correosa se mantiene más o menos verde al madurar. Elija frutas sin manchas marrones o signos de moho alrededor del tallo. Sostenga la fruta en la palma de la mano y presiónela suavemente; debe ceder algo a la presión, pero mantenerse firme. Manéjela con cuidado, pues se estropea con facilidad. Para obtener una buena proporción de pulpa con relación a las semillas, elija frutas con escamas grandes.

Empleo y usos medicinales
La chirimoya es rica en vitaminas A, B y C, así como en varios minerales.

Frutas afines o similares
La guanábana (*Annona muricata*) es una fruta de color verde oscuro parecida al aguacate, curvada a un lado pero plana en el otro (el lugar soleado crece más rápidamente que el sombreado). Se diferencia de la chirimoya en su piel más lisa, la cual no presenta el efecto escamado y está recorrida por una serie de espinas blandas. Esta fruta es una de las más grandes de la familia y puede llegar a pesar hasta 5 kg. Su piel es correosa en apariencia, pero es bastante tierna; tiene una carne blanca y algodonosa provista de unas pocas semillas negras y grandes (no las pruebe, pues son tóxicas). La calidad de esta fruta es muy variable, en las mejores es fragante, suculenta, jugosa y deliciosamente ácida (a veces tanto que debe azucararse). Con la guanábana se prepara un refresco. Es originaria del Caribe y del norte de Sudamérica, y se cultiva extensivamente en México.

**Manjar blanco de chirimoya,
un postre suave y cremoso**

La anona colorada (*A. reticulata*) es originaria
del Caribe. Es una fruta grande de sabor
poco definido que, al madurar, presenta un
color rojo en la cara soleada y amarillo en la
otra; su carne es dulce pero le falta acidez.
La anona colorada se ha cultivado en
toda Centroamérica desde la época
precolombina, y desde aquí fue exportada
a África y, posteriormente, a Asia donde la
bondad del clima y su enorme proliferación
la han convertido en la base de muchos
híbridos modernos.

Annona squamosa o la anona del Perú es
un árbol procedente de la América tropical.
Es muy apreciado en Brasil, donde se le
conoce como manzana del conde en
referencia al conde de Miranda, que cultivaba
estos árboles en su huerto de Bahía. Su
carne amarilla y cremosa es fragante, dulce y
suculenta, con un toque de agua de rosas ya
observado por los primeros colonizadores.
Apenas se exporta, pues es frágil y se rompe
si se trata sin cuidado. La *Rollina mucosa*
es otra fruta amazónica que, al madurar,
presenta un color amarillo pálido y una carne
marfileña, olorosa y suculenta.

Annona diversifolia, denominada llama, es
de origen mexicano, tiene una forma más
alargada y una piel sin marcas, lisa o rugosa,
que al madurar puede adquirir un color
verde, rosado o púrpura. La carne de las
variedades rosadas es de una agradable
acidez, mientras que la de las verdes es
dulce y suave como la de la anona del Perú.

La atemoya es un delicioso híbrido de la
chirimoya, con el dulzor del plátano y
la vainilla, y la acidez de la piña y el limón.

Usos culinarios

Para preparar puré de chirimoya, córtela por
la mitad, retire la pulpa y pásela a través de
un tamiz para separar las semillas. Si desea
comerla cruda, córtela por la mitad y
degústela con cuchara. Si no va a comerla
enseguida, rocíela con zumo de limón.

Manjar blanco de chirimoya
Para 4 personas

**En este sofisticado postre chileno
se combina el dulce de leche con
la cremosa chirimoya. Adórnelo
con cualquiera de las innumerables
frutas chilenas de verano, como la
murtilla, una variedad de zarzamora
descrita por los conquistadores
españoles como la reina de las frutas.**

1 lata grande de leche condensada
1 lata pequeña de leche evaporada
*2 huevos grandes, con las claras separadas
   de las yemas*
*1 chirimoya grande y madura, sin semillas
   y reducida a puré*

Para acabar:
crema baida
cerezas, ciruelas o bayas, troceadas

Mezcle ambas leches en una cacerola de
fondo grueso y cueza a fuego medio y sin
cesar de remover por espacio de 20 a
30 minutos, hasta que la mezcla tenga la
consistencia de una crema de leche espesa,
ligeramente caramelizada. Deje enfriar la
mezcla en un cuenco.

Bata la mezcla anterior con las yemas y
coloque el cuenco sobre un baño maría con
el agua apenas agitándose. Bata la mezcla
unos 10 minutos, hasta que se espese
formando una crema, retírela del fuego e
incorpórele las claras a punto de nieve.
Mézclela con la pulpa de chirimoya, viértala
en copas y sírvala bien fría, adornada con
crema batida y cualquier fruta de su elección.

Sorbete de chirimoya
Para un litro aproximadamente

**La viscosidad natural de la fruta la hace
una candidata perfecta para un sorbete.
Tiene el mismo aspecto y sabor que un
helado, pero sin la crema.**

900 g de chirimoyas (2 unidades)
125 g de azúcar blanquilla
300 ml de agua
el zumo de un limón

Cuartee, pele y retire las semillas de las
chirimoyas. Hierva el azúcar y el agua
5 minutos y deje enfriar. Bata la carne de la
fruta con el almíbar anterior y el zumo de
limón. Congele hasta que la mezcla casi esté
sólida. Bátala y congélela de nuevo.
Descongele media hora antes de servir
el sorbete.

acerola

cereza de Jamaica, acerola americana
(*Malpighia punicifolia*)

La acerola es el fruto de un pequeño árbol originario de la América subtropical. Es particularmente apreciada en Puerto Rico y las Antillas.

Cerezas en Chile

Cultivo

Esta baya, de piel fina y color escarlata cuando está madura, tiene una carne amarillenta en torno a su centro, formado por tres huesos unidos de color marrón. Pertenece al grupo de las bayas de la jungla, entre las que se encuentran las mirtillas y otros miembros de la familia de los lichis. Todas tienen unas frutas pequeñas en forma de cereza.

Aspecto y sabor

Esta deliciosa fruta tiene el aspecto de una cereza, sabe como una frambuesa y, al cocerse, tiene el sabor de una manzana ácida.

Compra y conservación

Pruébela antes de comprarla, aunque es difícil de encontrar en los mercados. Guárdela en una alacena fría y seca, pues las frutas de la jungla se conservan mucho tiempo.

Empleo y usos medicinales

Las acerolas y las bayas de la jungla están repletas de ácido cítrico, y proporcionan tanta vitamina C como el escaramujo. En Venezuela las semillas de mamoncillo se tuestan y se muelen con miel para curar la diarrea.

Frutas afines

La baya de la jungla brasileña, o *Japoticaba myciaria* (antes *Eugenia*) *cauliflora*, de la familia de las mirtáceas es muy estimada en los mercados de Río de Janeiro. Las frutas se parecen a las cerezas negras y crecen directamente del tronco y las ramas de un árbol grande. Se suelen comer frescas, aunque también se preparan en confitura y gelatina.

La pequeña cereza redonda brasileña o *grumichama* (*Eugenia brasiliensis*) pertenece a la familia de las mirtáceas y es originaria de Brasil y Perú. El color de su pulpa varía del amarillo al blanco o al escarlata, pero todas las variedades son deliciosas. Se come cruda.

La *pitomba* (*Eugenia luschnathiana*) es otra fruta parecida a la cereza, pequeña, redonda y naranja, que también pertenece a la familia de las mirtáceas. Su sabor y textura son parecidos a los del albaricoque. Se come fresca, aunque también en confitura.

La pitanga o cereza del Surinam, pendanga (Venezuela), cereza de Cayena o cereza cuadrada (Colombia). *Eugenia uniflora* es el fruto de un arbusto de la familia de las mirtáceas, originario del Amazonas. Se cultiva en Brasil, Perú y otros lugares como planta ornamental y proporciona unas bayas facetadas que, al madurar, adquieren un vivo color escarlata. Su carne, aunque aromática, es un poco amarga y tiene en el centro una sola semilla resinosa (retírela y enfríe la carne para neutralizar la resina). Se degusta cruda espolvoreada con azúcar.

El mamón, mauco, quenepa, mamoncillo o grosella de miel de México (*Melicocca bijuga*) es un árbol grande de la familia de los lichis. Procede de Colombia y Venezuela, aunque también se halla en el Caribe. En Barbados se sustituye por el merey del diablo. Los frutos cuelgan en racimos, y parecen limas en miniatura. Son ácidos cuando están verdes y se vuelven dulces y crujientes al madurar. Tiene una carne translúcida de color verde pálido y un poco fibrosa. Su única semilla es comestible. Para comerlas con las manos, practique un pequeño agujero en la piel y succione el zumo. Para preparar un cordial de frutas veraniego, pélelas, cuézalas y páselas por un tamiz.

La infusión de las flores frescas y los capullos secos del malvavisco (*Hibiscus sabdariffa*), un pequeño árbol originario del norte de África pero frecuente en todo el Caribe y Centroamérica, son una fuente de vitamina C. La infusión, conocida como té de Jamaica, es muy ácida y se suele beber fría. Tiene el sabor de una cereza agria y color rojo rubí. La Navidad en el Caribe no sería la misma sin el malvavisco.

La manzana del Orinoco, cocono o tupiro (*Solanum sessiliforum*) es una baya de la jungla de la misma familia que la naranjilla; es muy dulce y aromática, con una carne de color crema y un centro amarillo gelatinoso.

Usos culinarios

La acerola se emplea en la preparación de empanadas y confituras. Las frutas con pieles duras y huesos grandes como la acerola deben pelarse, cocerse con agua para extraer su sabor y reducirse a pulpa o tamizarse para su empleo posterior en almíbares y salsas dulces. Si la semilla es comestible, tuéstela, muélala y añádala a la pasta.

Pastelitos de acerola

Para 12 tartaletas

La acerola, con su delicioso sabor agridulce y fragancia parecida a la de la frambuesa madura, es perfecta para preparar tartas.

Para la pasta de almendras:
175 g de harina
50 g de almendras molidas
1 cucharadita de azúcar blanquilla
$^1/_2$ cucharadita de sal
150 g de mantequilla
3 cucharadas de agua fría

Para el relleno:
450 g de acerolas, deshuesadas (exprímalas desde el tallo)
4-6 cucharadas de azúcar blanquilla (según la acidez de las acerolas)
el zumo de una naranja y un limón
1 cucharadita de maicena mezclada con un poco de agua
2-3 cucharadas de crema pastelera, natillas o crema agria

Mezcle la harina con las almendras molidas, el azúcar y la sal. Corte la mantequilla dentro de la harina y luego frote ligeramente con las yemas de los dedos hasta que la textura sea de migas de pan. Rocíe con agua, amase y forme una bola. Ponga la pasta en una bolsa de plástico y déjela reposar en la nevera durante 30 minutos.

Precaliente el horno a 220 °C. Extienda la pasta con un rodillo enharinado y pequeños movimientos, pues es muy frágil. Utilice un vaso de vino o un cortapastas para cortar redondeles del tamaño de los moldes para tartaletas. Coloque los círculos de pasta en los moldes y pinche la base con un tenedor para evitar que se formen burbujas. Hornee de 15 a 20 minutos; la pasta de almendras quedará primero blanca y luego dorada. Póngala sobre una rejilla para que se enfríe y quede crujiente.

Mientras, ponga las acerolas deshuesadas en una cacerola con el azúcar y los zumos diluidos en su propio volumen de agua. Lleve a ebullición, baje el fuego y cueza a fuego lento de 10-15 minutos, hasta que las acerolas estén tiernas. Retírelas con una espumadera y resérvelas. Deje enfriar un poco el almíbar, mézclelo con la maicena y recaliéntelo para que espese.

Ponga una cucharadita de crema en la base de cada tartaleta, coloque varias acerolas y rocíe con el almíbar espesado.

Condimento de acerolas y pasas

Un chutney agridulce de Barbados que puede utilizarse como mojo. Queda bien con carnes frías, en especial con el cerdo.

450 g de acerolas, deshuesadas y picadas
4 cucharadas de pasas
2 cucharadas de coco rallado
1 cucharadita de pimienta de Jamaica molida
1 cucharadita de jengibre fresco picado
1 trozo de canela en rama
300 ml de vinagre
225 g de azúcar moreno blando
1 cucharadita de sal

Ponga todos los ingredientes en una cacerola grande y agregue una taza de té de agua. Mezcle, lleve a ebullición, baje el fuego y deje cocer a fuego lento unos 40 minutos. Remueva a menudo para que la mezcla no se pegue, quede blanda y se atenúe el sabor a vinagre. Guarde en frascos esterilizados.

Pastelitos de acerola

Pastelitos de acerola

mamey

abricozeiro, abricó do Pará (Brasil)
(*Mammea americana*)

Cultivo
El mamey es el fruto de un árbol tropical de la misma familia que el mangostán del Sudeste Asiático. Es oriundo de Brasil, se cultiva en toda la región y apenas se exporta. Es delicioso fresco, licuado o cortado a rodajas en una ensalada de frutas, acompañado con crema y azúcar.

Aspecto y sabor
Esta fruta de invierno redonda, de color canela oscura y piel correosa, acabada en punta, tiene el mismo tamaño y forma que un melocotón grande. La piel es amarga, pero la pulpa de color amarillo anaranjado que rodea sus semillas incomestibles de color marfil, es dulce y olorosa, con un toque a caramelo y vainilla. La textura varía de crujiente y firme a blanda y cremosa.

Compra y conservación
Para comprobar su madurez utilice su nariz: debe oler a vanilla y caramelo, sin rastro de fermentación. Sostenga la fruta en la palma de la mano y presiónela suavemente: deseche aquellas que sienta blandas una vez presionadas. Cuando el mamey ha pasado su punto óptimo de madurez, su carne se vuelve algodonosa, demasiado dulce y no tiene un toque ácido.

Empleo y usos medicinales
El mamey tiene propiedades antibióticas, pero algunas personas pueden experimentar problemas digestivos. Si lo va a comer por primera vez, empiece por una rodaja.

Usos culinarios
Para preparar el mamey, entalle la piel de arriba abajo y pélela en segmentos. Luego raspe la membrana blanquecina interna para exponer la carne naranja blanda (la membrana que recubre las semillas es también amarga); es delicioso en ensaladas de frutas con crema. Las frutas no maduras están indicadas para cocer y tienen sufuciente pectina para cuajar una gelatina.

Batido de mamey

Gelatina de mamey
Para 8-10 frascos

Elija frutas firmes y prepárelas con cuidado. Entalle la piel de arriba abajo y pélela en segmentos, luego raspe la membrana blanquecina interior para exponer la carne naranja blanda y deseche la piel, las semillas y la membrana amarga que la recubre. A diferencia de otras frutas, la gelatina de mamey sólo se prepara con la pulpa. Si no cuaja, añada una botella de pectina o utilice azúcar gelificante para conservas.

2,7 kg de carne de mamey preparada
el zumo de 4 naranjas agrias o limones
3-4 clavos
unos 2,75 kg de azúcar para conservas

Ponga la pulpa de mamey, el zumo de limón y los clavos en una cacerola para conservas amplia y vierta una taza de agua para humedecer la fruta. Déjela cocer hasta que se reduzca a puré. Vierta la mezcla en una bolsa para gelatinas. Coloque un cuenco debajo de la bolsa para recoger los zumos y déjelos caer toda la noche. Al día siguiente, mida el zumo turbio (no presione la pulpa), devuélvalo a la cacerola y mézclelo con su mismo volumen de azúcar. Mezcle a fuego lento hasta que el azúcar se disuelva; luego, hierva hasta que al verter una gota en un platito frío forme una piel al empujarla con el dedo, aproximadamente al cabo de 20-40 minutos. Cuando la gelatina esté fría, envásela en frascos limpios, cúbrala con un redondel de papel sulfurizado sumergido en ron y selle o tape los frascos al vacío.

Batido de mamey
Para 4 personas

Se pueden tomar frutas frescas batidas con leche en las paradas situadas de las carreteras.

2 mameyes maduros, pelados y sin semillas
600 ml de leche fresca entera
2 cucharadas de azúcar

Introduzca la pulpa de mamey, el azúcar y la leche en el vaso de la batidora y reduzca a puré hasta obtener un batido homogéneo.

jocote

Xocote (México y Guatemala),
cajá o *hobó* (Brasil), ciruela roja (Cuba)
(*Spondias purpurea*)

El jocote es el fruto de un árbol pequeño originario del Amazonas. Se encuentra en todo el trópico, desde el sur de México a Perú y el norte de Brasil.

Aspecto y sabor
Las frutas son redondas u ovaladas, del tamaño de una ciruela. Su piel es fina como la de un mango pequeño y al madurar adquiere un tono amarillo vivo o incluso escarlata. Su carne es ácida y especiada, con una nuez dura que puede romperse y comerse.

Compra y conservación
La carne debe ser blanda y jugosa, dulce y no demasiado ácida. Guárdela no más de dos días en la nevera.

Empleo y usos medicinales
El zumo se bebe como diurético y para bajar la fiebre.

Frutas afines o similares
El jocote amarillo (*Spondias pinnata*) es el fruto de un árbol americano tropical, tan apreciado por los cerdos como por los humanos, aunque tiene un sabor menos distintivo y menor acidez, por lo que se considera de peor calidad que el jocote.

El *imbu* o *umbu* brasileño (*Spondias tuberosa*) es el fruto de un árbol originario del Brasil, tiene forma ovalada o redonda y al madurar adquiere un tono verde amarillento. Tiene una forma y tamaño parecido al de la ciruela claudia. Su piel es dura y densa; y la carne, blanda, aromática y especiada, es ácida al principio y se endulza al madurar. Con esta fruta se preparan excelentes gelatinas.

La *ambarella* o *Spondias dulcis* es una fruta grande de la misma familia. Fue introducida en las Antillas y es muy apreciada en los mercados de Trinidad, donde se utiliza verde para preparar condimentos y madura para confituras.

Usos culinarios
El jocote fresco se sirve frío sobre un lecho de hielo. Para comer las nueces, rompa los huesos y extraiga las almendras.

Picante de jocote
Para 4 personas

Un condimento ácido que se utiliza para acompañar platos de legumbres. Puede sustituir el jocote por ciruelas ácidas.

450 g de jocote deshuesado y a dados
3-4 cebollas tiernas, picadas con las hojas verdes
1 cucharadita de miel
1 chile rojo o verde, sin semillas y finamente picado

Mezcle las ciruelas picadas con las cebollas tiernas, aliñe con la miel y el zumo de lima y finalmente espolvoree con el chile picado.

zapote

lucuma (Perú), zapote de carne (Colombia),
mamey (Cuba), chachas (México)
(*Pouteria*, antes *Lucuma sapota*)

El zapote es originario del sur de México, y crece de modo
silvestre hasta Nicaragua; se cultiva ampliamente en esa región
(así como en el sudeste asiático).

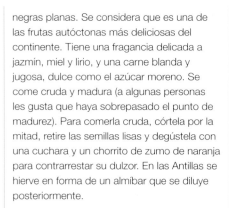

Cultivo

Es una fruta de invierno de un pequeño
árbol arbustivo. Fruta invernal de carne
blanda y piel fina de un grupo que, aunque
no necesariamente de la familia de las
sapotáceas, lleva un nombre idéntico
o similar. La palabra según parece deriva
de la azteca *zpotl* (blando).

Aspecto y sabor

Las frutas son grandes, ovaladas, de hasta
un palmo de longitud, de piel rojiza y naranja
rosada, carne blanda y sabor dulce, con un
toque a plátano, piña y vainilla.

Compra y conservación

Como fruta de invierno el zapote madura en
el árbol, por lo que no debe comprarlo si no
está del todo maduro. Debe ser aromático y
ceder ligeramente a la presión.

Empleo y usos medicinales

El zapote y algunas frutas de la misma familia
son sedantes. El cainito está recomendado
para la laringitis y para limpiar los pulmones
afectados de neumonía.

Frutas afines o similares

El zapote amarillo, huicón, *kanis* o *costiczapotl*
(México), (*Pouteria campechiana*, antes
Lucuma rivicoa), parece un mango pequeño y
redondeado, pero con un extremo en punta.
La piel es lisa y fina, y al madurar adquiere un
bonito color naranja. Su carne, que a veces
parece una yema de huevo duro, tiene el
sabor y la textura del boniato y se ablanda
hacia el interior, donde se encuentra un gran
hueso central. Tanto la piel como la carne
adquieren un tono amarillo vivo al madurar.

El zapote chico o chicozapote es el fruto de
un árbol de hoja perenne nativo de
Centroamérica y del Caribe, conocido
también como el árbol del chicle, puesto que
su savia es el material con el que se fabrican
los chicles. La fruta, una especie de baya
redonda de carne amarilla recubierta de una
pelusa marrón, tiene el tamaño de una ciruela
y al cortarse presenta una carne granulada
como la de una pera, y
adquiriere al madurar
un color albaricoque
o rosado con
grandes semillas

negras planas. Se considera que es una de
las frutas autóctonas más deliciosas del
continente. Tiene una fragancia delicada a
jazmín, miel y lirio, y una carne blanda y
jugosa, dulce como el azúcar moreno. Se
come cruda y madura (a algunas personas
les gusta que haya sobrepasado el punto de
madurez). Para comerla cruda, córtela por la
mitad, retire las semillas lisas y degústela con
una cuchara y un chorrito de zumo de naranja
para contrarrestar su dulzor. En las Antillas se
hierve en forma de un almíbar que se diluye
posteriormente.

El zapote blanco (México, matasano en el
resto de Sudamérica) y la naranja mexicana
(*Casimiroa edulis*), nativa de México, son
frutas que nunca han sido populares en el
resto del continente. El pequeño fruto
redondo es miembro de la familia de los
cítricos (*Rutaceae*), tiene una piel naranja, el
característico interior cítrico y un suave sabor
a pera. El nombre de matasano alude a sus
supuestas propiedades sedantes.

El zapote negro, zapote prieto o zapodilla
(*Diospyros ebenaster*) es una fruta de
invierno que madura en la rama una vez que
las hojas han caído y que tiene el aspecto de
un tomate ligeramente aplastado. Es un
miembro de la familia de los caquis, tiene el
tamaño de una tangerina grande, la piel es
fina y verdosa, y la carne blanca y dulce, casi
negra, con pequeñas semillas.

El cainito (*Crysophillum cainito*) es un antiguo
cultivo de Centroamérica probablemente
originario de las Antillas. Es una fruta blanda
del tamaño de una manzana pequeña, tiene
un extremo en forma de punta en el lugar
donde se encontraba la flor, una piel fina y un
interior gelatinoso en forma de estrella, en el
que se encuentran enterradas unas semillas
planas marrones. El fruto debe madurar en el
árbol. Madura, la carne tiene un color marfil
(cainito blanco) o púrpura vivo (cainito
morado).

Usos culinarios

Las pieles y las semillas de estas frutas
de invierno son a menudo tóxicas.
No se arriesgue: utilice una cuchara
para retirar la pulpa blanda, y pélelas
y deshuéselas si va a cocinarlas.

Sorbete de lucuma
Para unos 900 ml

Es el sorbete favorito de Perú. La lucuma o zapote aporta su textura cremosa y su sabor a vainilla y jarabe de arce. Tanto en Chile como en Perú se puede adquirir la pulpa enlatada, lista para preparar batidos y sorbetes.

1 lata de leche evaporada
4 yemas de huevo
500 ml de pulpa de zapote

Prepare una crema con la leche y las yemas: ponga ambas en un cuenco dispuesto sobre agua caliente y bata hasta que la mezcla se espese y cubra el dorso de una cuchara.

Deje enfriar la crema. Mézclela con la pulpa de zapote. Congele o utilice la heladora. Si sólo dispone del compartimento de hielo del congelador, retire la preparación tan pronto como esté sólida y bátala bien para romper los cristales e incorporar el máximo de aire posible. Trasládela del congelador a la nevera una hora antes de servir. Acompañe con pastas aromatizadas con clavo y canela. Esta versión se denomina revolución caliente, una referencia política a la lucha por la independencia.

Matrimonio
Para 2 personas

La unión de dos zumos al estilo jamaicano: uno dulce y floral, otro ácido y cítrico.

300 ml de zumo de zapote
300 ml de zumo de naranja

Mezcle ambos zumos y viértalos sobre hielo. Siéntese bajo una palmera y degústelo.

Matrimonio

índice

Agradecimientos del autor
En primer lugar, tengo una deuda de gratitud con Francine Lawrence, no sólo por su talento como fotógrafa, sino por su valentía para dejar su trabajo de editora en *Country Living* y explorar algunos de los sitios menos conocidos de un continente sorprendentemente vasto, étnicamente diverso y a veces inaccesible. Sin su colaboración, y no podría haber empleado otra palabra, el diseño de Susi Hoyle y la ayuda de Brent Darby y Jon Day en los largos días pasados entre la cámara y la cocina, este libro nunca hubiera visto la luz. Muchas gracias también a Helen Woodhall, Carolina Taggart, Esme West y la meticulosa Robina Pelma Burn por su generosa ayuda y paciente edición desde el inicio de este libro hasta el final. Gracias también al diseñador Geoff Hayes por haber creado orden a partir del caos. Mi agradecimiento a Kyle Cathie por proponer y pilotar este proyecto, a Michael Bateman por confirmar su elección y a mi querido agente Abner Stein por lograr que se realizara.

Entre las fuentes consultadas durante el proceso de investigación he encontrado información e inspiración en el trabajo de Diana Kennedy, Elisabeth Lambert Ortiz, Nitza Villapol, Michelle O. Fried, Alan Davidson, Jessica B. Harris, Sophie Coe, Heidi Cusick, Cristine Mackie, Christopher Idone, Antonio Montana, Himilice Novas y Rosemary Silva, Michael Bateman, Paricel Presilla, Marlena Spieler, Lourdes Nichols y los colaboradores del pequeño pero brillante *Petits Propos Culinaires*.

El autor, los editores y el fotógrafo desean expresar su agradecimiento a las siguientes empresas por su colaboración en este libro:

Fired Earth Ltd.
Twyford Mill, Oxford Road, Oxon OX17 3HP
Tel. 01295-814-300

The Spice Shop
Hierbas y especias de todo el mundo
1 Blenheim Crescent, Londres W11
Tel. 020 7221 4448

Sean Miller
Material y utensilios de cocina
108 Dewsbury Road, Londres NW10 1EP
tel. 0208 208 0148

Ceramica Blue
Platos y boles de colores brillantes
10 Blenheim Crescent, Londres W11
Tel. 020 7727 0288

Fired Earth
Azulejos de México y Sudamérica
117 Fulham Road, Londres SW3
Tel. 0207 589 0489

The Denby Pottery Company Ltd
Denby, Derby DE5 8MX
Tel. 01773 740700

Créditos de las ilustraciones:
Calve: GPL – Garden Picture Library; SAP – South American Pictures; APA – Andes Press Agency; RH – Robert Harding; TI – Travel Ink: ICL – Impact Colour Library; FY – Francesca Yorke; (s) superior; (c) centro; (i) inferior; (iz) izquierda; (d) derecha

Todas las fotografías son de Francine Lawrence, excepto las de las siguientes páginas:

1 ICL/Adrian Sherratt; 2-3 SAP/Marion Morrison; 6 FY; 9FY; 10ICL/Rhonda Klevansky; 11 APA/Anna Gordon; 12 TI/David Forman; 14 SAP/Robert Francis; 15 SAP/Jason P Howe; 16-17 FY; 18-19 FY; 20 ICL/Robert Gibas; 24 ICL/Peter Menzel; 26 SAP/Robert Francis; 28 TI/Abbie Enock; 32 GPL /Gary Rogers; 34 SAP/Toni Morrison; 38 APA/Carlos Reyes-Manzo; 40 RH/Robert Fresck; 42 GPL/Brigitte Thomas; 44 FY; 47 APA/Carlos Reyes-Manzo; 48-49 SAP/Charlotte Lipson; 50 (iz) Holt Studios Internacional/Wilhem Harinck; 51 SAP/Charlotte Lipson; 56-57 SAP/Toni Morrison; 58 SAP/Toni Morrison: 60 (n) ICL/Nancy Bravo; 60 (d) APA/John Curtis; 62 ICL/Susan Campbel; 64 APA/Carlos Reyes-Manzo; 65 TI/Grazyna Bonati; 66ICL/Rachel Morton; 72 (s) FY; 72 (i) Julie Dixon; 74 SAP/Tony Morrison; 78 ICL/Piers Cavendish; 80 APA/Carlos Reyes-Manzo; 84 SAP/Robert Francis; 88 TI/Dennis Stone; 94 APA/ Carlos Reyes-Manzo; SAP/Marion Morrison; 100-101 SAP/Tony Morrison; 102 ICL/Rhonda Klevansky; 104 ICL/Charles Coates; 106 RH/Charles Bowman; 108 SAP/Tony Morrison; 110-111 APA/Carlos Reyes-Manzo; 112 TI/Abbie Enock; 114 TI/Brian Garrett; 118 ICL/Robert Gibbs; 120 SAP/Robert Francis; 123 SAP/Tony Morrison; 126 SAP/Tony Morrison; 128 ICL/Rhonda LKlevansky; 130-131 ICL/Neil Morrison; 134 SAP/Cris Sharp; 136 FY; 140 ICL/Simon Shepheard; 142 ICL/Robert Gibbs; 144 ICL Robert Gibbs: 146 SAP/Jason P. Howe; 148 SAP/Chris Sharp; 150 ICL/Sergio Dorantes; 156 (i) SAP/Mike Harding; 160 SAP/Jason P. Howe; 162-163 SAP/Tony Morrison; 166 (i) FY; 168 APA/Carlos Reyes-Manzo; 170 SAP/Crhis Sharp; 172 SAP/Mike Harding; 174 ICL/ Christopher Pillitz; 176 ICL/Charles Coates; 180 APA/Carlos Reyes-Manzo; 182 (s) SAP/Tony Morrison; 184 SAP/Chris Sharp; 186 SAP/Tony Morrison; 190 (i, iz) APA/Carlos Reyes-Manzo; 192 SAP/Chris Sharp: 194 (iz) SAP/Tony Morrison; 196 Sally Maltby; 197 ICL/Rally Fean; 200-201 TI/Brian Garrett; 202 FY; 204 ICL/Alain le Garsmeur; 206 ICL/Cristina Pawel; 208 SAP/Tony Morrison; 210 APA/Carlos Reyes-Manzo; 212 APA/Carlos Reyes-Manzo; 214 (i, iz) SAP/Mike Harding; 216 TI/Brian Garrett; 218 (s) SAP/ Mike Garding; 218 (i) SAP/Tony Morrison; 220 APA/Carlos Reyes-Manzo; 220 GPL/Lamontagne; 224 (c) APA/Carlos Reyes-Manzo; 224 (i) ICL/Michael Mirecki; 226 SAP/Rolando Pujol; 228 APA/Carlos Reyes-Manzo